成立100周年
Faculty of History, Nankai University

"南开史学百年文存"丛书

南开史学百年文存

亚非拉卷

董国辉　主编

天津出版传媒集团
天津人民出版社
天津古籍出版社

图书在版编目（CIP）数据

南开史学百年文存. 亚非拉卷 / 董国辉主编. -- 天
津 : 天津人民出版社 : 天津古籍出版社, 2023.9
ISBN 978-7-201-19577-3

Ⅰ.①南… Ⅱ.①董… Ⅲ.①史学—文集②亚非拉国
家—历史—文集 Ⅳ.①K0-53②K107-53

中国国家版本馆CIP数据核字(2023)第124899号

南开史学百年文存·亚非拉卷
NANKAI SHIXUE BAINIAN WENCUN YAFEILA JUAN

出　　版	天津人民出版社　天津古籍出版社
出 版 人	刘　庆
地　　址	天津市和平区西康路35号康岳大厦
邮政编码	300051
邮购电话	（022）23332469
电子信箱	reader@tjrmcbs.com

策划编辑	刘　庆　王　康　沈海涛
责任编辑	王　琤
特约编辑	杨　蕊
封面设计	汤　磊

印　　刷	河北鹏润印刷有限公司
经　　销	新华书店
开　　本	710毫米×1000毫米　1/16
印　　张	18.5
插　　页	2
字　　数	260千字
版次印次	2023年9月第1版　2023年9月第1次印刷
定　　价	118.00元

总　序

南开史学诞生于风云激荡的五四运动时期。1919年南开大学创建伊始，即设有历史学一门。从1923年正式创系，2000年改组为学院，至今南开史学走过了漫长而绚烂的峥嵘岁月。百年以来，先贤硕学筚路蓝缕，后继者恢弘开拓，逐渐形成了"中外交融，古今贯通"的学科特色和"惟真惟新，求通致用"的史学传统，从而奠定了南开史学在海内外学术界的重镇地位。

20世纪20年代初，应张伯苓校长的邀请，"史界革命"巨擘梁启超欣然来校，主讲"中国历史研究法"，揭橥现代新史学的两大要义，即改造中国史学和重写中国历史。梁氏对于人类文明视野下的中华民族史寄予无穷之期待，并有在南开筹设"东方文化学院"、切实推进文化传统研究的非凡构想。1923年秋，南开大学迁入八里台新址，正式建立历史系，聘请"近代化史观"的先驱蒋廷黻为创系主任，兼文科主任。不久，刘崇鋐、蔡维藩接踵而至。蒋廷黻前后执教六载，系统构建了南开世界史的课程体系。南开文科还有李济、范文澜、汤用彤、萧公权、何廉、刘节、吴其昌、余协中等一批名家执教。

1937年7月全国抗战爆发，南开大学与北京大学、清华大学奉命南迁，先组"长沙临时大学"，后移昆明，定名为"西南联合大学"。三校史学系融为一家，弦歌不辍。史界翘楚如北大的姚从吾、毛准、郑天挺、向达、钱穆，清华的刘崇鋐、雷海宗、陈寅恪、噶邦福、王信忠、邵循正、张荫麟，南开的皮名举、蔡维藩，以及联大的吴晗等，春风化雨，哺育一大批后起之秀。民族精魂、现代史学赖以延续和阐扬，功在不朽。

抗战胜利以后，历史系随校重返天津，文学院院长冯文潜代理系务。文学院的规模原本不大，历史系更是小中之小，冯氏苦心擘画历史系的发展事宜。1952年全国院系调整之际，北大历史系主任郑天挺、清华历史系主任雷海宗联袂赴津，转任南开历史系主任和世界史教研室主任。杨志玖、黎国彬、杨生茂、王玉哲、吴廷璆、谢国桢、辜燮高、杨翼骧、魏宏运、来新夏等卓越史家，云集景从，历史系获得突破性发展，成为名家云集的一流重镇，一时有"小西南联大"的戏称。

20世纪五六十年代，历史系除设有中国古代史、中国近现代史和世界史三个教研室外，又经教育部批准，陆续成立明清史、美国史、日本史和拉丁美洲史四个研究室，基本确立了布局合理、学术特色鲜明的学科结构。改革开放以后，南开史学更是焕发了勃勃生机。依托历史系学科及人才的优势，南开大学先后成立历史研究所（1979年）、古籍整理研究所（1983年）、日本研究中心（1988年）和拉丁美洲研究中心（1993年），在国内高校中率先创建博物馆学专业（1980年）。在1988年公布的国家重点学科名单中，中国古代史、中国近现代史和地区国别史三个二级学科全部入选。

2000年10月，历史系、历史研究所、古籍整理研究所和拉丁美洲研究中心合并组建历史学院，南开史学步入任重致远的发展新阶段。2007年，历史学入选国家一级重点学科，拥有中国史、世界史、考古学二个一级学科博士及硕士学位的授予权及博士后流动站。日本研究中心于2012年经教育部批准成为国别和区域研究基地，美国研究中心、拉丁美洲研究中心和希腊研究中心相继成为教育部国别和区域研究备案中心，同时设有中外文明交叉科学中心、科学技术史研究中心、生态文明研究院、古籍与文化研究所、美国历史与文化研究中心等科研机构。2017、2021年，世界史学科两次入选教育部一流学科建设名单，历史学院编制通过了以世界史为龙头、中国史和考古学为支撑及协同的历史学一流学科建设规划。

从梁启超、蒋廷黻、郑天挺和雷海宗开始，南开史学历经孕育（1919—1923年）、创业（1923—1952年）、开拓（1952—1978年）、发展（1978—2000年）和持续深化（2000年迄今）五个发展阶段。每一代的南开学人坚持与时代同行，和衷共济，在中国史、世界史、考古文博的学科体系、知识体系和理论体系方面踔厉风发，取得一系列卓越的学术创获。正所谓："百年风雅未销歇，犹有胜流播佳咏。"试举其荦荦大端者，分列三项，略述于下。

第一，立足学术传统，彰显史学重镇之本色。南开的中国古代史研究积淀深厚，成就斐然。20世纪60年代，郑天挺参与全国高等学校文科教材编选计划，主编《中国史学名著选》《中国通史参考资料》，成为全国历史学子的必读著作。郑天挺、杨志玖等主编的《中国历史大辞典》和刘泽华等撰写的《中国古代史》，被视为20世纪末学界标志性的学术成果。在郑天挺、杨志玖、王玉哲、刘泽华、冯尔康、郑克晟、南炳文、白新良、朱凤瀚、张国刚、李治安、杜家骥、刘晓、陈絜、张荣强、夏炎和马晓林等几代学人的努力下，南开古代史研究在多个基础性领域内佳作迭出，长期处于领先地位。譬如，先秦部族、家族、地理考订，汉魏户籍简帛，唐代藩镇，元代军政制度、宗教和马可·波罗，明代政治文化、典籍和佛教，清代幕府、八旗、满蒙联姻和区域经济等。不仅上下贯通，形成若干断代史学术重镇，而且薪火相传、代不乏人。

南开世界古史研究亦是源远流长。雷海宗、辜燮高、黎国彬、周基堃、王敦书和于可等前辈史家开辟荆榛，在古希腊、罗马帝国、拜占庭帝国、基督教史等领域取得丰硕成果。陈志强领衔的拜占庭学团队致力于探寻历史唯物论指导下的拜占庭史宏观理论，其重大成果颇受国际同行之认可。杨巨平首次将亚历山大帝国、希腊化世界与丝绸之路开通综合考察，为"一带一路"的建设提供学理借鉴。

史学史是对人们研究历史的过程及其思维成果的反思，是对一切历史知识的再批判。以杨翼骧、乔治忠、姜胜利和孙卫国为代表的南开学人，不仅系统构建了中国史学史的资料体系，而且突破传统的"名家名著"的研究范式，着眼于探索史学发展的社会机制、古典史学的理论体系和东亚文明视野下的比较史学，极大地拓展了史学史的视野、理念及方法。

第二，把握时代脉搏，求通致用发南开之声。地区国别史是南开传统的优势学科。在美洲史领域，杨生茂、张友伦、梁卓生和洪国起等史学前辈着人先鞭，王晓德、李剑鸣、赵学功、韩琦、付成双和董瑜等接续推进，使其成为国内实力最强的研究团队。日本史在吴廷璆、俞辛焞、杨栋梁、李卓、宋志勇、刘岳兵及王美平的带领下，风起云涌，在国内独树一帜，担当领军者角色。南开大学世界近现代史研究中心依托地区国别史的雄厚底蕴，以"世界现代化进程中的社会转型"为主攻方向，超越西方现代化理论视野，以国际视野、比较视角在政治史、经济史、社会史以及环境史、医疗史等领域，致力于建构新时代中国特色的现代化史理论，成果迭出，反响巨大。

20世纪60年代以来，在著名历史学家魏宏运、来新夏、陈振江和李喜所等带领下，南开在全国高校中较早开展"四史"研究，确立深厚的学术传统和研究特色。来新夏的北洋军阀史、陈振江的义和团等研究，学术影响很大。魏宏运开辟了社会经济史视野下的抗日根据地研究，出版了学界最具影响的抗日根据地资料汇编和抗日根据地史专著。结合"乡村振兴"国家战略，王先明悉心探究20世纪中国乡村的发展历程，《乡路漫漫——20世纪之中国乡村（1901—1949）》被译为英文在国外出版。李金铮提出原创性的"新革命史"理念和方法，江沛倡导近现代交通史的研究，李喜所、元青等的近代留学生史研究，受到海内外学界的高度重视。

南开大学是全国第一家开设博物馆学专业的高校，为我国博物馆事业发展培养了大批人才。博物馆学研究团队在博物馆数字化、文化遗产活化利用、文旅融合等具有战略性、紧迫性、前瞻性的研究方向持续发力，有力提升了中国博物馆与文化遗产领域的国际学术话语权。王玉哲主编的《中国古代物质文化》是国内物质文化史研究领域的第一本专著。朱凤瀚的《古代中国青铜器》是国内青铜器研究的扛鼎之作。刘毅在明代陵寝制度研究方面的成就国内首屈一指，主编马克思主义理论研究和建设工程教材《文物学概论》，彰显南开考古文博在国内学界的影响力。刘尊志和袁胜文等在汉唐宋元考古领域取得了良好的成就。

科技史与国家战略密切相关，南开史学顺应国内外学术发展新态势，通过人才引进和学术重组，成立了科技史研究中心，在张柏春的带领下，目前正在加强对工程技术、疾病医疗、生态环境、水利灾害等方面的科技史研究，运用生态学思想理论方法探询众多科技领域之间的广泛联系、相互作用和协同演进关系。

第三，聚焦学术前沿，引领历史学科之新潮。社会史是改革开放以来中国史学界最具标志性和学术活力的研究领域。南开史学在冯尔康、常建华的引领下，成为这一领域最重要的首创者和推动者，形成了社会结构与社会生活并重嵌合的学科体系，出版《中国社会结构演变》《中国社会史概论》等著作；提出"从社会生活到日常生活""生活与制度"等学术理念，出版《日常生活的历史学》《追寻生命史》等重要学术成果；在宗族史、家庭史研究方面做出开创性贡献，形成了南开社会史的研究特色。明清以来的华北区域社会经济研究，也是南开社会史的一大重要特色，许檀、王先明、李金铮和张思等人的研究颇具学术影响力。

21世纪以来，在南开社会史丰厚的学术土壤中，医疗社会史研究破土而出，成为南开史学颇具亮色的学术增长点。余新忠、丁见民等南开学人，从中外疾病医疗史研究出发，立足中国视角和中国经验，融汇新文化史、知识史等新兴前沿理念和方法，提出"生命史学"之标识性学术理念，在国际学术舞台上发出响亮的南开声音。

以刘泽华和张分田等为代表的"王权主义反思学派"，立足于中国政治思想史的深刻研究，提出"王权支配社会"等一系列重要的命题和论断，对于把握传统政治文化与政治实践的特点，具有极高的理论创新性。刘泽华所著《中国传统政治思想反思》及主编的三卷本《中国政治思想史》被译成韩文在韩国出版，《中国的王权主义》一书正在西方学者的译介之中。"王权主义反思学派"

前后出版专著四十余种，在海内外学术界产生巨大的影响。

南开史学是中国环境史研究的主要倡导者和引领者。王利华和付成双领衔的南开中外环境史团队开展多项在全国具有首创性的工作：先后组织举办中国和亚洲规模最大、层次最高的国际学术会议，主持成立第一个全国性环境史研究学术团体——中国环境科学学会环境史专业委员会。2015年，历史学院联合相关学科共同创建南开大学生态文明研究院，开展文理学科交叉的生态文明基础理论研究和教育，由十多位院士、长江学者和权威学者共同开设《生态文明》大型慕课，获得多项国家和部省级建设支持或荣誉，南开环境史在全国产生了广泛的影响力。

南开史学创系百年来，秉持南开"知中国""服务中国"的教育理念，追求"做一流学术，育卓越人才"的教育目标，以培养品德高尚、学识卓越、兼具科学精神和人文情怀的优秀人才为己任。迄今已培养数万名合格人才，桃李遍及海内外。毕业生多数工作在高教、科研、新闻、出版、文化、文物考古及博物馆等部门，成为教育文化领域的著名学者和专家，还有一大批活跃在行政、经济、军事等各类管理部门，成为各个行业的领导和骨干力量。

值此百年重逢的历史节点，历史学院决定编纂一套"南开史学百年文存"丛书，以彰显南开史家群体艰辛扎实的学术探索和丰硕厚重的治史业绩，为这不平凡的世纪光影"立此存照"。凡曾执教于南开历史学科的学者均在网罗之列，择其代表性论文 篇，难免疏漏或选择不当，望读者谅解。本套书总计十卷，包括《先秦至隋唐卷》《宋元明清卷》《中国近代史卷》《中国现代史卷》《专门史卷》《世界上古中古史卷》《亚非拉卷》《欧美卷》《日本卷》《文博考古卷》。

南开史学百年来取得的累累硕果，离不开历代南开学人的辛勤耕耘和学界同人的长期扶持。述往事，思来者。新一代的南开学人将一如既往地秉持南开的"大学之道"，弘扬"新史学"的创造精神，胸怀时代发展全局，引领中国史学发展的新潮流，为创立中国自己的学科体系、知识体系和理论体系不懈奋进！

"南开史学百年文存"丛书的编辑工作及其顺利付梓，首先需要向南开史学的先辈致以崇高的敬意。特别要提到的是，确定已故史家的入选论文，得到他们的家人、弟子的热心支持，在此一并表达谢忱。其次，要向惠赐大作的诸位师友致以诚挚的感激。尤其是不少已荣退或调离的教师，对于这一项工作极为关心，慨然提交了自己的精心之作。再次，也要感谢南开大学中外文明交叉科学中心对文存出版的慷慨资助。最后，还要感谢天津人民出版社、天津古籍出版社的各级领导和各位编辑，他们对于文存的编辑和出版等各方面，给予了细致、有力的指导和帮助。

因编辑时间短促，编者学术水平的限制，文集中会有疏漏之处，凡此，均由文存编委会负责，恳请各位师友不吝赐正。

编委会
2023年6月

出版说明

1."南开史学百年文存"包含十卷，即《先秦至隋唐卷》《宋元明清卷》《中国近代史卷》《中国现代史卷》《专门史卷》《世界上古中古史卷》《亚非拉卷》《欧美卷》《日本卷》《文博考古卷》，每卷由各个领域相关教研室的负责人担任主编，所选取的文章为曾全职在南开大学历史学科任教的学者具有代表性的论文。在遴选的过程中，各卷均根据实际情况有所取舍，疏漏和不当之处，敬请广大学人和读者包涵。

2.每卷文章按照发表时间依次排列。

3.有些文章因撰写和发表的时间较早，有些引文一时难以核查到准确的出处，无法按照现行规范的方式标注，故这次发表保留了刊发时的原貌。

4.本文存由南开大学历史学科学术委员会策划并统筹相关学术事宜，委托各个领域相应的教研室负责人联合教研室力量开展具体编纂工作，是历史学科全体同人的集体成果。

5.在全书编校的过程中，为保持作品原貌，对文章的修改原则上仅限于体例上、错别字的勘误等，不过也有部分作品依据作者意愿，进行了增补，或依据最新出版规范，进行了删改。

编委会
2023年6月

目　录

印度尼西亚简史（古代—1951年）

黎国彬

一

"那缠绕在赤道的两旁，像一条飘荡的翡翠带"的印尼群岛，位于东经95度至141度，北纬6度至南纬11度之间，包括了2000多个岛屿，面积190万平方公里，人口7200万。在地理上，这些岛屿分为四个部分：大巽他群岛、小巽他群岛、摩鹿加群岛、伊里安的西半部。这些岛屿呈双弧形环绕着大洋洲和印度洋流域最发达的国家，同时，它们正位于中国与印度之间的海道上。所以印尼的历史，自古就受这两个文化古国的影响。早在两千年前，中国航海家便活跃在热带海洋上，与印尼人民发生友谊的贸易。《汉书·地理志》所叙述的那些"都元国""邑卢没国""谌离国""夫甘都卢国""黄支国""皮宗国""已不程国"等，都是古代印尼的部落岛国。[①]印尼的考古学家在群岛上发掘了许多汉朝的器物，这更说明了中国与印尼人民在历史及文化上均有悠久而密切的关系。这关系从不因史朝更替而中断，更不因地理的分离而隔绝。自魏晋以迄隋唐，多少高僧大德、使节商人，涉鲸波浩渺之险，远旅海南。法显在印度归国途中，漂流到耶婆提（爪哇），受到当地人民的优遇。会宁客居诃陵（中爪哇），义净远航三佛齐（巨港），他们带回来玄远的佛教哲学。[②]唐朝虽然颁行了"浮浪他所条"，宋朝执行了"禁海之令"，明朝的"寸板不许下海"的"禁海令"等，依

---

① 关乎我国古书所载南海岛国的名称,法国和荷兰的东方学者有详细的考证,可参考商务印书馆编:《西域南海史地考证译丛》,冯承钧译,商务印书馆,1995年。

② 关于法显、会宁、义净等人的行传可参考《大唐西域求法高僧传》《佛国记》《南海寄归传》等书。

然拴不住那些在泉州和广州解缆南去的风帆。元朝的侵略军，七下"西洋"传播"汉家"威仪的郑和，虽然给友善的岛国人民留下了"上国自尊"的印象，但两千年来，两国人民始终保持着"已醉则扶之以归歇处"的友情。这就是为什么1740年的"红溪之役"①，中印尼两国人民能够并肩作战。为什么当印尼人民反抗日本法西斯占领的时候，当地华侨曾予以大义无私的协助。今天，在椰风蕉雨的屋檐下，年轻的印尼学生们传诵着茅盾的《子夜》和丁玲的《水》，中印尼两国人民的关系，更有了新的发展，我们去了解这个岛群之国，意义更深长了。

二

印尼的民族，大别为三系：住在赤道森林里的称为"吠陀人"，这种人的数目已经很少了，例如条苏岛森林中的"孤补族"和"马马克族"，苏拉威西岛的"多阿拉族"等都是。他们多半还过着森林游猎生活，"马马克族"还是女性中心社会。住在森林边缘的一些"吠陀人"，则已进入原始的农耕。大约一千年前，印度支那北部山地的民族，向南迁入海岛，占领沿海地带，这一系称为"原始马来人"。过了两千年，从印度支那又来了一批一批的移民，这些人我们称为"续至马来人"，他们与"原始马来人"进行了一个时期的战斗之后，两系民族便混合共处，构成了印尼国族的主要部分。有些被赶入内地山间的"原始马来人"，他们便成为印尼的少数民族中的"佳左族""阿拉斯族""托拉查族"等。后来，中国人、印度人和阿拉伯人在南海中从事浩繁的海洋活动，因而群岛沿海的居民便掺杂了这些人的混合血统。

---

① "红溪之役"（红河惨案）是椰城的华侨在荷兰东印度公司所施行的"居留准字制度"下，为反抗这非人道的逼害和敲诈，而激起的起义行为。1740年7月，公司遣送了一大批无钱贿赂购买居留准字证的华侨到锡兰岛去做苦工，结果当船离开了椰城的港口，这批华侨被摔到海里溺死。10月，华侨被逼武力斗争。战斗进行了一星期，华侨牺牲一万多人，血染红河。在这一场战斗中，印尼人民加入华侨的队伍与荷军作战。

从公元纪年开始开始，印度的影响便遍布了群岛，以致印尼的传统艺术"幻影戏"也取材于印度的史诗《摩诃婆罗多》和《罗摩衍那》，[1]随着印度的远征军首先来到印尼的是婆罗门教徒，婆罗门教的统治到了7世纪的"诃陵"公国时代而达最高峰。爪哇中部帝岩（Dieng Dikyauo）山上还存留着古代婆罗门教的陵庙建筑。后来巨港的"三佛齐"公国兴起，佛教便渐渐成为印尼的统治宗教。从8世纪至10世纪的一百多年间，爪哇的封建主们征用了千千万万的农奴，建造了数以千百计的陵庙和寺塔，爪哇中部的日惹与梭罗之间，便留下了东南亚佛教艺术的最高艺绩。

从中国来的影响是"渗入"的，两千年来移入了一百四十万侨民，这些与印尼人民休戚与共的中国劳动人民带来了本国的农耕制度与桑蚕技术，有些则往返于群岛间做着友善的贸易。

印度的远征军像季风一样渡海到了群岛，征服了一些海岛之后便建立封建公国，印尼的原始公社便变为由印度人统治的奴隶社会。这些公国互相攻伐。到了4世纪，在加里曼丹（婆罗洲）东部出现了第一个比较大的"古帝"王国。随后，"达鲁马""诃陵""三佛齐""夏莲特拉""马打篮""章迦拉""新诃沙里"等，先后成为群岛间的海洋霸主。13世纪，元朝的侵略军远征爪哇，元军的战术和武器对于14世纪的爪哇王国"满者伯夷"的发展影响很大。元军退后，在爪哇东部出现了印尼历史上最强盛的王国"满者伯夷"，它的势力几及今天印尼各岛的沿海地区。这个强大的王国一直维持到15世纪末伊斯兰教势力兴起。

伊斯兰教进入印尼是在14世纪初，这种产生于商品经济前期的宗教，在中国、印度和阿拉伯半岛之间的"商业竞技场"的印尼群岛上的发展是非常迅速的。首先由印度河口古查辣地方的穆斯林传入苏门答腊岛的北部，随后，便以马六甲为活动中心，向南方的爪哇发展。到了15世纪末，"满者伯夷"国内信奉

---

①"幻影戏"是用牛皮制成二百多种傀儡，用灯光映在白布幕上，开映前先焚香迎熏，至后锣鼓齐鸣，导演者将傀儡映于白幕上一边放映，一边说明。

伊斯兰教的外藩纷纷独立。1575年，伊斯兰教的"马打篮"代替了佛教的"满者伯夷"。在欧洲势力未侵入以前，群岛是由"马打篮"与"万丹"盟领着许多小的伊斯兰教公国，和一个奉印度教的"巴蓝巴安"公国。

三

在达·迦马未发现东方航路以前，欧洲人对印尼的知识主要是从伊斯兰教学者马素提（Masudi）的"黄金牧地"（Les Prairiesdor）得来的。后来就是马可·波罗的游记，他领着欧洲人迷入一个东方的梦境。印尼的香料早就闻名于中古时代的欧洲市场。15世纪的后半期，商业资本勃兴，新兴的资本更疯狂地竞逐东方的珍异物品。可是，当时的香料贸易操纵在穆斯林的手中。1453年，土耳其攻陷了君士坦丁堡，在西方，便掀起了寻找"香料群岛"的浪潮。这对于印尼的历史，真是一种致命的影响。

1498年，达·迦马得到阿拉伯水手们的引导，终于到达了印度。葡萄牙人从穆斯林手中夺取贩卖香料的独占权，他们以波斯港的俄尔墨斯（Ormus）和印度的亚卧（Goa）为据点，用炮舰政策夺得了印度洋上的商业霸权。1509年，葡萄牙人的商船驶往苏门答腊的亚齐进行贸易，然而亚齐人对他们并没有对中国商人一样的友善。1511年，葡萄牙人用武力占领了马六甲，这是印尼第一次接触到西方政治势力的威胁。葡萄牙人除了独占马鲁姑的丁香、万丹的胡椒、安汶和班达等地的豆蔻贸易之外还经常在爪哇东部的"巴蓝巴安"购买大批的奴隶。1521年，西班牙占据了德那地（Terante）的一小部分地区，在葡萄牙人的垄断中分取了一些余润。葡萄牙人在印尼的掠夺，进行到1580年，这一年西葡合并，西班牙便代替了葡萄牙的海洋事业。到了16世纪的最后几年，荷兰的势力便侵入印尼。但直到目前，葡萄牙仍然领有帝汶岛北部的殖民地。

荷兰对印尼的侵略是从1595年开始的，由"远方公司"组织航队。第一次出航，费了三年工夫，并没有得到预期的利润。1598年第二次出航，满载香料而归，所获的利润大大地刺激了荷兰新兴的商业资本。1598—1601年，先后组织了14次远航队。经营香料的公司，各处林立。

于是，群岛的海岸上便发生了剧烈的"自由竞争"。有一个公司甚至下令其船只，如果遇到本国南部的商船，以敌人看待，进行战斗。但是欧洲正在萌芽的资本主义，一方面是市场上消化不了源源涌来的香料，另一方面则是榨取群岛上劳动力的条件还没有成熟。结果，原料产地的物价上涨，香料的卖价却一落千丈。同时，在海岸上还要跟葡商做斗争，因此荷兰的远洋贸易便受到严重的打击，几乎一蹶不振。到了1602年，为了发展东印度的贸易，由荷兰国会通过，将各公司联合起来组织一个大公司，命名为"联合东印度公司"（通称东印度公司），由国会特许通商独占权，从非洲南端的好望角起，向东直至南美洲的麦哲伦海峡，这之间的辽阔地区，都由该公司独占航行。于是东印度公司就掌握了国家权力，领着陆海军到了印度群岛，实行贸易即战争的活动。

1600年，英国也开始了对印尼的掠夺活动，成为荷兰东印度公司的劲敌。1602年以后的七十多年，荷兰东印度公司击败了葡、西、英等国的势力，镇压了当地公国领主及人民的反抗。1619年，荷兰东印度公司强行占领了爪哇岛上的雅加达（Jakarta，亦称椰城）作为侵略的大本营，并把这座富有历史意义的城市改名为巴达维亚（Batavia）①。从1602年至1798年荷兰政府接管东印度公司时为止，是荷兰东印度公司掠夺印尼时期。该公司成立时的股本为650万荷兰盾，在经营的196年内，共得票面红利3600%。至于荷兰侵略者对印尼人民的焚烧掳掠，与印尼人民在反抗掠夺的斗争中的英勇牺牲，更是无法统计的。

荷兰政府接管东印度公司后，印尼便正式沦为"荷属东印度"。1798—1811年，由"贪污、残忍、无能"的丹德尼斯（H. W. Daendels）任总督，施行惨无人道的屠杀。同时，18世纪70年代以后，荷兰东印度公司已无法阻止英国人侵入印尼，公司本身是赔累不堪的，因此荷兰政府便施行了名目繁多的剥削。19

---

① Batavia原为荷兰的别称，他们称北边的低地区为Batavia，南边的地区为Belgica（即今之比利时）。

世纪初叶，英国人已经切断了群岛与荷兰之间的海道，便造成了丹德尼斯督领印尼的独断独行。他一面要与英国人在群岛间进行海岸战，一面要镇压各马来公国的起义，这样，他便训练了一支残忍无情的侵略军，在他统治印尼的时候，便有了"雷公大人"的绰号。

1811年，拿破仑军事时期，英国的东印度公司便趁机侵入爪哇，整个印尼群岛可以说是落在了英人手中，由英国的印度总督委任莱佛士（T. S. Raffles）前往充任印尼总督。英国在印尼的统治维持到1815年。拿破仑帝国崩溃后，荷兰恢复独立。1814年，英荷两国在伦敦签订协约，明确了英国要把印尼交还给荷兰。从1602年的"联合东印度公司"时代起，至1945年日军投降印尼宣布独立时止，总计343年，这是世界最老的殖民地。

然而所谓"独立"的"印尼联邦"，实质上依然是美荷帝国主义的殖民地。印尼一向被帝国主义者视为东方的"宝岛"，尤其是它出产大量的"战略物资"，石油每年约有700万吨，占东南亚年产量的1/3。铁矿藏量不少。非铁金属的种类也多，锡的年产量3万多吨，约占全世界产量的1/5。橡胶的年产量约为45万吨，占世界天然胶产额的1/3。金鸡纳霜的年产量约1万吨，占世界产量90%。此外椰油、烟草、香料、茶、糖等出产，每年输出量达1000万吨左右。加之人口稠密，劳动力低廉，久为美荷帝国主义者所注目。因此，印尼目前的所谓"独立"，只是"调停"者的把戏而已，这在下文将要提到。

四

荷兰人对印尼的掠夺，最初以爪哇为中心，逐渐向"外岛"发展。"联合东印度公司"的贸易垄断，使印尼与外部市场切断了，同时也剥夺了封建主对奴隶的劳动剥削。商业的独占方式有三种：第一种是对公司占领地的实物纳税制，第二种是对公司附庸地的强迫供应制，第三种是对"独立"的公国进行优先的商品贸易。荷兰人在群岛上的殖民统治，摧毁了马来公国的统治。公国封建主的臣属和外藩们转去服务公司，并获得"摄政"的称号。公司所需要输入欧洲市场的商品，便由"摄政"们通过上述三种方式逼迫农民供应，这就是东印度公司时代的"商品掠夺"。这种"商品掠夺"发展到1830年则变为劳动力掠夺的"强迫种植制度"，由殖民地政府规定，每户必须拨出五分之一的土地，用来种植政府指定的农作物，作为向政府缴纳的地租。当时殖民政府指定的农作物，主要是咖啡、甘蔗、蓝靛、茶叶、烟草、肉桂、胡椒等，这些都是在欧洲市场上有好价值的商品。没有土地的农民，则须抽出一年中五分之一的工作日，替殖民地政府做无偿劳动。这种"强迫种植制度"，在实行期内，使荷兰政府盈利9亿荷兰盾。于是在殖民地主的母国内，铁路铺起来了，工业资本抬头了。在爪哇，农民们则陷入农奴的悲惨境地，贫穷、饥饿、疾病、灾荒、死亡，终于引起了19世纪50年代爪哇大规模的农民起义。

19世纪70年代，荷兰的工业资产阶级强大起来了，紧接着便引发了对殖民地剥削方法的争辩。"强迫种植制度"已尽了作用，在扩大剥削印尼的道路上，它变成了一块挡路的石头。1870年，便由国会通过废除这种制度，而代之以"土地法"。"土地法"最基本的含义就是没收印尼农村公社的土地，和奖励外国资本对"外岛"的开发，但同时，对侵入的外资又保持了若干的控制。这就是荷兰工业资本兴起后对殖民地的"自由政策"中最主要的部分。"自由政策"的结果，甘蔗、茶和烟叶的种植面积和产量增加了。为适应工业资本剥削的需要，银行、铁路、公路和学校设立起来了。在"外岛"，新的市场原料开发了。B.P.M石油公司和美孚石油公司先后成立。橡胶、椰油、金鸡纳霜的重要，已经大大地超过了各种香料。然而就在"自由政策"中的"自由土地"的规定下，殖民当局夺去了农民的耕地和牧场，失地的农民构成了农村中的大多数。束缚农民的"份租制"产生了，在这种制度下，农民交出自己80%的劳动生产品。往昔农村公社的社员，一批一批地变为雇工或雇农。在"外岛"，因为劳动力缺乏，在爪哇便产生了"契约工人"，一些半饿半饱的农民们，被一小点垫款所欺骗，被迫签订了契约之后，他们在卫兵们的监押下，被送进了矿山、工厂和围着铁丝网的橡胶园里工作。殖民政府有很周密的"苦力法"，使成千上万的契约劳动者被折磨而死在物产丰富的热带土地上。这就是三百多年的殖民政策所统治下的印尼，一幅灾难的写照。

五

荷兰人侵入印尼，最初是封建主掀起了维护本身权益的反荷运动。这种战斗是残酷的。[①]在"联合东印度公司"时代，发生在椰城（今印尼首都雅加达）、班达、万丹等地的战役，充分地表现了荷兰殖民者惊人的屠杀手段与印尼人民的反抗。19世纪80年代，苏伊士运河拉近了印尼与欧洲市场的距离，欧洲的大资本如洪流一样涌入印尼，荷兰为巩固自己对群岛区域的统治，便进行向"外岛"的征服。公国的领主们纷起抗战，发生了一连串的战争，其中以延续30年之久的"亚齐之战"最为剧烈与残酷。然而封建主们最终屈服于殖民统治之下。荷兰人侵入的结果，加强了封建的统治，印尼的农民便以自发的斗争来答复有加无已的剥削。

在农民中，各处宣布"正义之王"（Raja Adil）。19世纪90年代，在爪哇林班格省（Rembang），流行着贫农萨敏（Samin）的学说。萨敏宣扬不承认荷兰的统治，并抗缴捐税。他的学说认为，一切土地、森林、耕地都是农民的，农民在选出的村长领导下共同耕种，每人必须工作，收成全部归公，同时为了别人的利益，应该限制自己的消费；他否定暴力，主张用抵制的方式来求得解放。1905年，农民们从消极的抵制转入武力的斗争。农民夺取了国有的土地和森林，与税吏们公开格斗，在林班格的监狱里，充满了被捕的农民，但他们英勇受刑不吐露口供，结果萨敏及八位追随者被放逐。农民的起义像春风里的种子在各处萌发起来。

20世纪的最初几年，自由主义思想在爪哇青年中传播着，它尤其吸引年轻的爪哇女子，爪哇妇女们找到了在25岁时死难的卡丁妮（Cartini）作为斗争的

---

① 在椰城有"爱尔北飞尔（Erberfeld）枭首碑"，这是荷兰殖民者残忍屠杀的铁证。

方向。1908年5月，在爪哇的一所医科学校中，印尼第一个民族教育的组织"至善社"（Budi Uttomo）被创立，它号召印尼的学生联合起来。同年10月，曾替荷兰服务的退职医官哇希丁（Vahiddin Sudiro Husodo）召开了爪哇青年代表大会，"至善社"的目的便大大地扩大起来。但是这个组织不能成为群众的组织。在爪哇青年大会上组织者们便明白地声明"推进这个前进的马达的，应该由旧辈们出任舵师"，因此，组织的领导权便落入保守的官吏手中去了。但"至善社"毕竟奠下了爪哇民族统一事业的始基，1912年成立的改良主义派的伊斯兰教联盟（Sarekat Islam），现称印尼伊斯兰教联盟党（P. I. S. K），就是经过"至善社"的宣传，走向这条道路的次一步。欧洲所受二战的影响，很快就反映到印尼的经济及广大的群众生活上去，农民的不满日渐增长，萨敏信徒的运动复活了。不久，萨敏的否定暴力学说便被斗争的号召所代替。农民的自发起义、城市及橡胶园里的工人罢工，便在群岛上普遍地爆发起来了。革命化的群众影响了民族主义的组织。伊斯兰教联盟由此注入了强有力的新血液。同时，在1914年，荷兰人斯尼弗力（Sneavliet），在三宝垄组织了印尼社会民主协会（I. S. D. V），这是荷兰社会民主党的左翼组织。伊斯兰教联盟的盟员司马温（Semaun）、达索诺（Darsono）等大受影响，他们便在伊斯兰教联盟的内部树起革命的支派。十月革命的浪潮，加强了印尼社会民主协会的左翼宣传，他们揭露了荷兰帝国主义的政策，反对当时印尼增加国防经费，力图吸引印尼的无产阶级及小资产阶级的知识分子参加社会民主运动。荷印政府在蓬勃的民主运动的压力下，在经济上和政治上都做了若干的让步。

印尼的民族解放运动，在20世纪第一个20年中，伟大的列宁做了这样天才的分析：这种民主运动的传达者，第一是爪哇的民众，在伊斯兰教的旗帜下，民族运动在他们当中苏醒了；第二，资本主义从争取荷印独立的，习于该地风土气候的欧洲人当中，创立了当地的知识分子；第三，在爪哇及其他的许多岛屿上，为数极多的中国人民从自己的祖国把革命带来。①

印尼社会民主协会的政治活动非常活跃，在各地组织工会活动。殖民地政府不得不把该会的几个欧籍领导人驱逐出境，于是一部分印尼籍会员便提议把该会改名为"印尼共产党"。1920年5月23日，印尼共产党正式成立，同年12月加入共产国际。印尼共产党领导了1922—1923年的大罢工；1924年底，第一次建立印尼工人阶级的统一战线；1925年第一次进行武装斗争；1926年领导了爪哇各地的反荷起义。可是1926年这次起义因为没有健全的中央领导，没有土地政策以团结农民，也没有建立工农合作的策略，结果一万一千多人被捕，数十人被处死刑，一千三百人被放逐。托派的丹马拉加（Tan Malaka）趁机解散印共，另组印尼共和党。1925年，慕梭（Musso）回爪哇秘密进行复党工作并组织印尼人民运动，反对法西斯。1945年8月27日，印尼人民宣布独立，主要也是印尼共产党领导的。

六

1942年3月1日，日军在西爪哇的孔雀港（Merak）登陆，5日进占椰城，9日荷印总督无条件投降，直至1945年8月14日，这是日本帝国主义统治印尼时期。

日军在1945年8月14日投降。8月17日，由属于印尼党的苏加诺（Sukarno）和属于印尼民族教育会的哈达（Hatta）共同签署并向全世界发出通告，宣布印尼独立。接着便成立"印尼共和国"，以苏加诺和哈达分任正副总统，由印尼社会党的右派沙里尔（Suatn Sjahrir）组阁。共和国的成立，遭遇到帝国主义者无情背约的反击。同时，共和国的领袖们都是代表资产阶级的右派分子，所以始终采取妥协和谈方式，终于走上了反人民的道路。这里，我们得介绍一下共和

①《亚洲的觉醒》，《列宁全集》（第16卷），人民出版社，1988年，第383页；［苏联］古柏尔等：《殖民地保护国新历史（上卷）》（第4册），吴清友译，新中国书局，1946年，第230页。

国成立后的大概情形：

1945年9月29日，英军顶着远东盟军总部的名义在椰城登陆，进占了若干港市。继之是荷兰依靠英美展开了"谈判掩护进攻"的阴谋。经过了一年多的混乱之后，印尼政府在英国特使们的摆布下，于1946年11月15日，印荷间便签订了《林芽椰蒂（Linggajati）协定》（一称井里汶（Cirebon）协定），这一协定使印荷的关系进入这样的形势：一是荷兰正式承认印尼共和国；二是成立印尼合众国，为荷兰自治邦；三是成立荷印联邦，由荷兰女王为联邦的元首。[①]这一协定规定在1947年4月生效，但是荷兰在英美的支持下，制造出一连串的政治阴谋，使印尼共和国内部分裂。同年7月31日，在美帝国主义的幕后策动下，荷兰竟然发动战争，撕毁了《林芽椰蒂协定》。以速战速决的战略，在两星期内占领了爪哇三分之二的土地。美帝操纵着联合国，由澳大利亚、比利时和美国组织了三国调停。1947年12月8日，印荷两方在椰城港外美舰伦维尔（Renville）号举行谈判。1948年1月21日，签订了对于印尼是屈辱退让的《伦维尔协定》，按照这个协定，印尼只保留了爪哇和苏门答腊岛的狭小地区。接着印尼政府便由最右派的亲美分子哈达组阁。荷兰的侵略者先后在群岛上筹备了"苏东邦"（在苏门答腊岛）、"巴巽旦邦"（在西爪哇）、"东爪哇邦"等，这些邦实际对印尼起了分裂作用。荷兰的野心就是要维持往昔的殖民统治。

1948年12月18日，荷兰又发动了第二次警卫行动，撕毁了《伦维尔协定》。印尼政府要员们，包括总统和内阁总理，都被捕囚禁于邦加岛。1949年4月14日，由三国调停委员会的美国代表柯克兰（Cochran）召开印荷会议。5月7日，在椰城签订《隆罗英（Rum-Ryeon）协定》。这个协定的主要内容之一是印尼政府准备参加圆桌会议（Dutch-Indonesian Conference），讨论移交政权及组织印尼联邦政府事宜。"圆桌会议"是于1949年11月2日在海牙召开的，签订了《圆桌

---

① 印尼共和国包括爪哇、苏门答腊、马都拉及其周围的海岛。印尼合众国除包括印尼共和国外，还包括巴厘岛以东到新几内亚间的东印尼共和国及西部加里曼丹。荷印联邦由荷兰、印尼合众国及西印度群岛上的苏里拿姆和库拉萨俄组合而成。

会议协定》，这个协定实际上保持了荷兰在印尼的特权。同年 12 月 16 日，贵族出身的苏加诺被选为由 16 个邦所组成的印度尼西亚联邦政府的总统。同月 20 日，总统任命那位曾经背叛了共产主义的哈达领导组织联邦内阁。

印尼民族解放的道路上，印尼共产党始终坚持战斗。

1946 年 1 月，当苏加诺和哈达的政府继续推进妥协和谈政策的时候，印尼共产党在普禾加多召开人民统一战线大会，向政府提出七项最低纲领，提出了人民的政府和民族独立的原则。在革命形势逆转的时候，1948 年 2 月，印共与社会党的左翼成立人民民主阵线。同年 8 月，由慕梭领导整党，发表《印尼革命的性质》一文，成为领导印尼革命的纲领。印共一直在领导着印尼革命群众的武装起义和各地的工人和农民运动。

1948 年 9 月 18 日印尼共产党领导的"茉莉芬事件"，扭转了印尼革命的形势。1950 年 8 月 20 日，掀起了印尼史上最大的一次工潮，全印尼的农园劳动者、成千上万的华侨"契约工人"参与其中，发动了为时一个月、人数达 70 多万的大罢工。在印共领导下的印尼总工会，有 70 多个分会，会员总数超过 200万。对于农民，印共正确地使他们接受工人阶级的领导，组织农民联合议事机构，根据目前的形势，不强调武装斗争建立解放区。1950 年 8 月，印共开始在全国展开统一战线运动。1951 年 3 月，印尼各党在椰城举行政治协商会议，结果以印共为核心，团结了印尼伊斯兰教联盟党等 15 个政党。同年 5 月 23 日，印尼共产党建党 31 周年，在椰城芝敬尼花园举行了纪念会，由印共政治委员会艾狄讲话，他提出了印共目前的三项紧急纲领：建立民族统一战线、取消"圆桌会议"、和平政策。此后，印尼的革命虽然被卖国的政府与美荷帝国主义极度地镇压，但是印尼人民在共产党的领导下，革命的信心坚定不移，前途虽然艰苦，但却是无比的光明。

本文原刊载于《历史教学》1952 年第 11 期，当时的题目是《印度尼西亚》，收入本书时改为《印度尼西亚简史》。

作者简介：

黎国彬（1920—2003年），翻译家、历史学家、南开大学历史学院教授。他精通英语、法语、俄语和日语，能笔译德语、西班牙语、葡萄牙语、越南语、马来语、拉丁文、波兰文等多种语言。曾任南开大学地质地理系副主任、南开大学图书馆馆长等职，曾获天津市优秀教师称号。1942年毕业于西南联大地质地理气象系，受聘于南开大学文学院。1949年后，他在南开大学历史系相继开设"人类学通论""考古学通论""中国地理总论""人文地理""中国边疆地理""东南亚经济地理""原始社会史""马列主义经典著作选读""世界历史"等颇具开拓性的课程。改革开放后，黎国彬先生根据现实的需要，首创了"专业英语""外国史学史"等课程，成为南开大学历史系本科生和研究生的必修基础课。

拉丁美洲工业化问题

梁卓生

实现工业化是世界各国人民达到国家富强和维护民族独立的重要手段。自从 18 世纪 60 年代以来，世界上已经出现了两种不同类型的工业化，既有英、德、美等国的资本主义工业化，也有十月革命后苏联实现的社会主义工业化。那么其他在第二次世界大战后摆脱了殖民统治、取得民族独立的广大第三世界国家该怎么办，它们能不能实现工业化，怎样才能实现工业化？这些问题亟待解决，为了探讨这些问题，现在我们把注意力集中到拉丁美洲的工业化方面来。

一、从洛温撒尔的文章谈起

说到拉丁美洲的工业化问题，人们不妨读一读美国对外关系委员会（Council on Foreign Relations, CFR）研究部主任亚伯拉罕·F. 洛温撒尔（Abraham F. Lowenthal）写的一篇题为《美国和拉丁美洲：霸权思想的结束》的文章。①这篇文章之所以值得一读，在于它确认拉丁美洲工业化取得了不少成就这个事实，同时从维护美国在拉丁美洲的利益出发，总结了美国对拉丁美洲政策的经验、教训，并对日后拉丁美洲政策提出了一系列的建议。洛温撒尔的文章对于拉丁美洲工业化发展情况的估计比较接近实际，启发人们思考问题。为此，我们在文章的开头先引用洛温撒尔的一段话：

---

① 美国"对外关系委员会"由洛克菲勒财团的财东戴维·洛克菲勒（David Rockefeller）任主席，对美国的对外政策有很大的影响。Abraham F. Lowenthal, "Two Hundred Years of American Foreign Policy: The United States and Latin America: Ending the Hegemonic Presumption", *Foreign Affairs*, October 1976.

作为第三世界最强大和最繁荣的部分，拉丁美洲对国际经济秩序如何演变将有重大的影响。作为初级产品和工业制成品的主要出口者，拉丁美洲国家将大大影响世界贸易的往来；作为对扩大农业生产具有很大潜力的地区，拉丁美洲在解决世界粮食问题方面将起决定性作用；作为一个拥有先进技术能力的区域，拉丁美洲将有助于决定是否扩大使用核技术及工业污染是否恶化的问题……①

总之，洛温撒尔认为，拉丁美洲的工业化已经取得了很大的进展，不能等闲视之，而要另眼相待，否则美国就会落在形势的后面而陷于被动。

说到这里，人们不禁要问，洛温撒尔的话是否有事实根据？如果有，这些事实根据又是什么呢？为了回答这些问题，我们有必要对拉丁美洲的工业化问题进行一番研究。

二、拉丁美洲工业化的主要成就

拉丁美洲的工业化经历着一个长期、曲折而复杂的过程，特别是1929—1933年资本主义世界经济危机对拉丁美洲工业化有很大影响。在长达半个世纪漫长的岁月里，拉丁美洲逐步向工业化的目标前进。法国著名史学家摩里士·克罗泽主编的《1945年以后的世界》一书这样描述了这个过程："1929年的危机从新的角度提出工业化问题。"1929—1946年，出现了"进口代替品工业化时期"，接着"工业化追求的东西，是同国家采取行动以建立基础工业联系在一起的，是同重新扩大出口不可分割的，同时也同从国外取得财政援助和引进技术

---

① Abraham F. Lowenthal, "Two Hundred Years of American Foreign Policy: The United States and Latin America: Ending the Hegemonic Presumption", *Foreign Affairs*, October 1976.

结合在一起的"①。

这样，拉丁美洲工业化最初以生产进口代替品为主要内容，然后又转向以建立基础工业为重点。在这个时期内，拉丁美洲人民经过艰苦奋斗，在一个一向被外国垄断资本视作经济落后、停滞不前的广大地区，播下了工业化的种子，开始有所收获。这些成果具体表现在：

第一，在20世纪30年代，拉丁美洲还是一个以农业为主要产品的地区，但是到了1975年，工业已经跑在农业的前面，成为主要的经济成分。

表1　拉丁美洲国内生产总值中的农业和工业比值

(%)

时间	国内生产总值	农业	工业*	农业和工业比值
1936—1940	100	30.7	19.1**	1∶0.65
1941—1945	100	29.3	20.6**	1∶0.70
1950	100	21.2	22.3	1∶1.05
1960	100	17.8	27.3	1∶1.53
1970	100	14.9	29.9	1∶2
1975	100	13.3	30.1	1∶2.26

材料来源：根据 Институт Латинской Америки（ИЛА）АН СССР, Экономика Латинской Америки в цифрах. Статистический справочник, Наука, 1965, p. 21；苏联《拉丁美洲》（Латинская Америка）杂志，1978年第2期附录：《国内生产总值的部门结构(%)》的材料编制。
* 包括采掘业、加工制造业、电力工业和供气供水业。
**包括采掘业、加工制造业和动力工业。

从表1我们发现在30年代，拉丁美洲农业和工业的比值为1∶0.65，即农业比工业多了35%。第二次世界大战期间和战后初期，其工业生产得到了发展，工业已和农业并驾齐驱，而且稍为超过了一点。到了1975年，工业比值较之农业比值超过了1.26倍。这就说明了拉丁美洲已经不再是30年代以农业为主要经

① 摩里士·克罗泽（Morris Crozet）主编：《1945年以后的世界》下册，巴黎，1973年，第1031~1033页。克罗泽主编的这部书是法国世界通史《人民和文化》第22卷。

济成分的地区，而是具有一定工业基础的地区了。

但是拉丁美洲各国经济的发展很不平衡，工业生产主要集中在墨西哥、阿根廷和巴西。1975年，这三个国家的工业和农业比值可从表2中得到说明。1975年，墨西哥、阿根廷和巴西三个国家的工业和农业比值分别为3.03∶1、3∶1和2.37∶1。其中墨西哥和阿根廷的工业和农业比值已经超过日本1960年2.84∶1的水平；巴西则接近苏联1960年2.6∶1的水平。如果和第三世界国家相比，拉丁美洲地区的工业和农业比值远比亚洲和非洲地区要高，这是毫无疑问的。1975年，拉丁美洲制造业产值占发展中国家制造业总产值的57.6%，[①]而在1966—1975年，巴西、墨西哥和阿根廷就占了发展中国家制造业增值价值增长的44%。[②]这就是说，巴西、墨西哥和阿根廷的工业已经有了相当高的水平，并且逐步向第二世界国家的工业发展水平靠拢了。

表2 1975年墨西哥、阿根廷和巴西国内生产总值中的工业和农业比值

国家	工业和农业比值	与第二（或第一）世界国家相比		
		接近或超过	年份	国家（工业和农业比值）
墨西哥	3.03∶1	超过	1960	日本（2.84∶1）
阿根廷	3∶1	超过	1960	日本（2.84∶1）
巴西	2.37∶1	接近	1960	苏联（2.6∶1）

数据来源：根据苏联《拉丁美洲》（Латинская Америка）杂志，1978年第2期附录：《国内生产总值的部门结构（%）》；UN. Statistical Office, *Demographic Yearbook. 1977*, UN, 1978, pp.723, 729.根据上述两份材料编制。

第二，在20世纪30年代，拉丁美洲只有一些以食品和纺织等轻工业为主的制造业，但是到了1975年，拉丁美洲已经开始建立了一个新的工业体系，重工

---

① 联合国工业发展组织国际工业研究中心：《世界各国工业化概况和趋向》（以下简称《趋向》），中国对外翻译出版公司编译，中国对外翻译出版公司，1980年，第71页。文中所引百分比数字是根据该书材料计算得来。

② 联合国工业发展组织国际工业研究中心：《趋向》，中国对外翻译出版公司编译，中国对外翻译出版公司，1980年，第52页。

业取得了相当大的成就。

　　拉丁美洲在过渡到以建立基础工业为主要内容的工业化阶段之后，动力、钢铁、机器制造等重工业部门相继建立，其中墨西哥和巴西的发展最为迅速。巴西工业经过半个世纪的经营，到1968—1973年出现"经济奇迹"，许多产品的产量已居拉丁美洲国家的首位，尤其是钢铁工业和汽车工业的发展最引人注目。现在巴西已经成为拉丁美洲钢铁和汽车的主要生产国：1979年钢产量达到1390万吨，比1951年增加了15.5倍；1979年汽车工业部门生产了110万辆汽车，比1957年增加了34.7倍。[1]巴西在非电气机械方面遥遥领先于大多数发展中国家，其所占比重接近发达国家的平均比重。[2]巴西的造船业也有相当基础，1979年订购吨位之多居世界第二位，并拥有南美最强大的船队。

　　墨西哥的工业一直稳定地向前发展，并在重工业的建设中取得了显著的成绩。第二次世界大战后，墨西哥的钢铁工业还很薄弱，汽车工业也只是在20世纪50年代才建立起来。但是到了1978年，其生铁产量达到346万吨，比1950年增加了14.2倍，同年钢产量为669万吨，比1950年增加了16.1倍。1976年，汽车产量达到31万9400辆，比1950年增加了13.8倍。1950—1978年，石油产量增加了4.9倍，1978年年产量达到6105万吨，在墨西哥经济中的地位越来越重要。[3]

　　拉丁美洲新的工业体系在巴西、墨西哥和阿根廷等国工业建设的带动下逐渐形成，具有一定水平的重工业开始出现在拉丁美洲大陆上。

　　第一，拉丁美洲有了一个初具规模的冶金业。墨西哥在蒙特雷和蒙克洛瓦建立了大型的冶金企业，巴西在沃尔塔-雷冬达开办了拉丁美洲最大的钢厂，智利的瓦奇帕托钢厂、秘鲁的钦博特钢厂、哥伦比亚的帕斯德里奥钢厂、阿根廷

---

　　① UN. Statistical Office, *Demographic Yearbook. 1959, 11th Issue*, UN, 1959, p.245.
　　② 联合国工业发展组织国际工业研究中心：《趋向》，中国对外翻译出版公司编译，中国对外翻译出版公司，1980年，第93页。
　　③ Институт Латинской Америки（ИЛА）АН СССР, *Экономика Латинской Америки в цифрах. Статистический справочник*, Наука, 1965, p.189; *The Europa Year Book 1978: A World Survey*, Vol. II, Europa Publications Limited, 1978, p.925.

的圣尼可拉斯钢厂和委内瑞拉的奥理诺科钢厂先后建立起来了。从1950年到1975年，拉丁美洲钢产量增加了14倍多，1975年粗钢产量达1800万吨，约占世界粗钢产量的2.7%。随着冶金业的建立和发展，机械制造工业也发展起来，1975年较1950年机器、设备的产量增加了8倍；[1]巴西和阿根廷在这方面取得了较大的成效。汽车事业的发展是拉丁美洲制造业得到发展的一个标志，1975年拉美生产各类汽车149万辆。

第二，积极解决能源问题，初步建立了石油、水力、火力发电和核电站等动力部门。1977年，拉美生产石油2.28亿吨，占世界产量的7.75%。委内瑞拉是拉美的主要石油出产国，原油年生产能力可达1.75亿吨，是世界第五大产油国和第三大石油输出国。20世纪七八十年代，墨西哥开发了从维拉克鲁斯到东南部恰帕斯和塔巴斯科州交界连绵数千平方公里的石油区，同时又在坎佩切海湾海底发现油田，其结果使墨西哥石油蕴藏量激增，超过了委内瑞拉，一跃而成为世界石油大国。巴西石油较为欠缺，每年不得不进口大量石油。为了解决能源问题，巴西政府制订了一个全面解决能源的方针，[2]除了继续寻找石油资源之外，决定以水力发电为基础，重视煤的运用，号召使用酒精和沼气，并对核发电站给予充分的注意。经过努力，巴西已经找到了新的石油产地，据估计有较好的出油前景。[3]同时，巴西强调利用国内丰富的水力资源，已建成的泡卢-阿丰苏水电站在20世纪七八十年代名列世界水力发电站前茅，不仅如此，巴西还在同巴拉圭交界的巴拉那河兴建伊泰普水力发电站。1976年巴西发电量为884亿度，赶上了澳大利亚的发电水平；同年墨西哥发电量为465亿度，已经接近比

---

① [乌拉圭]恩里克·V.伊格莱西亚斯：《拉丁美洲经济前景及其对美国的影响》，白凤森译，《拉丁美洲丛刊》1980年第1期。

②《拉丁美洲大事记1979年10月1日至12月31日》，《拉丁美洲丛刊》1979年第2期。

③ Brill Academic Publishers, *The International Yearbook and Statesmen's Who's Who*, Burke's Peerage Limited, 1978, p.60.

利时的水平。①总的来说，拉丁美洲的动力部门有了很大的发展，从1950—1975年增长了8倍，1975年发电量为2200亿度。②

还有，为了根本解决能源问题，拉丁美洲的有识之士已经开始把注意力放在发展核能方面。阿根廷、巴西、墨西哥、智利、秘鲁和古巴等国20世纪七八十年代开始建设核电站，其中阿根廷的阿图查一号核电站已经正常运转多年，成为当时具有最高运转效率的核电站之一。③巴西在中央–南方地区建立的具有5兆瓦的核反应堆已经建成，在里约热内卢州阿格拉·多斯·莱斯兴建的76万千瓦的核反应堆将近完成。估计到1985年，另外三个具有强大功率的核反应堆也将交付使用。④这对巴西克服石油能源不足、推动工业化的发展将起积极作用。拉美国家的核能建设走在第三世界的前列，它的发展和扩大增强了拉丁美洲工业化的生命力，其前途是不可估量的。

第三，拉丁美洲的工业是在第二次世界大战后新立起来的，具有较先进的技术水平，有利于工业化的发展。电子工业是第三次工业革命的先锋，而电子计算机又是衡量电子工业发展水平的标志。特别是当自动化生产在工业生产中所起的作用越来越重要的时候，工业中拥有电子计算机数量的多寡决定了生产技术的高低。巴西、墨西哥和阿根廷拥有通用电子计算机的数量不但在第三世界中占有领先的地位，而且同某些第二世界国家相比也不会落后多少，甚至超过了某些第二世界国家。

这里还需要说明一点，拉丁美洲国家有许多工业企业是在外资的帮助下兴建的。巴西工业的建设过程很能说明这个问题，例如巴西的沃尔塔–雷冬达钢厂是由美国伯利恒钢铁公司承建的，造船工业是用日本和荷兰的造船技术发展起

---

① *The Europa Year Book 1978: A World Survey*, Vol. I, p.467; *The Europa Year Book 1978: A World Survey*, Vol. II, Europa Publications Limited, 1978, p.925.

② [美]沃尔特·罗斯托：《美洲的新开端》，王宁坤译，《拉丁美洲丛刊》1979年第1期。

③ 沈澄如：《拉丁美洲核能的开发和利用》，《拉丁美洲丛刊》1980年第1期。

④ Brill Academic Publishers, *The International Yearbook and Statesmen's Who's Who*, Burke's Peerage Limited, 1978, p.60.

来的，飞机制造业是和意大利投资有关，汽车工业绝大部分是由西德、美、日、意、瑞士等国的汽车厂商在巴西兴建的。其他拉美国家的新兴工业部门也有类似情况。外国厂商参与拉丁美洲国家的工业建设，在一定程度上可以为这些国家提供一些先进技术，但是不可避免地给这些国家带来不少消极的影响。

第四，拉丁美洲工业化促进了这个地区经济的发展，国内生产总值迅速增长，投资总额逐年上升，为这一地区工业化的进一步发展提供了有利的条件。1976年拉丁美洲地区生产总值达到3998亿美元，同南亚和东南亚、非洲国家相比居于领先地位，从1950年到1975年的25年内增加了3.2倍，比南亚和东南亚快1倍，比非洲快1.2倍。[1]同欧洲产值相比，1975年拉丁美洲的产值相当于欧洲1950年的产值；照此发展进程继续下去，1985年拉丁美洲的产值接近欧洲1970年的产值。[2]在国内生产总值不断增加的条件下，拉丁美洲各国投资总额在1950—1975年期间增加了5.4倍。[3]投资总额的急剧增加有力地推动了拉丁美洲工业化的向前发展。

三、外国跨国公司和拉丁美洲工业化

近百年来，拉丁美洲一直是帝国主义的原料产地、投资场所和销售市场，也是跨国公司攫取超额利润的乐园。拉丁美洲在工业化方面取得了进展，跨国公司怎么办？在这方面洛温撒尔又站出来亮明自己的观点。他说："美国在西半球虽然还很强大，但不再是无可争议地主宰一切了。西半球不再是美国的'势力范围'了，承认这一点当然是痛苦的，但是在美国立国的第三个世纪中，美

---

① 《1950—1977年非社会主义国家的国内生产总值》，苏联《世界经济与国际关系》(*Мировая экономика и международные отношения*)1978年第8期。

② 《1950—1977年非社会主义国家的国内生产总值》，苏联《世界经济与国际关系》(*Мировая экономика и международные отношения*)1978年第8期。

③ [乌拉圭]恩里克·V.伊格莱西亚斯：《拉丁美洲经济前景及其对美国的影响》，白凤森译，《拉丁美洲丛刊》1980年第1期。

国对拉丁美洲政策舍此没有其他基础了。"①同时他还说:"在今后多年中,美国在西半球所面临的挑战是:在一个应当考虑实实在在的矛盾而不是所向无敌的霸权的区域里,如何保护美国重大利益的问题。"②

到底怎样才能"保护美国重大利益"呢?面对拉丁美洲国家对美国霸权进行挑战的新形势,美国政府不得不在对拉美经济关系方面强调新的灵活性和适应性,避免同拉美国家产生分歧和误解,不要刺激拉美各国人民的民族主义感情,洛温撒尔指出要善于利用当地政府对待外资所采取的各种措施,同东道国政府或公司搞"协作生产"和"合营企业",要多雇用当地人担任经理人员,为美资公司涂上一层当地公司的色彩,此外还要通过发放贷款来控制拉美国家的经济,等等。

根据这些灵活的策略和手段,美国跨国公司在拉美成立混合公司,打进国有化企业或者主要经济部门,加强对拉美国家经济的控制。美国跨国公司子公司在拉美所有权的变化,很能说明这个问题。1939—1967年,美国资本在中美洲和南美洲拥有全部股权的公司数目减少了6.2%,而与拉美工矿企业合股经营的不同类型的混合公司数目在增加,其中美国子公司拥有多数股权者增加了4.1%,拥有少数股权的子公司增加了5.8%。③同时,美国跨国公司子公司对拉美民族工业企业的兼并数目也在增加。1946年前,美国跨国公司子公司对拉美企业的兼并数为21.7%,1958—1967年为38.4%。④事实证明,美国跨国公司对拉丁美洲工业化的控制正在加强。

---

① Abraham F. Lowenthal, "Two Hundred Years of American Foreign Policy: The United States and Latin America: Ending the Hegemonic Presumption", *Foreign Affairs*, October 1976. pp.213, 210.

② Abraham F. Lowenthal, "Two Hundred Years of American Foreign Policy: The United States and Latin America: Ending the Hegemonic Presumption", *Foreign Affairs*, October 1976. pp.213, 210.

③ UN. Department of Economic and Social Affairs, *Multinational Corporations in World Development*, UN, 1973, pp.156, 186.

④ UN. Department of Economic and Social Affairs, *Multinational Corporations in World Development*, UN, 1973, pp.156, 186.

外国跨国公司还对拉丁美洲的基础工业进行大量的直接投资。在20世纪50年代初期，外国投资重点放在采掘业和公用事业。后来，随着拉丁美洲制造业的发展，外国跨国公司的投资重点就转移到制造业方面去了。1977年美国在拉丁美洲的私人直接投资额总计277亿美元，利润率为15.3%，而且主要集中在巴西、墨西哥、委内瑞拉和阿根廷等工业比较发达的国家，这就必然增加了美国资本对这些国家制造业的控制。到70年代中期，美国在墨西哥、巴西和阿根廷的投资分别占这些国家投资的75%、68.1%和65%。具体来说，外国资本的90%集中在墨西哥的汽车、制药、橡胶、机器和食品部门。在阿根廷，外资主要集中在金属（机器制造业除外）、石油精炼、交通器材制造和化学产品制造等部门。外国资本同样加紧对巴西制造业的控制。外资公司控制了巴西烟草业资产的99%，运输器材和汽车业资产的68%，橡胶业资产的61%和电气机械业资产的61%。[1]美国跨国公司对拉丁美洲制造业控制面之大，连研究这个问题的美国学者苏珊娜·B.坦塞教授也不得不这样写道："在美国参议院多国公司活动小组委员会关于美国公司在墨西哥和巴西的影响的研究报告（1975年9月公布）中，所列举的数字是使人震惊的：'美国股权控制墨西哥制造业的份额已经从1929年的1%增至今天的大约70%。'"[2]

外国资本大量涌向制造业部门绝不是偶然的，主要是它们从这里得到的好处多：第一，外国资本可以在拉丁美洲的土地上，用拉丁美洲的丰富资源和廉价劳动力生产，生产成本较其母国为低，既可以在当地出售，用不着交进口税，又可以控制当地市场。1965—1968年，美国跨国公司子公司在中美和南美的制造品销售额从55亿美元增加到80亿美元，其中90%以上产品是在当地出售

① United Nations Commission on Transnational Corporations, *Transnational Corporations in World Development: A Re-examination: Corrigendum*, UN, 1973, p.271.

② Shoshana B Tancer, *Economic Nationalism in Latin America: An Historical Overview*, New York, 1967, p.131.

的。①第二,可以将一些污染程度高的工业部门向拉美地区转移,减少本国工业的污染。第三,可以将这些成本较低的产品运往其他国家销售,赚取更多的超额利润。所以外国资本在拉丁美洲国家设厂生产真是一本万利,其利润之大可以从表3看到。从这个表中不难发现,外资在1965—1970年的6年中,仅直接投资所得而从东道国流出的收入就高达56.49亿美元。

表3　外国在拉美1965—1970年直接投资的流入和累计直接投资收入的流出

(单位:百万美元)

年份	1965—1970
流入总计	5893.2
流出总计	11042.1
总差额	−5648.9

数据来源: UN. Department of Economic and Social Affairs, *Multinational Corporations in World Development*, UN, 1973, pp.156, 192.

外国资本不仅从私人直接投资中榨取巨额利润,而且通过转让技术专利权来获得更多的利润。拉丁美洲是一个技术落后地区,然而没有先进技术是无法建立重工业的,外资利用拉丁美洲国家这个弱点,用高价向他们转让技术专利权。阿根廷、巴西和墨西哥这些正在实行工业化的国家每年都要花费高额外汇来换取外国的先进技术。1968年,墨西哥用了2亿美元,占出口收入的15.9%;巴西在1966—1968年3年内,平均每年要动用5960万美元来购买外国的先进技术,占出口收入3.4%;阿根廷在1969年为了取得外国先进技术支出了1.28亿美元,占出口收入7.9%。②拉丁美洲的工业化每前进一步,都要向外国资本交纳大量的贡赋,这给拉丁美洲国家带来沉重的负担。

---

① UN. Department of Economic and Social Affairs, *Multinational Corporations in World Development*, UN, 1973, p.191.

② UN. Department of Economic and Social Affairs, *Multinational Corporations in World Development*, UN, 1973, p.190.

上述事实说明，拉丁美洲工业化在取得可喜成就的同时，却欠下了大量的外债。这是因为一方面拉丁美洲进行工业化需要从外国借款，以补资金之不足；另一方面在"发展主义"理论的影响下又过分依靠外资，其结果是拉丁美洲国家负债累累，其所欠外债数量之大实属惊人。

表4　拉美国家所欠外债表

（单位：百万美元）

年份	取得贷款总数	还本付息		流入数	
		总数	百分比	总数	百分比
1961	2187	1324	60.5	863	39.5
1961—1975	71085	40739	56.8	30346	43.2

材料来源：根据 H.H.霍洛迪可夫：《拉丁美洲：外债问题》（莫斯科，1979年，第112页）材料编制。

表4的数据表明，1961—1975年的15年，也是处在拉丁美洲某些国家工业化进入了以建立重工业为主要内容的新时期内，拉丁美洲国家所借外国贷款总数从1961年的21.87亿美元增至1975年的710.85亿美元，其中还本付息共支出407.39亿美元，占贷款总数的56.8%，因而实际流入拉丁美洲国家的贷款只有303.46亿美元，占贷款总数的43.2%。这就是说，拉丁美洲国家从710.85亿美元贷款中只拿到43.2%，其余56.8%只能还本付息交回外国资本。然而拉丁美洲所借外债并没有到此为止。在1974—1975年资本主义经济危机的影响下，拉美经济日益困难，外债日益增加，1978年底估计达到1000亿美元，这差不多等于当年拉丁美洲各国出口额的2倍。拉美外债剧增的问题已经引起拉丁美洲各国政府和人民充分的注意，他们采取多项措施来摆脱这一困境。

四、拉丁美洲工业化的道路和展望

拉丁美洲进行工业化欠了外国一大笔的债，其数量如此之大，会不会使拉丁美洲的工业化出现难以克服的困难呢？这个问题值得人们深思。如果对拉丁美洲工业化发展的历史进程作具体的分析，我们不难发现拉丁美洲的外债问题只是工业化前进道路上遇到的困难，它将像拉丁美洲国家工业化过去所遇到的其他问题一样，只要摆正工业化前进的航向并采取正确的方针，矛盾就可逐步缓解，而不会使工业化的事业半途而废。为了弄清这个问题，我们需要分析外债激增的原因。

1974—1975年，资本主义世界爆发了第二次世界大战后以来最大的经济危机。在这次经济危机的影响和冲击下，拉丁美洲经济状况日益恶化，于是外国垄断资本利用拉丁美洲国家经济上的依附性、软弱性及其面临的经济困难，大力向它们输出借贷资本，转嫁经济危机，这是拉丁美洲外债急剧增长的客观原因。拉丁美洲国家的当权人物，或者出于其政治经济的需要，或者受到"发展主义"理论的影响，过分强调借外债来克服本国经济困难，发展本国经济，这是拉丁美洲外债激增的主观原因。这种状况说明，拉丁美洲在实行工业化的过程中存在着过分依赖外资的思想。这种依赖思想必须克服，否则就会给拉丁美洲工业化造成不必要的损失。总之，拉丁美洲工业化的发展要求拉丁美洲国家的当权人物改变过分依赖外资的思想和做法，要求在合理利用外资和适当依靠外援的前提下走自力更生的工业化道路。假若拉丁美洲国家的当权人物这样想问题，充分利用本国的人力、物力和财力，并合理利用可以借助的外国力量，提高生产，发展工业，维护本国的经济自主，这样，外债就会在本国经济力量不断增长的情况下逐步减少下来。

虽然拉丁美洲工业化出现了一些问题，但是却积累了丰富的经验，可供第三世界国家借鉴。拉丁美洲国家的工业化是一项伟大的事业，拉丁美洲已经成为第三世界人民摆脱外国经济控制、实现工业化、争取经济自主、巩固政治独立的试验场。拉丁美洲工业化的成败和第三世界各国人民的发展前途有着密切的关系，成为举世瞩目的问题。因此，拉丁美洲工业化的全部经验，包括某些缺点和问题在内，都值得我们好好加以探讨，而研究它成功的基本经验尤其重要。

拉丁美洲工业化的基本经验是什么呢？根据我们的体会，至少可以归纳成下面五点：

第一，拉丁美洲工业化进程自始至终贯穿着反帝反封建的斗争，是拉丁美洲民族民主革命的重要组成部分。换句话说，离开反帝反封建斗争的历史任务来谈拉丁美洲的工业化，那就无法实现经济独立和巩固国家主权。这是拉丁美洲五十年来工业化历史已经反复证明了的历史真理，必须好好地坚持下去。

历史事实表明，任何放松或偏离反帝反封建的工业化思想和行动将会妨碍工业化的发展。"发展主义"理论片面地强调依赖外资，最后造成了外债负担过重的不良后果。虽然"发展主义"理论提出了实行土地改革、提高农业生产、缩小国民收入分配的差距、扩大国内市场的做法，但是却没有勇气去实行，一到紧要关头就退缩不前，最后只有叹息一声，又回到靠借外债度日的老路上去。这样下去，工业化是难以成功的。

与此相反，拉丁美洲广大人民群众却坚决站在反帝反封建的立场上，同一切背离反帝反封建原则的政权或政治集团做斗争，把工业化搞上去，甚至某些统治集团有识之士也在同违反这个原则的行为做斗争，给工业化作了一些好事。20世纪30年代墨西哥总统卡德纳斯在工人阶级和广大爱国阶层的支持下，不畏强暴，顶住了英美垄断资本的压力，实现了石油国有化，增强了墨西哥工业化的物质基础，就是一个很好的例证。因此可以说，反帝反封建斗争是拉丁美洲实现工业化的政治前提。

第二，要实现工业化，就要把本国资源掌握在国家和人民的手中，不能让外国企业控制国家的经济命脉。为了增强工业化的物质基础，国家有权对控制主要经济命脉的外国企业实行国有化。对外国企业实行国有化是拉丁美洲人民实现工业化的经济前提。

一国的自然资源是决定一个国家工业化发展前途的重要因素。不把自然资源直接掌握起来，使它好好为工业化服务，就会影响工业化的增长速度，就会妨碍工业化正确方针的选择。拉丁美洲国家工业化首先从对控制国家自然资源的外国企业实行国有化做起，其原因在此。拉丁美洲国家的国有化有许多好处，它促进国内主要工业部门（如石油部门）的建立，增强主要工业产品的生产，推动新的工业体系的形成，并为国家工业化积累大量的资金。自从20世纪30年代墨西哥石油国有化以来，危地马拉、玻利维亚、智利、巴西等国的国有化运动蓬勃发展，连绵不断，到了1976年委内瑞拉将石油收归国有使国有化运动达到一个新的高潮。拉丁美洲国有化运动汹涌澎湃地向前发展，标志着拉丁美洲国家的工业化进入了一个全面展开的新阶段。

第三，要充分发挥国家的作用，通过国家资本主义途径来促进工业化的发展。拉丁美洲是一个经济落后地区，既缺乏资金和先进技术，又没有广大的国内市场，加上外国资本对国内经济的控制，要实现工业化会遇到种种困难和阻力。在这种情况下，只有加强国家对工业化的领导，建立各种国家资本主义企业，动员全国的人力、物力和财力，协调步调，才能解决工业化所面临的迫切问题。20世纪七八十年代，拉丁美洲各国国家资本主要集中在交通运输、公用事业和基础工业部门，在国家经济中的地位越来越重要。

国家直接领导工业化事务，可以起很大的推动作用。根据墨西哥的经验，国家在工业化中的作用主要是："一是直接开发和加工基本的和战略性的自然资源，以保证国家对这些资源的主权，例如石油国有化；二是对那些因为周转期长和资本需要量大而对私营部门没有吸引力的经济活动进行投资；三是控制价格，尤其是钢和石油化学产品的价格，因为这些产品的价格在很大程度上决定着国内许多其他工业品的价格水平；四是挽救那些濒于破产的私营企业，主要是为了保持就业水平或支持某些为最低限度的经济一体化所不可缺少的工业活动。"[①]巴西、阿根廷、秘鲁和委内瑞拉的国家资本主义也在不同范围内和在不同程度上直接参与工业化的实施工作。国家资本主义成为拉丁美洲国家工业化的重要组织体系。

第四，根据自力更生的精神，制定一系列政策，大力扶植民族经济，改善

---

①联合国工业发展组织国际工业研究中心：《趋向》，中国对外翻译出版公司编译，中国对外翻译出版公司，1980年，第409~410页。

工农群众生活状况，扩大国内市场，为工业化创造有利条件。具体来说，国家需要制定如下的政策：

一是为了扶植和促进民族工业的发展，国家不仅要关心资金雄厚的民族工业集团地位的巩固，而且要对中小企业予以更多的帮助，因为中小企业是拉丁美洲国家一支重要的工业力量，它的巩固和发展直接关系到生产的增加和就业数量的扩大，是推进工业化的必要措施；

二是要在发展城市工业化的同时，加强农村工业化，这不但可以充分调动和利用拉丁美洲广大农村的积极性与有利条件为工业化服务，而且农村就业机会多了，农村人口流向城市的压力就会缓解，有助于解决城市人口过于拥挤的问题。

三是要合理分配国民收入，不断提高工农的日常收入。工农生活改善了，购买力提高了，国内市场也就可以扩大起来。国内市场过于狭小，是拉丁美洲国家工业化的弱点；只有国内市场扩大了，拉丁美洲工业化才能有广阔的前途。

四是控制人口的增长是实现拉丁美洲国家工业化的重要社会措施。拉丁美洲人口增长速度比亚洲和非洲都快，这样工业化所取得的进展往往为人口的急剧增长所抵消。降低人口增长率已经成为拉丁美洲当前的重点任务。

五是要合理地利用外资，正确地引进外国先进技术，避免外资流入数量过多，尽力解决负债过重问题；要节流开源，多方发展出口贸易，增强拉丁美洲经济一体化和拉美地区组织内部的经济联系，扩大地区组织内的贸易，增加外汇收入，充实工业化资金，同时防止外国投资在制造业中占有过大的比重，消除拉丁美洲国家对外国资本的依附性，保证国家的经济独立。

拉丁美洲国家在长期实施工业化的过程中已经积累了一些对待外资的经验，特别是在对待外国直接投资方面已经逐渐形成了一套比较完整的政策，这些政策概括来说，就是：一是多数国家鼓励外国资本同本国资本（包括国家资本和民族私人资本）搞合营企业，并在企业的股权问题上对外资逐步加以控制；二是按照本国经济发展的需要，在投资部门上对外资加以规定或限制，一方面鼓励外资投入那些对本国经济发展有利的部门，另一方面力图限制外资投入直接影响国计民生、国防安全相关部门；三是在外资的利润汇出、利润再投资、抽回股本等重要环节上，实行不同程度的限制；四是要求外资在企业人员安排、利用本地产品、设厂地点等问题上，要按照有关国家的规定，采取有利于有关国家工业发展的措施。[①]这些经验对于拉丁美洲工业化的发展，限制外国资本对本国工业的控制都是有利的。

但是在借贷资本流入问题上，拉丁美洲国家采取了较为开放的政策，这就导致外债负担过重问题。这个问题的解决牵涉如何合理利用外资问题，其关键在于改变"发展主义"理论过于依赖外资的思想，增强自力更生思想，然后在这个基础上采取有效的措施来减少外资的流入。同时引进外国先进技术的问题，随着拉丁美洲主要工业国的工业化向建立重工业阶段过渡而显得更为重要。对于这些问题，拉丁美洲国家应像联合国发展组织研究报告中指出的那样，要"有选择地鼓励外国资本和技术"，做到"只有给东道国带来纯利的外国投资和技术才受欢迎"。[②]这样，才能避免浪费资金，把珍贵的外汇用在必要的外国技术引进和支付必要的技术装备等方面。

在增加出口贸易方面，拉丁美洲注意扩大同欧洲和日本的接触，逐步减少在外贸问题上对少数国家的依附性，收到了一定的效果。拉丁美洲国家尤其注意加强拉丁美洲经济一体化，不断增强拉丁美洲国与国之间的联系。在贸易往来、工业发展计划的协调方面都取得较为明显的进展。拉丁美洲经济一体化对于扩大拉美国家的国外市场，是一个有希望的试验。沃尔特·罗斯托指出，在过去10年中，"确有一些拉丁美洲国家在使制成品出口多样化方面做得很出色。但是总体看来，拉丁美洲的正确出路仍然是加紧实现经济一体化"[③]。拉丁美洲

---

① 裴浩楼：《拉丁美洲国家对外国直接投资的政策》，《拉丁美洲丛刊》1980年第1期。

② 联合国工业发展组织国际工业研究中心：《趋向》，中国对外翻译出版公司编译，中国对外翻译出版公司，1980年，第9~10页。

③ [美]沃尔特·罗斯托：《美洲的新开端》，王宁坤译，《拉丁美洲丛刊》1979年第1期。

经济一体化活动的加强正说明了拉丁美洲国家联合起来，发展各国的民族经济，反对经济霸权主义，捍卫经济独立共同趋向的增长。

拉丁美洲工业化所有的这些经验集中起来，就可以使我们看到拉丁美洲工业化发展的共同进程和今后的发展趋向。我们所说的拉丁美洲工业化的道路指的就是这些基本的东西。拉丁美洲各国在历史、经济、政治、文化方面有其共同点，但也存在着差异。正是因为这个缘故，拉丁美洲工业化道路并不是一个一成不变的模式，可以随便套用到任何一个拉丁美洲国家的身上，并左右这些国家工业化的发展进程，而只是说明他们在推进工业化的过程中大体上存在着一些共同的特点和共同的发展前景。至于每一个国家在推进工业化的过程中仍然要按照各自不同的特点去决定自己的发展方针及其发展的模式。这又必然使得拉丁美洲各国在工业化问题上除了有着共同的特点和共同发展前景之外，还会创立各种各样的模式。这些模式可以互相补充，扬长避短，不断推动拉丁美洲工业化的发展。

最近联合国工业发展组织的研究报告还引用了 J.B. 登格斯和 J. 里德尔合著的《发展中国家制成品出口的扩展：对供求问题的经验性估计》一书所做出的研究结果。登格斯和里德尔的研究结果表明，拉丁美洲国家（如墨西哥和巴西）工业化政策同亚洲和非洲许多国家工业化政策有相同之处。在生产方面，它们都采取了国家资本主义的经营方式。其中包括："工业特许制，按这一制度，工业部门的建立、扩大以及工业类别和地理位置的变动都需要政府批准""有选择地促进（一般通过税收减让）那些定为'必需的''合乎需要的'或'先驱的'工业""对'优先部门'所需的部分工业品（有时）实行价格管制""政府对工业直接投资（公营企业）"。在对待外资方面，采取了利用和限制的政策，以保护和扶植民族工业的发展。这方面的内容大致是："投资建设必须经由政府批准""要求本国股权占多数，限制利润汇往国外及资本撤回""某些（'关键的'和（或）'非必需的'和（或）'饱和的'）工业不许外国投资"，等等。①

这就是说，拉丁美洲工业化的一些做法并不完全只出现于拉丁美洲地区，而且也出现于广大第三世界地区。这样，拉丁美洲工业化道路中所包含的共同发展进程和共同发展前景，也会在不同程度上和不同范围内成为亚洲和非洲工业化道路中所具有的东西。如果这些说法符合事实的话，那么我们可以做出这样的初步判断：拉丁美洲工业化道路为亚洲和非洲工业化道路提供了许多有用的经验。拉丁美洲、亚洲和非洲这个广大的第三世界地区将会在最近的将来沿着一条大致相同的道路向工业化的目标前进。第三世界发展中国家的工业发展进程将会为世界历史展示出一条发展中国家的工业化道路。可以预料，世界历史除了出现资本主义工业化道路和社会主义工业化道路之外，还将会出现第三条工业化道路——发展中国家的工业化道路。

拉丁美洲工业化的50年是拉丁美洲国家在反帝反封建斗争中不断把工业化推向前进的50年。如果今后拉丁美洲国家能够继续坚持正确的方针，不断克服困难，积累更多的经验，它们的工业化将会取得更大的成就。关于这一点，联合国工业发展组织的研究报告给我们提供了如下的发展前景：

第一个设想前景：如果按照1960—1975年的那种结构模式继续发展下去，拉丁美洲制造业增值价值在世界各国增值价值总比值中所占的比值，将从1975年的4.9%，增加到2000年的7.1%，这也就是说增长了45%。但是联合国的报告说，这是"最小的或最悲观的选择方案"。除此之外，还有另一种选择方案。

第二个设想前景：这是一个高速度增长的方案。按照这个方案，拉丁美洲制造业增值价值在世界各国制造业增值价值总比值中所占的比值将从1975年的4.9%，增加到2000年的13.2%，即增长了约170%，也就是增加了1.7倍。联合国的研究报告说，这个方案"所设想的增长率是高的，但根据历史的经验看来

---

① 联合国工业发展组织国际工业研究中心：《趋向》，中国对外翻译出版公司编译，中国对外翻译出版公司，1980年，第158~159页。

却是可行的"。①

不论是第一种设想方案，还是第二种设想方案，拉丁美洲的工业化都会向前发展。这表明拉丁美洲工业化尽管会遇到种种困难，但是却具有很强的生命力，它的发展前景是很光明的。拉丁美洲工业化将给拉丁美洲人民带来可喜的前景，同时也预示着第三世界将会在未来的历史中为世界工业发展做出很大的贡献。

本文原刊载于《南开史学》1980年第2期，收入本书时略作修改。

作者简介：

梁卓生（1923—2016年），1945年毕业于昆明西南联合大学政治系，1947—1949年，在美国西雅图华盛顿大学政治系学习、研究有关美苏关系问题。1950—1955年，任职于中央教育部高教司。1955年调入南开大学历史系。1964年筹备、创建南开大学拉丁美洲史研究室。1982年底调北京外交学院工作至1994年退休，主要教授拉美史和美国外交史课程和培养研究生。1983年晋升为教授，曾任拉丁美洲史研究会副理事长和中国拉丁美洲学会常务理事。

---

① 联合国工业发展组织国际工业研究中心：《趋向》，中国对外翻译出版公司编译，中国对外翻译出版公司，1980年，第6、71~74页。文中增长的百分比是根据该报告提供的数字计算得来。

论西蒙·玻利瓦尔

洪国起

西蒙·玻利瓦尔是19世纪拉丁美洲独立运动的领导人。他领导拉美人民解放了南美的委内瑞拉、哥伦比亚、巴拿马、厄瓜多尔、秘鲁和玻利维亚。他完成了圣马丁未竟的事业,最终把西班牙殖民势力从南美大陆上全部赶出去。他是殖民地和被压迫国家人民争取独立解放的先驱者,也是拉丁美洲社会发展的探索者。

玻利瓦尔由于其丰功伟绩而受到拉丁美洲人民的崇敬。他也得到了全世界人民的敬仰,是举世公认的一位伟人。1976年联合国大会一致通过了委内瑞拉提出的向玻利瓦尔致敬的决议。玻利瓦尔为世人所崇敬得到了无可争辩的证实。

玻利瓦尔的伟大固然在于他解放了南美大陆,也在于他英明地提出了拉美团结、实行共和政治与发展资本主义等有远见卓识的思想。一百多年来的历史证实了玻利瓦尔当年提出的设想是正确的。在纪念玻利瓦尔诞辰200周年之际,探索玻利瓦尔的革命成功之路和历史功绩对当代拉美社会发展而言是不无裨益的。

一

1783年7月24日,西蒙·玻利瓦尔出生在委内瑞拉都督区首府加拉加斯一个土生白人地主兼工商业者的家庭。其祖辈早在16世纪就从欧洲移居南美,后来逐渐成为委内瑞拉最富有的家族之一。玻利瓦尔的父亲胡安·维森特·德·玻利瓦尔-庞特拥有金矿、糖厂、牧场、庄园和多所豪华别墅,其庄园里做工的奴隶有千人以上。即使如此古老且富有的家族,在西班牙殖民体系内也不能改变他们"二等公民"的社会地位。在委内瑞拉,他的家庭可以役使印第安人、印欧混血种人和奴隶，但在政治上却必须屈从西班牙殖民当局的淫威，在经济上必须忍受宗主国的垄断剥削。在当时，他们称西班牙为继母，"继母对我们是冷酷无情的"①。委内瑞拉富有的土生白人不甘心受殖民当局的统治。早在1749和1751年就发生了胡安·弗朗西斯科·德·莱昂的反抗运动，1797年又发生了曼努埃尔·瓜尔和何塞·玛丽亚·埃斯帕尼亚策动的谋反活动。玻利瓦尔的父亲也曾同情反西班牙的活动。这些在委内瑞拉产生的不满和反抗情绪，从小就影响着玻利瓦尔的思想。

玻利瓦尔三岁丧父，九岁失母。他的童年过得极不平静。双亲亡故之后，玻利瓦尔由其舅父卡洛斯·帕拉西奥斯–布兰科照管。舅父很粗暴，不会照看孩子，年仅十二岁的玻利瓦尔为了争得个人的自由，挣脱卡洛斯的管束逃出家门，在加拉加斯闹出一场家喻户晓的法庭风波。他的舅父不得不将他送到一位刚从欧洲留学回国的青年知识分子西蒙·罗德里格斯家里接受教育。罗德里格斯是法国启蒙思想家卢梭和法国百科全书派的热烈追随者。他回国后，在土生白人中积极宣传卢梭学说，批判封建专制制度，鼓吹资产阶级的民主自由。他以卢梭的《论教育》一书为蓝本，以庄园、牧场为课堂，对玻利瓦尔进行生动活泼的教育。古典文学、哲学、当代法国思想家的作品，都是玻利瓦尔学习的内容。玻利瓦尔从罗德里格斯那里第一次了解了"自由""平等"的概念，见识了美国独立战争和法国大革命的壮观场面。罗德里格斯的激进思想在玻利瓦尔心里深深地扎下了根。29年以后，当玻利瓦尔已经担任大哥伦比亚共和国总统的时候，他还给远在欧洲的老师罗德里格斯写信说："我的老师，无疑，您是世界上最非凡的人。……是您锻造了我渴望自由、正义、伟大和美好的心灵。我一直在走着您给我指引的道路。虽然您坐在欧洲的海滩上，可您却是我的掌舵人。"②

罗德里格斯受迫害离去之后，玻利瓦尔像无舵的船一样到处漂泊。他渴望

---

① Donald Marquand Dozer, *Latin America an Interpretive History*, Mcgraw Hill, 1962, p.169.

② Simón Bolívar, *Obras Completas, Tomo I*, Editorial Lex, 1950, p.881.

欧洲的生活。1799年，他来到马德里，过早地结了婚。妻子死后他又在马德里、巴黎等地游手好闲，无所事事，但却受到欧洲的政治生活，尤其是法国大革命之后的民主自由情绪的感染。拿破仑的称帝，强烈地冲击了他的思想。1804年12月，他看了拿破仑加冕典礼以后，十分憎恶。他说："他当了皇帝，自那天起，我就把他看成虚伪的暴君、自由的耻辱、文明进步的障碍。"由此他得出结论说："他的光荣是地狱之光。"①玻利瓦尔从这时起便已经开始思考一些具有现实意义的社会问题了。

1805年春，年满二十二岁的玻利瓦尔在巴黎幸运地与阔别多年的启蒙老师罗德里格斯重逢。不久，玻利瓦尔在老师的建议和陪同下，放弃了在巴黎的闲散生活，去意大利旅行。罗德里格斯这时已是一位成熟的革命思想家。在旅途中，他给玻利瓦尔介绍了许多资产阶级革命思想，为玻利瓦尔心中的疑团找到了正确的答案。8月15日晚，他们登上了位于罗马近邻的"圣山"。罗马帝国平民为争取权利而起义的往事和米兰达在委内瑞拉登陆失败的严酷现实，深深激荡着年轻的玻利瓦尔的心。他忆往思今，感慨万千，向他的老师庄严地表示："为了上帝，为了我的荣誉，为了我的祖国，我在您面前宣誓：只要西班牙政权套在我们身上的枷锁没被打断，我就要不断地进行战斗，我的灵魂也就不会安息。"②"圣山"宣誓标志着玻利瓦尔的思想产生了飞跃。从此，他在人生的道路上迈出了具有决定意义的一步。无疑，玻利瓦尔革命思想的最终成型，罗德里格斯的引导是有决定意义的。

1807年2月，玻利瓦尔回到加拉加斯投身到人民反殖民统治的斗争洪流中去。有一次，他应邀出席都督府举行的晚宴，席间他勇敢地站起来祝酒说："为南美洲的独立干杯！"使宴会大煞风景，当局十分惊愕。不久，他就被变相流放

---

① ［厄瓜多尔］阿·鲁玛索·冈萨雷斯：《西蒙·玻利瓦尔》，齐毅译，新华出版社，1980年，第47页。

② 玻利瓦尔写的誓词，至今未见原文。据1975年出版的《玻利维亚的解放者》作者莫斯塔霍说，这是罗德里格斯回忆录中提及的。Placido Molina Mostajo, *EI Libertador en Bolivia*, Serrano, 1975, p.56.

到他自己的庄园。但他继续进行反西班牙统治的宣传和组织活动，把他的家变为爱国青年聚会的场所。当1810年4月17日加拉加斯居民揭竿而起，赶走都督、成立"洪达"（委员会）之时，玻利瓦尔正在乡下。他得知消息后，立即骑马飞奔回首都参加革命。不久，"洪达"委任他出使英国，争取英国的财政援助。他临行前被告知，侨居在英国的米兰达将军是"一位反斐迪南七世的叛徒"，要避免和他接触。[1]但是玻利瓦尔抵达英国后做的第一件事就是违抗"洪达"指令，登门拜访委内瑞拉独立运动先驱者米兰达。二十七岁的玻利瓦尔见到年已六十的米兰达，深深为他的革命经历所吸引。经米兰达的介绍，他参加了为祖国独立而斗争的国外组织——"互济会"。1810年底玻利瓦尔和米兰达回到加拉加斯，爱国派群众狂热地欢迎他们，"洪达"中的保守派被迫接受现实，经过一段观望之后不得不任命米兰达为委内瑞拉爱国军总司令。玻利瓦尔与米兰达共事，使他的革命思想更加成熟了。

最初成立的加拉加斯"洪达"，并不是一个争取民族独立的组织。在"洪达"中占优势的保守派力主自治，反对独立。"洪达"面临夭折的危险。在这关键时刻，玻利瓦尔高举民族独立的旗帜，广泛团结各阶层爱国人士，同保守派进行坚决斗争。1811年7月5日，在玻利瓦尔的提议和组织下爱国派群众包围了议会，迫使它于7月8日通过了《独立法案》，发表了西属美洲第一个《独立宣言》。"从今天起，委内瑞拉已真正合法地成为而且应该成为独立自主的国家了。"[2]以玻利瓦尔为代表的爱国派对保守派第一个回合的胜利，终于迎来了委内瑞拉共和国（即第一共和国）的诞生。

从"圣山"宣誓到委内瑞拉共和国建立的六年，是玻利瓦尔为祖国独立而斗争的初期阶段。在这个时期，他的政治思想从萌发到成型，并逐渐趋于成熟，

---

[1] Philip John Sheridan, *Francisco de Miranda: Forerunner of Spanish-American Independence*, The Naylor Company, 1960, p.62.

[2] "Declaracion de lndependeacia del Congreso de Venezuela," in Fernando Diaz-plaja, *La Historia de Espana en Sus Documentos*, Instituto de Estudios Políticos, 1954, p.161.

坚定了为解放祖国而献身的革命信念，并积极进行斗争，从而成为一名当时具有先进思想的革命战士和思想领袖。

二

拉丁美洲独立战争的烈火，把玻利瓦尔锻炼成为一位杰出的军事家，与同时代的军事领袖人物相比，玻利瓦尔杰出的历史地位，在于他始终坚持高举武装斗争的旗帜，并且具有杰出的军事战略思想、高超的指挥才能和血战到底的顽强意志。

在独立战争的十六个春秋中，玻利瓦尔亲身领导和参加了五个国家的四百多次战斗，经受了无数次严重的挫折和失败，最终领导拉丁美洲人民把西班牙殖民者赶走，实现了他在罗马"圣山"立下的誓言。这是他为拉丁美洲独立战争立下的不朽功勋。

联合各地人民开展武装斗争，解放拉丁美洲整个大陆，是玻利瓦尔军事战略思想的基本出发点，也是他为之奋斗的战略目标。

委内瑞拉共和国建立后，盘踞在科罗地区的殖民军向共和国发起疯狂反扑，潜伏在首都东西两翼的保皇军也趁机叛乱。1812年3月26日，加拉加斯爱国者聚居地区遭受美洲历史上最严重的一次大地震，死亡两万多人。8月，西班牙殖民军乘机攻占加拉加斯，复辟了殖民统治，开始了血腥大屠杀。同月，玻利瓦尔从加拉加斯北部海滨城市拉瓜伊拉撤走，经海路辗转到达爱国者控制政权的新格拉纳达的卡塔赫纳（即今日哥伦比亚北部一个海港城市）。12月15日，他向新格拉纳达公民发表演说，公开声明："我是不幸的加拉加斯的儿子。……我永远忠于我的祖国宣布的自由和正义的制度。我来到这里是为了继续举起那光荣地飘扬在这些国家上空的独立的旗帜。"[1]在分析委内瑞拉共和国失败的原因时，他指出：我们的执政者"迷恋于博爱精神"，"反对建立一支能够挽救共和

---

[1] Simón Bolívar, *Obras Completas*, Tomo I, Editorial Lex, 1950, p.41.

国并能击退西班牙殖民军进攻的军队"。他特别强调指出:"内部分裂,实际上是置我国于死地的决定性原因。"[1]他提醒拉丁美洲人民说,委内瑞拉的血的教训,"对于渴望自由和独立的南美洲人民并非完全无用"。要避免重蹈覆辙,新格拉纳达人民和委内瑞拉人民应当联合起来共同打击殖民者。否则,"一旦西班牙占领了委内瑞拉领土,它就能够很容易地得到兵员、给养和军火……最后占领整个南美洲"[2]。玻利瓦尔在委内瑞拉共和国遭到颠覆、加拉加斯一片白色恐怖、许多人无所适从的危难关头,高举团结战斗的旗帜,号召各国人民建立一支革命军队,开展武装斗争,共同战胜西班牙殖民者,这就给处于水深火热之中的委内瑞拉人民指明了继续斗争的道路。

玻利瓦尔发出的呼吁得到新格拉纳达政府和人民的积极响应和支持。他们授予玻利瓦尔以新格拉纳达公民身份和将军头衔,准许他在新格拉纳达招募士兵,保证给予他道义上和物质上的帮助。1813年初,玻利瓦尔很快招募了几百人,创建了一支由新格拉纳达和委内瑞拉等国人民组成的军队,为重建委内瑞拉共和国开始了新的征程。

玻利瓦尔军事实践中的一大特色是坚持机动灵活的战略战术,善于以少胜多、以弱胜强,充分表现出他指挥作战的杰出军事才能和顽强作战的意志。

1813年2月,玻利瓦尔率军打到海拔4000米的安第斯山东侧靠近委内瑞拉边界的库库塔要塞。这里山势险要,并有重兵把守,直取要塞极为困难。玻利瓦尔声东击西,激战4小时,攻克了要塞,打开了通往委内瑞拉的大门。

在委内瑞拉战场上,玻利瓦尔目睹殖民军惨绝人寰的罪行,极端愤慨。1813年6月8日,他在梅里达城向市民宣布:"要为死难者报仇,一定要向刽子手讨还血债,我们的仇恨是不共戴天的,战争是你死我活的。"[3]一周后,玻利

---

[1] Simón Bolívar, *Obras Completas, Tomo I*, Editorial Lex, 1950, p.45.

[2] Simón Bolívar, *Obras Completas, Tomo I*, Editorial Lex, 1950, p.46.

[3] Fernando Diaz-plaja, *La Historia de Espana en Sus Documentos*, nstituto de Estudios Políticos, 1954, p.119.

瓦尔在特鲁希略城正式签署殊死战法令："凡是不采取积极有效的步骤反对西班牙残暴统治、不支持正义事业的所有西班牙人，都被认为是敌人，并将以国家的叛徒论罪，最终将被无情地处死。"①在敌强我弱的形势下，玻利瓦尔敢于动员人民同殖民者进行针锋相对的斗争，并第一次号召各国人民团结在"美洲人"的"祖国"的旗帜下同西班牙殖民者展开"殊死战"，因而大大启发了拉丁美洲人民的民族意识，迅速扩大了爱国军队的力量。玻利瓦尔的兵力由开始的二百人很快壮大到一千余人。

在数量和装备上胜过玻利瓦尔十倍的蒙特维尔德，根本不把玻利瓦尔的军队放在眼里。但他很快就发现，这支把生死置之度外的爱国军队是不可战胜的。1813年6月至8月初，爱国军队犹如风卷残云般先后攻克梅里达、特鲁希略、巴基西梅托、巴里纳斯和巴伦西亚等地。惊慌失措的蒙特维尔德逃到一个港口藏起来。8月8日，爱国军再次攻克加拉加斯。当天上午，玻利瓦尔骑马进入首都，迎接他的是成千上万欢呼的人群和鲜花的海洋。一年前被迫从这里出走的玻利瓦尔，如今以英雄的风貌凯旋。人民拥护玻利瓦尔，加拉加斯市议会举行会议授予玻利瓦尔"解放者"称号，同时成立了委内瑞拉第二共和国。

委内瑞拉第二共和国建立后一年，西班牙殖民军卷土重来，第二次复辟了殖民统治。1814年9月，玻利瓦尔再次撤退到卡塔赫纳，并渡海撤退到英国殖民地牙买加。血的教训使他进一步认识到："要完成我们这一代人的事业，所缺少的是团结。""只有团结才能驱逐西班牙人，建立一个自由的政府。"②1816年3月，玻利瓦尔经过多方努力取得了海地政府和人民的支援，重建了一支240人的军队，并在31日乘坐七艘帆船从海地出发航行，于5月2日在委内瑞拉登陆。但不幸的是，登陆后这支军队遇到敌人有准备的阻击，不久即被殖民军打败。玻

---

① Fernando Diaz-plaja, *La Historia de Espana en Sus Documentos*, nstituto de Estudios Políticos, 1954, p.119.

② Simón Bolívar, "Contestacion de un Americaoo Meridional a un Caballero de esta Isla"in Simón Bolívar, *Obras Completas, Tomo I*, Editorial Lex,1950, pp.169, 170.

利瓦尔毫不气馁，在海地重新组织人力再次打回委内瑞拉。第二次登陆时，玻利瓦尔不再首先攻打沿海城市，而是避实就虚、迂回包抄，在巴塞罗纳登陆后转入委内瑞拉东部。几经苦战，于1817年4月攻占东部腹地重要城市安哥斯杜拉（即今日玻利瓦尔城），重建了委内瑞拉共和国（即第三共和国）。

失败不动摇，胜利不止步，不把西班牙殖民者赶出南美洲誓不罢休，这是玻利瓦尔军事实践的又一特色。第三共和国建立后，玻利瓦尔在进行政权建设的同时，又筹划解放整个拉丁美洲新的军事行动。

为保证新的军事行动的胜利，玻利瓦尔于1817年颁布法令，宣布把没收西班牙王室和一切反动分子的土地分配给爱国军队的士兵。由于这项法令和此前不久颁布的废除奴隶的法令，令许多黑人、印第安人和混血种人转向支持玻利瓦尔。同时，玻利瓦尔还招募了许多欧洲志愿兵，这样就扩大了军队，增强了实力。1819年5月，玻利瓦尔率主力部队再次穿越白雪皑皑、寒风刺骨的安第斯山隘口向新格拉纳达挺进，苦战三个月，于8月10日攻克波哥大，解放了新格拉纳达，并于当年11月宣布成立联合委内瑞拉和新格拉纳达的大哥伦比亚共和国。接着，玻利瓦尔挥师东上，向委内瑞拉境内殖民军盘踞地区发起攻击，于1821年12月完全解放了委内瑞拉。随后，玻利瓦尔派他的战友苏克雷挥师南下，配合厄瓜多尔人民的斗争，于1822年5月取得皮钦查战役的胜利，消灭了厄瓜多尔的西班牙殖民军。在瓜亚基尔，玻利瓦尔与南美的另一位民族英雄圣马丁会晤之后，应秘鲁人民再三请求，于1823年率部进入西班牙及保皇军的主要基地——秘鲁，同西班牙殖民军在阿亚库乔进行决战。

阿亚库乔位于秘鲁利马和印加人古城库斯科之间的广阔高原上。自1824年8月胡宁之战后，双方都在重新集结兵力，寻找战机，决一死战。在玻利瓦尔统率下，苏克雷率精兵6000人于12月9日在海拔3400米的阿亚库乔旷野和9000多名西班牙殖民军对垒。殖民军居高临下，处于优势。但苏克雷采取了诱敌出击、分割包围、各个歼灭的战略方针，殖民军很快陷入重重包围，结果全军覆没。秘鲁总督拉赛尔纳和包括4名元帅、10名将军、16名上校、68名中校在内的387

名军官及 2000 多名士兵被俘。当日签订的西班牙全面投降书中明文规定："驻秘鲁西班牙军队的防地，包括防地中的弹药库、兵工厂、军用仓库将全部交给解放武装力量。"①阿亚库乔之战为拉丁美洲独立战争的胜利奠定了坚实的基础。

此后不久，上秘鲁也在玻利瓦尔军队的援助下宣告成立共和国。②上秘鲁人民为纪念玻利瓦尔的功绩，特定国名为"玻利维亚"（Bolivia），并授予玻利瓦尔"国父"的头衔。1826 年 1 月 23 日，龟缩在秘鲁卡亚奥港的西班牙殖民军残余势力走投无路，被迫投降。西班牙在南美洲最后一个据点被拔除。至此，西班牙在南美洲大陆长达三百多年的殖民统治宣告结束。西属美洲人民争取民族独立的斗争经过十六年艰难曲折的道路最终赢得了胜利。③

玻利瓦尔的军事斗争之所以能够取得胜利，除当时国际国内形势十分有利外，主要是他在斗争中推行了一条正确的军事路线和政治路线。他从多次严重挫折和失败中认识到建立、发展一支革命军队和联合各国人民团结战斗的重要性。他始终高举武装斗争的旗帜，采取机动灵活的战略战术，善于抓战机，出奇制胜。更重要的是他顺应民心实行改革，多次宣布解放奴隶、分配土地、减轻印第安人负担。特别要指出的是，他曾多次要求各国把解放奴隶列入宪法条文。1819 年 2 月 15 日，他曾对委内瑞拉国会郑重表示："对我提出的一切规章和法令是修改还是取消，这留给你们自主裁决，但是我恳求你们确认使奴隶获得绝对自由，就像我恳求你们确认我的生命和共和国的生活一样。"④在玻利瓦尔的坚持下，委内瑞拉第三共和国和大哥伦比亚共和国宪法都写入了废除奴隶制的条款。这些政策，不但对于动员人民支援民族解放战争、壮大民族解放武装力量、夺取独立战争的完全胜利起了巨大的作用，而且对拉美社会的进步具有

---

① "Capitulacion de Ayacucho," in Fernando Diaz-plaja, *La Historia de Espana en Sus Documentos*, nstituto de Estudios Políticos, 1954, pp.171-172.

② 上秘鲁（Alto Peru）从 1776 年起属拉普拉塔（阿根廷）管区的一部分。1825 年初，上秘鲁解放。同年 7—8 月，丘基萨卡会议否认上秘鲁为阿根廷或秘鲁的一部分，宣布成立独立的国家，即玻利维亚。

③ 在同一时期内，巴拉圭、阿根廷、智利和乌拉圭经过艰苦斗争也已各自赢得独立。

④ Ricardo Lorenzo Sanz, *Simón Bolívar*, Editorial Hernando, 1978, p.111.

重大意义。

三

玻利瓦尔在拉丁美洲历史上占突出地位，还在于他把反殖民主义斗争同建立民主共和国联系起来，把争取民族独立同巩固民族独立的斗争联系起来，从而赋予拉丁美洲独立战争以更深刻的内容，充分显示出他作为一位杰出政治家的博学多才和远见卓识。

在战火纷飞的年代，不断总结获得独立的国家执掌政权的经验，坚持对国家政体进行改革，是玻利瓦尔政治实践中一大特点。1815年他在《牙买加来信》中就明确提出："我不主张实行美洲的君主制"，"美洲人宁要共和国而不要王国"，因为共和制可以使人民获得"自由"与"繁荣"，而君主制则只会带来"暴虐"与"衰落"。[1]玻利瓦尔把这一设想第一次付诸实践是在委内瑞拉第三共和国建立之后。当时，玻利瓦尔被推举为拥有全权的最高领袖，由一个政府会议辅佐他执政。玻利瓦尔不满意这种情况。他指出：必须改变殖民时期剥夺人民政治权利的局面；新制度必须建立在主权属于人民，实行权力分立，保证公民自由，废止奴隶制和消灭独裁与特权基础之上。"民主，它的最深刻的含义，意味着平等。"[2]

玻利瓦尔关于"民主""共和"的思想，在他1826年为玻利维亚起草的宪法中得到更充分的反映。该宪法规定，玻利维亚对外坚持独立，对内实行共和。"玻利维亚现在将来永远独立于任何外国人的统治，不能成为任何个人或家族的世袭财产。"关于国家权力，宪法规定分为选举权、立法权、行政权和司法权四个部分。宪法还规定，"每一百人中推举出一个选举人"，选举人任期四年，由他们选举国会议员、法官和其他重要政府官员。关于公民权利，宪法保障全体

---

① Simón Bolívar, *Obras Completas*, *Tomo I*, Editorial Lex, 1950, pp.169, 171.

② Ricardo Lorenzo Sanz, *Simón Bolívar*, Editorial Hernando, 1978, p.111.

玻利维亚公民的自由、人身安全、财产所有权，规定法律面前人人平等，全体公民有言论、出版、居住的自由等。玻利瓦尔的这些政治主张，主要目的是摧毁西班牙殖民者在南美洲建立起来的封建专制制度，巩固新生共和国的独立。在拉丁美洲当时的历史条件下，这些主张很难完全实现，也确实遭到不少人的反对。但是玻利瓦尔能够大胆提出这些原则，并尝试用根本法的形式将其确定下来，说明他看到了几百年来殖民统治造成的弊病——社会的不平等，感到大有改革的必要。就这点而论，玻利瓦尔确实有政治家的远见和探索精神。

玻利瓦尔在提出"主权在民"的同时，坚决主张实行中央政府集权制，反对联邦制。他认为，委内瑞拉第一共和国失败的一个重要原因是没有建立起中央集权制的政府，而采取了联邦制。"这种联邦制，虽然可能是最完善、最能保证社会上人的幸福，但是它同我们新生的国家利益也最抵触。"[1]1818—1819年，玻利瓦尔考察了委内瑞拉一些地区后再次确认，"委内瑞拉有必要建立一个强有力的政府"，"需要一个中央集权的政府"。[2]玻利瓦尔创建委内瑞拉第三共和国和大哥伦比亚共和国，都是根据中央集权制原则进行的。有人据此断言，中央集权制的实行和大哥伦比亚共和国的组成，使玻利瓦尔"实现了他的野心"[3]，这种意见值得商榷。因为玻利瓦尔主张实行中央集权制，是考虑到南美洲的历史条件和当时的现实情况提出的。拉丁美洲各国当时几乎都面临着"内部分裂和外部战争"的严峻局面。建立强有力的中央集权政府有利于统一调动、使用各地方人力物力，同内外敌人做斗争。玻利瓦尔主张的中央集权制，从主流上看，是要求把权力集中到中央政府而不是追求个人独裁。当他预料布宜诺斯艾利斯可能出现独裁统治时，他感到很"痛心"。当他过去的好友派斯写信建议他称王时，他回信说："我不是拿破仑，我也不想当拿破仑；我不想模仿恺撒，更不想模仿伊图维德。我认为这些典型人物和我的名声不相称，因为'解放者'

[1] Simón Bolívar, *Obras Completas, Tomo I*, Editorial Lex, 1950, p.44.
[2] Ricardo Lorenzo Sanz, *Simón Bolívar*, Editorial Hernando, 1978, p.111.
[3] W. O. Galbraith, *Colombia: A General Survey*, Oxford University Press, 1966, p.13.

的头衔对于所有接受人类骄傲的人说来，是最高的荣誉。"[1]在玻利瓦尔的政治生涯中，各国议会曾多次委任他担任国家最高执政者，他多次提出辞职引退。这一事实说明，玻利瓦尔不是一个贪图功名的独裁者，而是一个既主张民主共和又坚持实行中央政府集权制的杰出的政治家。

在国际事务方面，玻利瓦尔主张拉丁美洲大陆团结、联合反殖、反对外来干涉，从而维护民族独立和国家主权。这是他的资产阶级平等、民主思想的延伸，也是他彻底的反殖民主义思想合乎逻辑的发展。

早在1810年玻利瓦尔刚刚登上政治舞台时，他就认识到，"为独立而斗争必须联合进行"，其联合形式将是把大陆新独立的国家"组成联邦"。[2]此后，从《卡塔赫纳宣言》到《牙买加来信》，他多次强调了这一思想，并逐渐形成建立西属美洲国家联邦的具体方案。首先，通过联合斗争建立一批独立国家；而后由委内瑞拉、新格拉纳达和厄瓜多尔联合组成大哥伦比亚共和国；在此基础上，联合南美新独立的国家建立西属美洲国家联邦；最后，新大陆将以伟大的面貌出现在世界上，为巩固和平、促进和睦与合作而努力。[3]

为实现上述计划，玻利瓦尔进行了艰苦卓绝的斗争。1817年他在安哥斯杜拉重建了委内瑞拉共和国，1819年创建了大哥伦比亚共和国。大哥伦比亚共和国建立后，玻利瓦尔直接领导共和国外交工作。1822年1月8日，玻利瓦尔写信给智利最高领导人奥希金斯，催促他订立一项"社会公约"，为把各年轻的独立共和国"组建成一个国家"而努力。[4]同时，他还派遣全权代表到墨西哥、秘鲁、智利和阿根廷等国，邀请这些国家同大哥伦比亚组成一个"美洲联邦"，

---

① Víctor Andrés Belaúnde, *Bolívar y El pensamiento político de la reVolución hispanoamericana*, Jomm Asociados S.R.L, 1983, p.290.

② Ricardo A. Martínez, *De Bolívar a Dulles: el panamericanismo, doctrina y práctica imperialista*, Editorial América Nueva, 1959, pp.34-35.

③ Simón Bolívar, *Obras Completas, Tomo I*, Editorial Lex, 1950, pp.171-173.

④ Simón Bolívar, *Obras Completas, Tomo I*, Editorial Lex, 1950, p.619.

以遏制妄图干涉拉丁美洲独立运动的欧洲"神圣同盟"。①经过一番筹备，1826年6月22日至7月15日美洲各国代表会议在巴拿马召开。墨西哥、中美洲共和国、大哥伦比亚和秘鲁派出代表团出席了会议，玻利瓦尔没有按时到会，智利因国内形势混乱没有派代表出席，阿根廷因为猜忌玻利瓦尔的政策而拒绝参加。②玻利瓦尔虽未亲自到会，但却通过他的顾问、会议主席佩德罗·瓜尔主导了会议。玻利瓦尔向大会提出许多动议草案。其中的主要内容是：联合保卫美洲，反对欧洲列强；永久中立，维护各成员国之间的持久和平；废除奴隶制；实行民主政治；组织联邦军队等。会议经过三个多星期的争论，最后通过了一项《团结、同盟和永久联邦条约》（以下简称《条约》）和有关军事协定。《条约》在谈到宗旨时指出："如果必要，协约各国将共同维护并保卫全体和每一个美洲联邦成员国家的主权与独立，以反对所有外来统治，确保今后永久和平的基础，促进和睦与合作。"③军事协定规定，建立一支联邦军队，并规定了各成员国应承担的义务。大会虽然通过了上述决议，但是玻利瓦尔原来设计的许多方案都未被大会接受，这使玻利瓦尔十分失望。他在《致出席巴拿马大会的哥伦比亚全权代表部长先生的信》中指出："联邦只不过是名义上的"，"实际上是无效的"。④后来的事态发展表明，除哥伦比亚共和国外，没有一个与会国批准这些文件。在这期间，玻利瓦尔从南到北，四处奔走，竭力为维护各国之间的团结与统一而斡旋，但由于各国利害关系而引起的分立局面已无法挽回。玻利瓦尔在秘鲁和玻利维亚建立起来的政权，先后于1827、1828年被推翻。大哥伦比亚共和国也由于委内瑞拉和厄瓜多尔先后于1829、1830年分离出去而陷于瓦解。1830年初，玻利瓦尔辞去大哥伦比亚共和国总统职务。同年12月17日，玻利瓦尔在哥伦比亚的圣玛尔塔病逝，玻利瓦尔开创的西属美洲

① Placido Molina Mostajo, *EI Libertador en Bolivia*, Serrano, 1975, p.201.

② Carlos Arturo Caparros, "El Congreso de Panama", *Nivel*, Vol. 162, 1976.

③ Placido Molina Mostajo, *EI Libertador en Bolivia*, Serrano, 1975, p.212.

④ Simón Bolívar, *Obras Completas*, Tomo II, Editorial Lex, 1950, p.459.

的团结局面在其生前没有实现。

玻利瓦尔建立西属美洲国家联邦的努力遭到失败并不能说明他的美洲大陆团结思想不正确，反而证明他有远见。一个政治家的伟大就在于他能提出一个先于当时社会发展的正确思想。这种思想在当时也许不能实现，甚至暂时失败。一个先进的事物可能由于条件不成熟，或是阻力太大，或是由于推行者策略上的失误而导致失败。但先进终究要代替落后。西班牙三百多年的殖民统治造成封建主义生产方式在拉丁美洲根深蒂固。各国发展极不平衡，地理上又过于分裂，统一市场从未形成，缺少统一的基础。早已存在于各国、各地区地主阶级之间的冲突和统治阶级内部各集团之间的冲突，随着独立战争的胜利、民族矛盾的基本解决而更趋表面化。在这样的历史条件下，西属美洲的团结还缺乏必要的条件。

玻利瓦尔早在巴拿马大会召开前十年就预测说："使新世界组成一个国家，依靠一种联系将各部分同整体连接起来，这是一个伟大的理想。……但这是不可能的。"[1]玻利瓦尔在"神圣同盟"的干涉和宗主国西班牙企图复辟的威胁下被迫把本来曾预料可能会失败的方案拿出来推行，尽管遭到挫折，仍不失为一种大胆的尝试。因此，我们不能低估他所提出的大陆团结、联合反殖这一战略思想的积极意义和历史地位。玻利瓦尔的不足之处在于，在独立战争后期，他更多的不是强调从政治、思想和行动上加强团结和统一，而是忽视各国不同的情况、把建立西属美洲各国统一的"实体"，即"联邦国家"当作第一位的目标，这是不合时宜的。

拉丁美洲的一位史学家说："米兰达是西班牙美洲团结的先驱者，而玻利瓦尔则是这一事业最勇敢的建筑师。"[2]这一评价确切地说明了玻利瓦尔在拉丁美洲团结反殖事业中做出的卓越贡献及其在拉丁美洲历史上的重要地位。

---

① Simón Bolívar, *Obras Completas, Tomo I*, Editorial Lex, 1950, p.172.

② Simón Bolívar, *Obras Completas, Tomo I*, Editorial Lex, 1950, p.23.

四

玻利瓦尔思想形成、发展的过程和他所走过的道路，在他同时代领导人物中具有典型性。可以说，他的思想成长过程代表了拉丁美洲历史上一个新的时代，标志着拉丁美洲正在形成中的一个新兴阶级——资产阶级的觉醒。

拉丁美洲资产阶级的产生及其代表人物的出现，是在与欧洲完全不同的历史条件下发生的。西班牙三百多年的殖民统治，拉丁美洲封建主义生产方式的根深蒂固和阶级结构的多样性，决定着独立战争前拉丁美洲整个社会面貌的特征。其中，土生白人有双重社会身份：他们既是西班牙殖民统治赖以维持的社会基础，又受西班牙垄断贸易的压制和损害；他们既是封建的大庄园主，又是要求自由贸易的商业利益的代表者，有着资产阶级的要求。玻利瓦尔所代表的拉美自由派地主和商业资产阶级，基本上是在这一阶级的土壤中逐渐生长起来的。

玻利瓦尔在"圣山"宣誓后二十多年的政治生涯中，始终站在民族独立解放事业斗争的最前列，在南美洲五个国家内建立起基本上属于资产阶级国家制度的共和国，制定和颁布了资产阶级类型的宪法，实施解放奴隶、分配土地等项法令，为冲击封建专制制度，发展资本主义开辟了道路。所有这些，集中反映出拉丁美洲新的社会生产力发展的要求。因而，是时代与历史的发展，使玻利瓦尔扮演了拉丁美洲正在形成中的资产阶级政治代言人的角色。这是玻利瓦尔能够赋予拉丁美洲独立战争以更深刻的革命内容，使其具有某些资产阶级革命色彩的原因之一，也是他在拉丁美洲历史上占有重要地位的根本原因。作为本质上属于资产阶级的代表人物，玻利瓦尔的思想与实践不仅代表了那时拉丁美洲正在形成中的资产阶级的利益，也代表了全民族的利益。

当然，以阶级而论，玻利瓦尔不是下层人民的代表。他的思想与实践有很大局限性，他不可能进行彻底的社会经济改革。他宣布解放奴隶，分配土地给印第安人，但附加了许多条件，实施的程度也有限；他在长期斗争实践中，对人民的力量逐渐有所认识，但对欧洲资产阶级国家，尤其对英国政府确曾抱有幻想，期望拉丁美洲独立运动能得到他们的援助，结果落了空；他力主共和，宣扬平等、自由，但他本人却迷信个人权威，有时独断专行，甚至把总统终身制和参议员世袭制写进宪法；他以"叛国"的罪名逮捕米兰达，但却把米兰达转交给西班牙当局处置，致使米兰达最后死在殖民者监狱之中。这对玻利瓦尔来说"毕竟是一个污点"[①]。玻利瓦尔为民族解放事业立下的丰功伟绩堪与巍巍的安第斯山媲美，而其不足仅是沧海之一粟。

本文原刊载于《世界历史》1983年第5期，收入本书时略作修改。

作者简介：

洪国起，1937年8月生于北京。1963年毕业于南开大学历史学系，留校任教，先后任助教、讲师、副教授、教授、博士生导师。现为南开大学历史学院荣休教授，主要从事拉丁美洲历史、美国拉丁美洲关系史、世界现代史的研究，曾任南开大学党委书记（1993—2002年），中共天津市委委员（1993—1998年），南开大学拉丁美洲研究中心主任（1991—2001年），中国拉丁美洲史研究会理事长（1996—2007年），中国拉丁美洲学会副会长（1998—2003年）等。

---

① Simón Bolívar, *Obras Completas, Tomo I*, Editorial Lex, 1950, p.72.

论南非宗教及其社会文化作用

黄若迟

南非是一个笃信宗教的国家，同时也是一个宗教多元化的国家。最主要的宗教是基督教，信徒约占全国总人口的78%，[①]其他宗教有印度教、伊斯兰教、犹太教、佛教、非洲传统宗教等。在南非，"宗教是与经济、社会及能使一些人享有特权的政治关系纠缠在一起的"[②]，所以"忽视宗教对南非事务的影响，将会是一个很大的错误"[③]。

一、宗教在南非的传播与发展

在欧洲殖民者到来之前，南非各族人民已有自己的传统宗教。这种宗教没有明确的经文、教规和组织，主要表现在家庭和部落的传统习俗、礼仪和禁忌等日常生活之中。学者们常常是按语族对这种宗教进行分类。尽管各族宗教有所不同，但其共同特征是保持万物有灵的信仰并相信有一种至高无上的神灵。例如科伊桑人在求雨和庆丰收的仪式上都要崇拜一位好上帝，认为它掌握着氏族公社的集体生活。他们认为还有一位邪恶的上帝，是它带来了疾病、灾难和死亡。[④]布须曼人的图腾信仰是瞪羚和公牛，不准族人打死或食用此类动物。班图人各族都崇拜祖先，把雨水、收获和其他福祉的降临与祖先联系在一起。家

---

① South Africa, *South Africa 1989-90: Official Yearbook of the Republic of South Africa*, South African State Department of Foreign Affairs, 1989, p.639.

② David Chidester, *Religions of South Africa*, Routledge, 1992, p.11.

③ South Africa, *South Africa 1989-90: Official Yearbook of the Republic of South Africa*, South African State Department of Foreign Affairs, 1989, p.637.

④ David Chidester, *Religions of South Africa*, Routledge, 1992, p.2.

园领袖和酋长掌管祭司，成为人与神的中介，因而具有很高的权威。此外，还有巫师等专门传授神的知识和有关技艺的人员。

基督教是伴随西方殖民主义入侵而在南非传播的。最先是葡萄牙人将天主教带到这里。1488年随巴·迪亚士探险的神父在东开普举行了群众性的天主教仪式。①1498年达·伽马率天主教徒船员在莫塞尔湾做了庆祝胜利的弥撒，并称此地为圣布鲁斯湾。1501年，约翰·达·诺瓦在此地建起了一个小教堂。但是葡萄牙人未在南非站住脚，天主教也随之消失。

1652年4月6日，荷兰人范里比克一行在桌湾登陆后，进行了庄严的祈祷，他们属于基督新教的荷兰归正教。尽管从一开始，他们就让科伊桑人和贩运来的奴隶们皈依基督教，但并不积极进行传教活动，因为起初他们只准备在此地建立一个中转站，没有带牧师来。直至1665年，荷兰才派来第一位常驻牧师乔安斯·冯·阿克蒂尔到达开普敦。到南非来的布尔（现通常称为阿非利卡人，编者注）居民都是些愤世嫉俗、虔诚的加尔文派教徒，《圣经》是他们的三宝之一（另两宝是步枪和牛车），也是他们的精神支柱和行为准则。他们同样不热衷于向黑人传教。因为他们认为非洲人是上帝的"弃民"，不配成为基督教徒。加之，他们与非洲居民之间存在着尖锐的经济利益冲突，传教工作常常是徒劳的。1737年，一个路德派摩拉维亚教会的传教士、德国人乔治·施密特在南开普格纳登塔尔建立了一个传教站，并为霍屯督人建立了一座教堂。但不久，他便遭荷兰殖民当局驱逐。

1795年，英国人占领了开普敦，奉行"宗教自由"政策，为削弱荷兰人的势力，英国支持从本国来的各新教派的活动。于是基督教在南非广泛传播开来。英荷条约规定，当地牧师的薪金由英国政府支付，当局大力从英国招募传教士。1799年，以约翰·菲力普博士为首的伦敦宣教会抵达南非。1812年，在贝瑟尔斯建立了传教站，向当地纳马人传教。约翰·菲力普坚决反对布尔人实行的奴

---

① David Chidester, *Religions of South Africa*, Routledge, 1992, p.35.

隶制度。英国传教士普遍主张对土著居民要用驯化政策代替屠杀政策。通过向酋长传教，使酋长皈依而达到控制整个黑人部落的目的。①

1806年英国人再度占领开普敦之后，英国国教（圣公会）正式在开普敦传教。同年，说英语的循道公会（卫理公会）、长老派教会也在开普敦设立教堂，并向内地推进，在黑人中传教。1847年，当罗伯特·格雷被英国圣公会任命为开普敦的第一位神父时，该教派已建立了四个主教辖区，颁布了一部法规。1851年在开普敦举行了首届宗教大会。

1820年，伦敦宣教会的传教士罗伯特·莫法特在贯彻菲力普制订的方针方面，大获成功。他深入霍屯督人部落，使酋长受洗礼皈依基督教后，率全部落归顺英国。传教活动促使整个贝专纳（今博茨瓦纳）地区都成为英国殖民地。1840年，英国传教士大卫·利文斯敦来到南非，继承罗伯特·莫法特的事业，并成为他的女婿。利文斯敦从南非深入到赞比西河流域，其传教事业所获得的成功更是轰动了欧美诸国。

继英国传教士之后，其他国家的许多新教传教团也相继来到南非。例如，1829年巴黎福音传教团、1834年柏林传教团先后来到南非、1835年美国传教会到纳塔尔地区向祖鲁人传教、1844年挪威传教团也抵达纳塔尔和德兰士瓦地区、1889年来自西欧各国的路德宗传教会在纳塔尔组成"路德宗全体宗教大会"。这些新教传教士大都表现出宗教狂热和反对奴隶制的人道主义精神。

基督新教各派传教士的大批涌入，对于业已在南非存在了约150年、讲阿非里卡语的荷兰归正会（NGK）是个极大的冲击。从1806年起，英国占领当局割断了他们与母国的荷兰归正会的联系。1824年该教会在开普敦举行了首届宗教大会，并接受由英国总督任命的、从苏格兰的加尔文派牧师中选派的神职人员到南非供职，从而使该教会有了独立性，如1829年决定白人与有色人可以一起做礼拜，1859年在斯泰伦博斯建立了自己的神学院。随着布尔人的大迁徙，荷

---

① 杨真:《基督教史纲》,生活·读书·新知三联书店,1979年,第442页。

兰归正会传播到了开普敦以外地区。19世纪中叶，在彼得马利茨堡、彼切夫斯特龙、鲁斯滕堡等建立起传教站和教堂。由于1843年开普敦高等法院的法令规定，开普敦殖民地的政治边界同时也适用于教会。边界以外的牧师不得参加开普敦宗教会议，这就成为导致荷兰归正会从组织上一分为三的原因之一。随着布尔人的内迁，除了荷兰归正会外，还建立了非洲荷兰归正会（NIIK）和南非荷兰归正宣教会（GK）。1857年，非洲荷兰归正会成为德兰士瓦共和国国教，建立了十个新教区。后来这三个讲阿非里卡语的教会相互联合过，但由于彼此分歧难以消除，一直独立存在至今。

荷、英两国都阻挠罗马天主教重返南非。1818年罗马教廷派比德斯莱特神父到开普敦，但两年后被迫迁往毛里求斯。1838年，多米尼加籍爱尔兰人格里菲斯来南非任主教。他在格雷厄姆斯敦、伊丽莎白港、奥伊滕哈赫等地建立了传教团，工作了24年，才为天主教在南非争得了一席之地。19世纪后半叶，热拉尔神父的传教活动有了较大进展。1895年天主教神父获准进入开普敦。

19世纪后半叶，随着亚洲移民的涌入，伊斯兰教和印度教也在南非扎下了根。荷兰东印度公司从印度尼西亚、马达加斯加输入马来人奴隶，从而形成了马来人穆斯林集团。1850年伊斯兰教得到当局承认，1855年在开普敦建立了两所古兰经学校。1860年后，来自南亚次大陆的移民在纳塔尔地区形成了印度人穆斯林集团，从而壮大了穆斯林的队伍。印度教、佛教也随着印度移民的到来而传播到南非。

南非犹太教起初是17名殖民者带入南非在开普敦组建教会。1863年正式建立教堂，后随着犹太移民的增加，也成为南非的宗教之一。

19世纪末20世纪初，基督教分立运动和独立教派运动兴起，开始了基督教非洲化的历史进程，从而把南非基督教的发展推向了一个新阶段。这一进程一直延续到第二次世界大战之后。由于大批黑人接受了基督教，各宗派黑人神职人员的队伍迅速发展壮大，他们不满意西方传教士对教会的控制，认为黑人与白人在领导教会事务方面是平等的，要求建立由非洲人自行组织、自行管理的基督教会或教派。例如1892年在德兰士瓦，以马塔·莫科涅为首的一批黑人牧师为抗议欧洲人主教禁止黑人牧师与白人同事坐在一起开会这一种族歧视的决定而宣布退出教会。他们在比勒陀利亚建立了一个黑人教会。其根据是《旧约全书·诗篇》第68赞美诗中的一句话："埃塞俄比亚人连忙举手向上帝祷告"。他们遂以"埃塞俄比亚"命名自己的教会。在这里，"埃塞俄比亚"是对当时所有撒哈拉以南非洲人的总称谓。据不完全统计，1913年在南非各地共建立了30个埃塞俄比亚教会，1918年达到76个。它们多数是从循道公会、长老会和公理会中分立出来的。它们在宗教礼仪和神学教义方面有着各自的特点。

埃塞俄比亚教会的兴起还与美国黑人宗教运动有关。1890年亨利·特纳主教领导的美国黑人卫理公会（美以美会）宣传非洲民族主义，20世纪初影响到了南非，许多南非独立教派的信条、教规和领导人都来自美国的宰恩主义派（Zionist）或使徒布道会派（Apostolic）基督教。20—30年代南非当局颁布了种族主义土地法，使众多黑人丧失了土地，经济上的权利被剥夺。于是独立教派运动进一步发展。据估计，1948年各种非洲本土教会达800个，1960年达到2000个，到1990年增至近5000个。[1]整个南非基督教派则多达20多个。[2]

二、南非的宗教分布及主要教派

据1991年7月统计，南非总人口为3891.50万人，[3]分为四大种族：黑人、白人、有色人、亚洲裔。各族宗教信仰情况大致如下：

黑人：占全国总人口的74.8%，共有2910.84万人。[4]其中，30.1%是非洲本土基督教徒，10.2%信仰罗马天主教，9.1%属于卫理教派，4.8%属于美国国教派，4.4%属于路德教派。再加上其他教派的成员，共有75.8%的黑人是基督徒。

---

① David Chidester, *Religions of South Africa*, Routledge, 1992, pp.113 -114.

② Johan Kritzinger, "South Africa's religious mosaic", *Africa Insight*, Vol.16, No.2, 1986.

③ 葛佶：《南非——富饶而多难的土地》，世界知识出版社，1994年，第67页。

④ 杨立华等：《南非政治经济的发展》，中国社会科学出版社，1994年，第6页。

其他黑人除极少数是穆斯林外，主要是信仰本部落的传统宗教。[①]

南非黑人分属于十多个民族，其宗教信仰不尽相同。基督教徒最多的是茨瓦纳人（约占全族人口91.6%）、南索托人（占88%）、南恩德贝莱人（占83.8%）、斯威士人（占81%）、科萨人（占77.8%）、祖鲁人（占73.6%）。信仰传统宗教、人数最多的是分布在路易斯特里恰特以北的文达人（约占全族人口的56.8%）和德兰士瓦与莫桑比克交界的聪加人（45.5%）以及佩迪人和北索托人。非洲本土基督教会中虽然各族都有信仰者，但以在恩德贝莱人和祖鲁人中影响最大，分别占其全族人口总数的46.9%和33.5%。[②]

白人：占南非总人口的14.1%，共有548.7万人，其中92.7%信奉基督教，分属于不同教派。37.3%属于荷兰归正会，还有8.5%属于另两个讲阿非里卡语的荷兰归正教会，三者共占白人总数的45.8%。信奉基督新教其他派别的人数约占白人总数的39%，其中，圣公会教徒占10.1%、卫斯理会占9.2%、罗马天主教徒占8.5%、犹太教徒占2.6%。[③]

有色人：约占南非人口总数8.5%，共330.78万人，有88.5%的有色人信仰基督教。其中，25.7%属于荷兰归正教会、13.8%属圣公会、10.1%属罗马天主教。此外，还有6.7%（约22万）信仰伊斯兰教。[④]

亚洲裔：占总人口2.6%，共101.18万人。其中64.1%为印度教徒、20.2%为穆斯林，12.2%为基督教徒（其中，约9%属于圣公会、约4%属荷兰归正会）。[⑤]他们多聚居在纳塔尔地区。

---

① South Africa, *South Africa 1989-90: Official yearbook of the Republic of South Africa*, South African State Department of Foreign Affairs, 1989, p.639.

② Johan Kritzinger, "South Africa's religious mosaic", *Africa Insight,* Vol.16, No.2, 1986.

③ South Africa, *South Africa 1989-90: Official yearbook of the Republic of South Africa*, South African State Department of Foreign Affairs,1989, p.639.

④ South Africa, *South Africa 1989-90: Official yearbook of the Republic of South Africa*, South African State Department of Foreign Affairs,1989, p.639.

⑤ South Africa, *South Africa 1989-90: Official yearbook of the Republic of South Africa*, South African State Department of Foreign Affairs,1989, p.639.

南非基督徒总数为2309.3万人。其中各基督教派的人数依次为：非洲本土教会629.1万人、荷兰归正会399.6万人、罗马天主教会285.2万人、循道公会（卫理公会）263.2万人、南非圣公会（英国国教会）192.2万人、路德教会104.4万人、长老会62.5万人、公理会56.5万人、使徒教义布道团33.1万人、非洲荷兰归正会29.7万人、南非荷兰归正宣教会15.5万人。

影响最大的教会是：

非洲本土教会，这是南非最大的属基督新教的宗派组织。南非人中有1/5属于该教派。该教会分为两类：一类是从原有基督教会中分离出来的，另一类是完全新建的。他们的共同特点是教会领导人和信徒皆为黑人，且广泛分布于城市和农村。该会教徒占城市黑人的29.8%，占农村黑人的28.9%。[①]北纳塔尔-夸祖鲁地区和东北德兰士瓦、斯威士兰等地区，该会教徒人数最为集中，是该教派活动的中心。

非洲本土教会与白人参加的基督教会一般无联系，自成独立体系，且具有强烈的反种族主义和反殖民主义的性质。1896年非洲本土教会公布了"非洲基督教联盟"宣言，号召"不同部落的非洲人以上帝的名义团结起来"，"坚定不移地实行以'非洲人的非洲'为口号的政策，通过祈祷和一致的努力建立非洲人的基督教民族，在上帝的帮助下走我们自己的路"。[②]正是这种民族主义的宗旨使大多数非国大的领袖都成为该教教徒。

荷兰归正会是以南非白人为主要教徒的基督新教教派。该教派历史悠久，72%的教徒为阿非里卡人，曾是南非白人当局种族隔离政策和奴隶制的坚定支持者。他们在《旧约全书》中寻根查据，从神学角度论证种族隔离政策和奴隶制的合理性。例如，他们引证摩西五经第三卷第25条："如果你想拥有家奴和婢女，你应该从你们周围的黑教徒那里去买。"[③]开普敦殖民地为该会基地。

---

① Johan Kritzinger, "South Africa's religious mosaic", *Africa Insight*, Vol.16, No.2, 1986.

② 王忠林：《本世纪初黑非洲的反殖宗教运动》，《西亚非洲》1984年第5期。

③ [西德]亨耶内克：《白人老爷》，赵振权、董光祖译，世界知识出版社，1981年，第31页。

该教会的种族主义立场遭到世界各国归正教会的谴责。1982年8月，世界归正会联合会在渥太华会议上做出决定，开除南非荷兰归正会。

罗马天主教从19世纪中后期第二次进入南非后，其影响一直有限。1958年教皇约翰二十三世制定了天主教会的改良主义方针，1963年第二届梵蒂冈大会和教皇保罗六世发表《人民进步》通谕，允许圣职及礼仪的非洲化，这些改革使罗马天主教20世纪七八十年代在非洲迅速发展。到1982年，南非已有2500个天主教堂和1066名神父，其中有300名神父出生在南非。如今天主教已成为南非的第三大宗教，有80%的教徒是黑人，其他分别为白人教徒和有色人教徒，他们分属于26个主教辖区。

南非圣公会属于基督新教安立甘宗，是南非最古老的讲英语的教会，其规模为荷兰归正会的1/2，教徒中黑人约占一半，白人占1/4，有色人占1/5，大多居住在城市。1848—1872年罗伯特·格雷在开普敦任神父期间，积极推动教会的发展。他是牛津运动①的支持者，主张英国国教遵循天主教教义，故在他创建的主教辖区教会倾向于罗马。但其主张并未得到其他教会赞同，80年代，圣公会从组织上分为主教辖区教会和南非圣公会。

南非圣公会一向反对种族隔离制度，积极在黑人中开展慈善和教育事业，注重发展黑人教民和培养黑人神职人员。1961年开始任命黑人神父。1978年，出生于德兰士瓦的黑人教师德斯蒙德·姆皮洛·图图被任命为约翰内斯堡圣公会的首任黑人教长和主教。他是一位反种族主义的坚强战士，1986年9月就任南部非洲大主教。

三、南非宗教的历史作用

南非宗教的作用是多方面的，具体内容如下：

---

① 1833—1841年牛津大学刊布了90本小册子，主张英国国教遵循天主教教义，反对新教教义。

（一）政治方面

新南非成立前，种族隔离制度一直是南非最大的政治问题。在这个问题上，基督教各派所持的态度并不一致，甚至很不相同。荷兰归正教站在维护执政的阿非里卡人的立场上，一贯为种族隔离制度进行辩护，成为种族主义的捍卫者。但基督教的其他派别，大多抨击和反对种族歧视与种族隔离制度，在南非反种族隔离制度的斗争中，甚至起了组织群众和动员群众的积极作用。这是因为除了荷兰归正教最早传入南非外，基督教其他教派多在19世纪传入南非。当时的国际大环境是资本主义的发展转向了自由竞争，世界性的黑奴贸易遭到普遍谴责，废奴运动在欧美国家方兴未艾。基督新教的许多派别成为废奴运动的积极参与者。再则，英国取代荷兰成为开普敦的统治者后，为了进一步制服布尔人以巩固自己的统治地位，宣布废除奴隶制。

在这样的政治背景下，19世纪传入南非的英国圣公会和卫理公会等，对南非种族主义政策是持反对态度的。例如，1818年被伦敦宣教会派往南非的英国传教士约翰·菲利普博士于1828年在伦敦发表了他两卷本的南非调查报告，对布尔人的奴隶制和奴役霍屯督人的情况进行了无情揭露。在他的努力和敦促下，英国政府于1828年通过了著名的"第50号法令"，允许土著居民，主要是霍屯督人自由迁徙、自由选择雇主，和其他一些权利。[①]为此，菲利普被布尔人视为不共戴天的敌人。像菲利普这样的传教士在南非不乏其人。在当代，圣公会图图主教在反种族主义斗争中所起的作用更是举世公认的。他曾坦率地说："作为一个基督教徒，我之所以要反对这个罪恶的、不道德的种族隔离制度，是出于我对上帝的信仰——教会有责任、有义务为人类讲话，特别是为那些孱弱的、忍饥挨饿的、受压迫和遭践踏的人们呐喊。"[②]1978年他担任南非基督教教会理

---

① Jan Vansina, *African History*, Little Brown, 1978, p.311.

② 李广一主编：《非洲名人传》，湖南出版社，1991年，第115页。

事会秘书长后，积极发动群众投身于反种族隔离的斗争，该会会员有1300万，他还与1500个非洲独立派教会保持联系。他不顾种族主义分子的暴力威胁，严厉抨击白人当局的反动政策，揭露"班图斯坦计划"的欺骗性，并与博塔总统公开辩论。图图主教的这些言论和行动对于广大黑人群众反种族隔离的斗志是极大的鼓舞。1984年他被授予了诺贝尔和平奖。对于图图主教的褒奖，亦即对南非基督教发挥作用的肯定。但是作为南非第二大教派的荷兰归正会却是南非当局种族隔离政策的坚定支持者，其作用是反动的。该教派与政府关系甚密。南非过去历届政府中的高级官员多为该教派的信徒。例如，种族隔离制的集大成者D.F.马兰就是荷兰归正会培养出来的政府要员。早年他在开普敦斯蒂伦斯奇神学院和荷兰乌特勒支大学学习神学，1905年获神学博士，回到开普敦后任荷兰归正会牧师，历时10年。1915年改做新闻工作，不久步入政界，但他始终与教会保持密切联系。他一再强调这样的观点："共和国是以基督教国民为基础的，而《圣经》是政府和国家的知识权威。"1948年马兰的国民党之所以能在选举中获胜，是因为他提出了一整套"白人至上"的种族隔离政纲，这是受到归正会大力支持的。该教会的神学家们引证《圣经》来证明种族完全隔离的正当性并强调这是神的命令。马兰的继任者们都极力加强与教会的关系，以寻求教会的支持。例如，1966—1978年任总理的B.J.沃斯特，是索韦托惨案的制造者，当他遭到舆论的强烈谴责时，却出任开普省荷兰归正会长老会主席之职。在经济方面，荷兰归正教和其他教派一样，名义上是独立的，但政府对在军队和警察中的归正会牧师给予各种名目的津贴，实际上是变相地给该教派以财力支持。

20世纪50年代，三个荷兰归正教会的政治态度基本上是一致的，都全力支持种族隔离制度。但自1960年12月召开的世界基督教协进会科蒂斯洛厄会议以后，出现了分歧。荷兰归正会和非洲荷兰归正会反对大会通过的谴责种族隔离制的决议。南非荷兰归正宣教会则表示接受世界基督教协进会的立场，1962年宣布可接纳反种族主义者为该会教徒。此后，荷兰归正会在各方压力下，于1986年发表《教会与社会》宣言，指出"种族隔离制度为一种政治的和社会的制度，使人们在基督教伦理领域不能受到公正地对待"①，并宣布停止以《圣经》来论证种族隔离制度的合法性。这意味着荷兰归正会政治态度的转变。至此，南非基督教各教派在对待种族隔离制度的问题上立场趋于一致，皆持否定态度。教会的态度直接影响到政府。80年代后期，南非当局不得不进行政治改革，1989年德克勒克上台后，立即会晤图图大主教，接着宣布进行改革。由此可见，南非政局的变化与宗教界政治态度的转变是密切相关的。

（二）文化教育方面

在相当长的时期内，教会学校是南非黑人接受教育的唯一途径。19世纪初来自英国的循道公会的教士们在纳马人（霍屯督人中的一支）中传教，同时还教给成年人种植谷物，以及木工、泥瓦工的技能，使只从事放牧的纳马人的社会经济结构发生了变化。1885年教会在金伯利建立了一所为有色人开设的学校，1895年在格雷厄姆斯敦设立了金斯沃德学院和一所女子高等学校。20世纪初，该教会在开普敦、纳塔尔、德兰士瓦等地设立儿童之家、孤儿院，在比勒陀利亚和伊丽莎白港设立老年人之家。

19世纪末，圣公会建立的学校、医院遍及南非各地。祖鲁的大主教查尔斯·约翰逊还创建了一所工业学校和一所高等学校。在格雷厄姆斯敦、特兰斯凯和彼得马利茨堡设有三所神学院，以培训当地人牧师。

罗马天主教注重通过办教育来发展教会。到1948年为止它建立了740所学校，拥有8.5万名学生，1953年约15%的南非黑人学校是天主教经管。②《种族教育法》颁布后教会学校有所减少，但20世纪60年代后重新发展起来。80年代天主教会学校有336所，学生8.7万名；另有38所医院和75所药房、150个文化

---

① South Africa, *South Africa 1989-90: Official Yearbook of the Republic of South Africa*, South African State Department of Foreign Affairs, 1989, p.641.

② David Chidester, *Religions of South Africa*, Routledge, 1992, p.157.

教育组织，如神学师资培训中心、残疾儿童学校等，出版8种语言的报纸。[1]

出于传教等之需，有的教会还为当地居民创造文字。如苏格兰传教士罗伯特·莫法特，1816年受伦敦宣教会派遣到南非，在卡拉哈里沙漠东南的库鲁曼达传教长达49年，精通茨瓦纳语，并创造出文字，1857年完成了全部茨瓦纳语《圣经》的翻译工作。利文斯敦继承莫法特的事业，完成专著《茨瓦纳语研究》。英国循道公会牧师W.博伊斯于1834年出版了第一部科萨语语法书；1859年J.W.阿普尔亚德牧师完成了第一部科萨语《圣经》的翻译工作。

教会兴办的文教卫生事业为南非培养了一代又一代的知识分子，几乎所有的民族主义运动领导人都在教会学校受过教育，有的人本身就出身于牧师家庭。基督教是西方文化和价值观念的体现。殖民主义和种族主义者欲利用基督教的"原罪论"，发挥其"麻醉人民的鸦片"的作用。但非洲人民却从资产阶级民主思想的内涵中找到了反殖民主义和种族主义的精神武器。"上帝与黑人同在"，成为其民族主义意识的萌芽。非国大长期奉行的非暴力主义路线也与宗教的影响有密切的关系。当代非洲解放神学的兴起更是影响了一代黑人的思想解放。例如，南非著名黑人神学家鲁本斯坦指出："觉醒的黑人发现，他们也是上帝的儿女，有权利生存于这个世界上；他们也是历史的一部分，有责任行动起来，创造自己的历史。"[2]

（三）社会方面

对于南非这样一个多民族的多元化社会来说，宗教能在各民族间起一种协调作用。1974年全非基督教协会第三次会议承认非洲化的婚葬礼仪的合法性，非洲教民可用方言读经、祈祷、做弥撒，牧师可着民族服装做圣事。圣公会、循道公会、天主教会、荷兰归正会均接纳黑人教徒。20世纪60年代以来，它们

---

[1] South Africa, *South Africa 1989-90: Official Yearbook of the Republic of South Africa*, South African State Department of Foreign Affairs, 1989, p.642.

[2] 于可主编：《当代基督新教》，东方出版社，1993年，第271页。

在教会礼仪方面也不断进行改革，采纳了一些非洲人的传统方式，这对于沟通各民族的情谊是有益的。

随着南非城市的发展，60%以上的人口居住在城市。过去只是白人、有色人的多数和部分亚洲裔居住在城市，现在大批黑人的涌入，形成了许多卫星城。在这里，宗教能跨越语言和人种的界限把他们融合在一起。①教会帮助黑人适应复杂的城市环境，帮助儿童接受教育，调解内部纠纷，救济贫民，对于保持社会安定起了一定的作用。

许多著名的宗教活动家都曾致力于通过宗教促进南非各民族的团结。例如，有色人种神学家阿伦·伯萨克是20世纪70年代黑人觉醒运动的领导人之一。1982年当选为世界归正教会联盟主席，翌年1月，为了反对南非当局继续维护种族隔离制度的所谓改革，他倡议发起一个包括各教派、各群众团体在内的多种族的全国性运动，同年8月在开普敦举行代表大会，建立了联合民主阵线。另一位德高望重的宗教活动家贝那斯·诺德，出生于荷裔基督教家庭，是荷兰归正会的牧师，曾任德兰士瓦省长老会主席。1960年出席科蒂斯洛厄会议，反对南非当局歧视黑人的政策。1963年他组建了一个不同种族和不同教派的联合体——基督教学会，旨在证明种族隔离制与福音教义是水火不相容的。70年代他投身于黑人觉醒运动，曾遭当局软禁和荷兰归正会的纪律处分。1984年继图图大主教之后任南非教会理事会秘书长，继续为多种族、各教派之间的联合而努力工作。

本文原刊载于《西亚非洲》1996年第3期，收入本书时略作修改。

作者简介：

黄若迟（1937—1995年），女，北京人，中共党员，南开大学历史

---

① South Africa, *South Africa 1989-90: Official Yearbook of the Republic of South Africa*, South African State Department of Foreign Affairs, 1989, p.637.

系教授。1959年毕业于南开大学历史系，留校工作，承担外语系英、美、俄等各国家概况的授课。精通俄语，改革开放后开始学习英语和法语，曾赴法国墨尔大学和巴黎戴高乐研究所研修，之后受聘为美国纽约州汉密尔顿学院客座教授，用英文讲授"中国外交""中国人口"等课程。回国后继续从事世界当代史、非洲史方面的教学和研究，代表性著作有《世界当代史讲座》、《20世纪世界文化》（主编）、《当代世界知识新词典》。1995年10月，赴湘潭大学参加中国非洲史研究会学术会议期间，因心脏病突发逝世。

从白色革命到伊斯兰革命

——伊朗现代化的历史轨迹

哈全安

　　20世纪伊朗历史的重要内容，是从传统社会向现代社会的过渡。巴列维国王于1963—1971年发起的白色革命，导致伊朗社会的剧烈变革。1977—1979年自下而上的伊斯兰革命，标志着伊朗君主制度的寿终正寝。在伊朗从传统社会向现代社会过渡的历史进程中，白色革命和伊斯兰革命无疑是颇具影响的重大事件。然而如何评价白色革命和伊斯兰革命，目前尚无令人满意的结论。许多研究者认为，世俗化是现代社会取代传统社会的先决条件和必要内容，白色革命和世俗政治的发展体现伊朗现代化的长足进步，而巴列维王朝的覆灭和伊斯兰复古主义的胜利标志着白色革命的失败和伊朗现代化进程的重大挫折。本文试图结合20世纪伊朗历史的宏观背景，分析白色革命至伊斯兰革命期间伊朗社会的演进趋势，探讨白色革命与伊斯兰革命之间的内在联系，以及所谓世俗政治和伊斯兰复古主义的社会性质，阐述伊朗现代化的历史轨迹。

一

　　农业是伊朗传统社会的经济基础，白色革命前夕，乡村人口约占全国总人口的70%。封建生产关系在伊朗乡村长期占据统治地位，大地产与分成制的结合构成乡村经济的基本模式。全国1900万公顷的耕地中，近90%属于在外地主所有，由无地农民耕种。[1]无地农民包括两种类型：一种是享有租佃权的农民，另一种是无租佃权的农民。前者世代耕种向地主租佃的土地，采用劳动队

---

[1] A. Farazmand, *The State, Bureaucracy and Revolution in Modern Iran*, Praeger, 1989, p.67.

(buneh) 的群体形式，按照土地、水源、种子、耕牛和人力五项要素与地主分享收成，此外尚需提供劳役和实物贡赋。后者没有稳定的耕地和收入来源，被排斥于五项分成之外，充当日工或季节工，处于乡村社会的底层。自然村落是伊朗乡村社会的传统组织形式，规模从百余人到数千人不等。在自然村落内部，农业与手工业密切结合，产品交换多采用实物的形式，表现为自给自足和相对封闭的状态。自然村落的耕地大都属于在外地主，他们远居城市，委派管家（mubashir）监督生产。白色革命前，伊朗传统社会的显著特征是在外地主的土地所有权与乡村统治权的合一。农民普遍固着于土地，处于依附状态；在外地主及其管家凌驾于无地农民之上，"这些地主因为通常不住在自己的领地上，自然就不会注意开发这些土地，也不想进行农业改革来改善他们的社会状况"，"多数大地主在土地耕作和经营管理上依然使用古老的、陈旧的方法，而不愿拿出现代化农业所需要的大量资金，结果是，当此发达的国家不断为开垦更多土地而努力的时代，我们的农业却几乎仍处在数千年前的状态"。[①]

1962 年 1 月，由农业大臣阿尔桑贾尼起草的土地改革法案获准实施。该法案规定：地主拥有土地的最高限额是一个自然村落，超过部分必须出售给政府，但果园、花园和机耕土地不在其列；政府根据地主以往上报的土地收入和缴纳的地产税确定购价，分 10 年付清地款；政府将所购置的土地出售给享有租佃权的无地农民，购地者可在 15 年内付清地款；政府在乡村组建合作社，加入合作社是无地农民从国家购置土地的先决条件。土地改革首先在阿塞拜疆、吉兰、克尔曼沙赫、法尔斯和库尔德斯坦等省试行，效果颇为显著。[②]1963 年 1 月，巴列维国王正式宣布关于社会发展的六点计划，其核心内容是土地改革，史称白色革命。此后，土地改革在全国范围普遍展开。1965 年 2 月，土地改革法案"附加条款"获准实施，白色革命进入第二阶段。根据"附加条款"，在以往实

---

① ［伊朗］穆罕默德·礼萨·巴列维：《白色革命》，［法］热拉德·德·维利埃：《巴列维传》，张许苹、潘庆舲译，商务印书馆，1986 年，第 389、391 页。

② E.J.Hooglund, *Land and Revolution in Iran 1960-1980*, University of Texas Press, 1982, pp.53-54.

行分成制的地区，地主拥有土地的最高限额减至30~200公顷，超过部分可做以下五种选择：一是出租土地，租佃期限不得少于30年，承租者缴纳货币地租，租额每五年调整一次；二是出售土地，购地者可向国家银行申请低息贷款，10年内付清购地款；三是与佃农按照传统的五项要素划分土地；四是地主与佃农合资组建农业联合体；五是拥有土地不足30~200公顷者，可购买佃农的租佃权，并雇佣他们作为工资劳动者。[1]该"附加条款"涉及约4万个自然村落和150万农户，其中5.7万农户购置土地、15万农户与地主分享耕地、11万农户加入农业联合体、123万农户与地主订立长期租约。[2]在实施过程中，各地的做法不尽相同。胡泽斯坦和马赞德兰大都选择出租的形式，德黑兰周围以及吉兰和阿塞拜疆普遍选择出售土地，法尔斯的许多地主选择与农民分享耕地，克尔曼和呼罗珊的地主多与农民组成联合体，锡斯坦和俾路支的农民往往向地主出售租佃权。[3]1967年12月，"农场企业的建立与管理法"获准实施，1968年1月，"开发水坝下游土地公司建立与管理法"获准实施；白色革命进入第三阶段。在许多地区，政府打破自然村落的界限，组建大型农场，采用工资劳动，推广农业机械，实行单一作物的专门生产。政府亦鼓励外国资本投入伊朗农业，组建外资农业公司。此外，"分配和出售租佃土地法"于1969年开始实施，已与农民签订长期租约的地主须将土地出售给农民，地价由地主与农民协商解决。[4]1971年9月，政府宣布土地改革结束。

巴列维国王声称，发动白色革命的根本思想是"权利应归全民，而不得为少数人所垄断"，其目的是"真正限制大土地占有，以利农民；真正消灭地主和佃农制度；并真正使这些佃农享有人的尊严和有可能直接从劳动中获利"。[5]然

---

① E.J.Hooglund, *Land and Revolution in Iran 1960-1980*, University of Texas Press, 1982, p.61.

② M.Amjad, *Iran: From Royal Dictatorship to Theocracy*, Praeger, 1989, p.82.

③ G.Lenczowski, *Iran under the Pahlavis*, Hoover Institution Press, 1978, p.274.

④ G.Lenczowski, *Iran under the Pahlavis*, Hoover Institution Press, 1978, p.109.

⑤ [法]热拉德·德·维利埃：《巴列维传》，张许苹、潘庆舲译，商务印书馆，1986年，第368、392页。

而实际情况并非如此。一方面作为白色革命的核心内容，土地改革只涉及享有租佃权的无地农民；至于没有租佃权的无地农民，约占乡村人口的1/3，被排斥于土地改革的范围之外。[①]另一方面，土地改革并未导致乡村人口平等的经济地位，地产规模存在明显差异。据统计，拥有土地不足2公顷者约100万户，拥有土地2~10公顷者约140万户；而拥有土地超过50公顷者虽然只有4.5万户，其地产总面积却占全部耕地的47%。[②]土地改革并没有真正满足广大农民对于土地的要求，相当数量的乡村人口仍然处于贫困状态。显然，巴列维国王无意改善下层民众的生活境况。他发起白色革命的真实目的，乃是通过地权的改变，否定在外地主对于乡村的统治，密切国家与农民的联系，扩大君主政治的社会基础，巩固巴列维家族垄断权力的政治地位。"伊朗的白色革命体现一种新的尝试，其目的是采用自上而下的改革，最终维护传统的权力模式。通过土地改革，国王将贵族限制在城市的范围，切断他们与乡村的联系。"[③]白色革命期间的突出现象，是合作社的广泛建立，享有租佃权的农民从国家购买土地的同时，必须加入合作社。每个合作社包括2~3个自然村落和约数百农户，构成乡村基本的行政单位，隶属于政府。至1972年，共计成立合作社约8800个，管辖2.3万个自然村落和150万农户。[④]合作社的建立，标志着国王取代在外地主而成为乡村社会的真正主人，农民由长期依附于在外地主转变为直接隶属于巴列维王朝，波斯帝国的古老梦想由于白色革命而得以实现。

尽管如此，白色革命必然导致伊朗乡村社会和农业生产的剧烈变革。一方面，白色革命期间，享有租佃权的无地农民中约92%即194万农户获得数量不等的土地，原来拥有少量土地的富裕农民亦在土地改革的第二阶段购置土地，在

---

① F. Kazemi, *Peasants and Politics in the Modern Middle East*, University Press of Florida, 1991, p.285.

② J. Foran, *Fragile Resistance: Social Transformation in Iran from 1500 to the Revolution*, Westview Press, 1993, pp.320-321.

③ A. Farazmand, *The State, Bureaucracy and Revolution in Modern Iran*, Praeger, 1989, p.104.

④ E.J. Hooglund, *Land and Revolution in Iran 1960-1980*, University of Texas Press, 1982, p.106.

外地主对于乡村土地的垄断和超经济强制不复存在，人数众多的小所有者成为乡村重要的社会势力。①另一方面，在外地主直至70年代依然拥有全部耕地的1/2，但是实物分成的传统方式明显衰落，货币关系广泛流行；约有7000人分别拥有超过100公顷的地产，大都位于古尔甘、呼罗珊和胡泽斯坦诸省，多采用雇佣劳动、机械化耕作和集约经营，主要种植经济作物。②随着地权的转移和经营方式的改变，封建主义在伊朗乡村日渐崩溃。大地产显然与市场经济密切相关，获得土地的农民由于摆脱了对在外地主的依附状态，不同程度上具有支配生产的自主权利，加之货币关系的渗透，逐渐卷入市场经济之中。

二

自19世纪起，伴随着西方殖民势力的冲击，伊朗的资本主义开始萌生，土地的商品化和农业的市场化初露端倪。1925年巴列维王朝建立以后，现代化进程逐渐启动。"在礼萨汗的独裁统治下，西方的现代化借助东方专制主义的形式被引入伊朗。"③礼萨汗当政期间（1925—1941年），现代化进程主要表现为发展工业的初步举措。政府在工业领域的投资，1928年仅占预算的1.1%，1941年增至24.1%。采用资本主义经营方式的工厂，1925年不足20家，1941年已经超过300家。④现代工业在国内生产总值中所占比例，自1937年至1941年增长约一倍，即由9.8%增至18.4%。⑤然而，礼萨汗的现代化举措并未触及乡村社会和土地制度。不仅如此，礼萨汗通过立法的形式保护在外地主的既得利益，旨在强化巴列维王朝与在外地主的政治联盟。封建主义在乡村的统治，制约着商品货币关系的扩大和自由劳动力市场的形成，是现代化进程的最大障碍。

---

① E.J.Hooglund, *Land and Revolution in Iran 1960-1980*, University of Texas Press, 1982, p.72.

② E.J.Hooglund, *Land and Revolution in Iran 1960-1980*, University of Texas Press, 1982, p.82.

③ M.Parsa, *Social Origins of Iranian Revolution*, Rutgers University Press, 1989, p.3.

④ J.Foran, *Fragile Resistance: Social Transformation in Iran from 1500 to the Revolution*, Westview Press, 1993, pp.223,224.

⑤ M.Parsa, *Social Origins of Iranian Revolution*, Rutgers University Press, 1989, p.35.

　　白色革命的客观后果是导致所有制领域的深刻变革，而变革的实质在于封建土地所有制的瓦解和资本主义的广泛发展，乡村传统的经济模式随之衰落。白色革命和地权的转移，意味着农民普遍摆脱了对于租佃权的依赖和固着于土地的状态，进而形成自由劳动力的广阔市场。另一方面，在外地主被迫出售相当数量的土地之后，其投资方向由乡村和农业领域转向城市和工业领域，加之白色革命期间政府实施的相关政策，有力地推动了现代工业的发展和城市化的进程。1963—1977年可谓伊朗历史上的工业革命时期，现代工业的生产规模明显扩大，主要工业品的产量急剧增长。据伊朗官方统计，从1963年到1977年，10~49人的小型工厂由1502家增至7000家，50~500人的中型工厂由295家增至830家，500人以上的大型工厂由105家增至159家。[1]石油工业无疑具有举足轻重的地位，冶金、化工、机器制造和纺织皆为颇具影响的支柱产业。工业化的进程产生了对于劳动力的广泛需求，吸引大量的乡村人口移入城市，从而导致城市人口的膨胀。1960年，伊朗人口的70%生活在乡村，30%生活在城市；1978年，乡村人口降至48%，城市人口升至52%。1978年，城市人口共计1782万，其中约有半数是1963年以后来自乡村的移民及其后裔。[2]城市数量急剧增多，城市规模明显扩大，构成白色革命至伊斯兰革命之间伊朗社会的突出现象。

　　白色革命以及工业化和城市化的进程，改变了伊朗传统的社会结构。在外地主由于土地改革而丧失了原有的特权和影响，日渐衰微；相当数量的无地农民购置土地，形成自主经营的小农阶层。随着现代工业的发展，资产阶级和产业工人日渐壮大，成为举足轻重的社会群体。白色革命以后，在外地主和官僚贵族逐渐转化为资产阶级；他们往往投资现代工业，使用雇佣劳动。产业工人是城市中规模最大的社会群体，主要分布在制造业和建筑业。据1977年官方统计，制造业雇佣工人约250万，建筑业雇佣工人约100万，他们大都来自乡村移民。[3]白色革命

---

① E.Abrahamian, *Iran: Between Two Revolutions*, Princeton University Press, 1982, p.430.

② A.Farazmand, *The State, Bureaucracy and Revolution in Modern Iran*, Praeger, 1989, p.154.

③ E.J.Hooglund, *Land and Revolution in Iran 1960-1980*, Rutgers University Press, 1989, p.115.

的重要内容，是发展世俗的教育体系和司法体系，完善政府机构和官僚制度，知识界和政府雇员的人数随之增多，其社会影响明显扩大。从1963年到1977年，伊朗全国的小学生由164万人增至400万人，中学生由37万人增至74万人，大学生由2.5万人增至15.5万人；1977年，各类学校共有教师约20万人。[1]另据统计，伊朗政府在白色革命之前设有12个部，雇员15万人，到70年代中叶，政府设有19个部，雇员增至56万人。[2]

　　君主制度是伊朗传统的政治制度。礼萨汗当政以后，君主政治日趋强化。白色革命的发生，既是君主政治日趋强化的必然结果，亦是君主政治极度膨胀的集中体现。巴列维国王把持着统治国家的绝对权力，庞大的官僚机构、装备精良的军队和称作萨瓦克的秘密警察是巴列维国王独裁专制的三大支柱。国王凌驾于宪法和议会之上，立宪君主制徒具形式。宪法如若一纸空文，议会形同虚设。议会人选由国王确定，首相胡维达自称是"国王的奴隶"。1953年，巴列维国王实行党禁，力图遏制反对派的政治活动。1959年，巴列维国王授意组建国民党（Mardom）和民族党（Melliyun），作为御用的政治工具。1964年，国民党与民族党合并，组成新伊朗党（Iran Novin Party）。1975年，复兴党（Rastakhiz Party）取代新伊朗党，成为唯一合法的政党，据称拥有党员600万，包括议会和内阁的所有成员，拥护宪法、君主制度和白色革命是加入该党的先决条件。巴列维国王建立复兴党的目的，是扩大政治基础，排斥政治异己，消除潜在的政治威胁。复兴党的建立，标志着君主独裁达到顶峰。巴列维国王甚至狂言："那些反对宪法、君主制度、国王与人民的革命（即白色革命）的人，只能在监禁和流亡之中做出选择。那些不肯加入这个政治组织（即复兴党）的人只有两种可能：他们或者属于某一非法政党，例如人民党，在这种情况下，他们应当入狱；或者有幸无须提供出境签证，便可携带护照，去到他们

---

[1] E.Abrahamian, *Iran: Between Two Revolutions*, Princeton University Press,1982, pp.431-432.

[2] M.Amjad, *Iran: From Royal Dictatorship to Theocracy*, Praeger, 1989, p.94.

喜欢的地方。"①

另一方面，资产阶级和产业工人作为伊朗现代化的产物，日渐崛起。白色革命以后经济秩序和社会结构的深刻变革导致新兴社会群体的规模急剧扩大，随之产生其政治参与和权力分享的迫切要求。然而，巴列维国王不断强化权力垄断，排斥新兴社会群体的政治要求。作为资产阶级政治组织的民族阵线（The National Front）和代表下层民众政治利益的人民党（The Tudeh）长期处于非法状态，左翼激进组织人民圣战者（The Mojahedin）和人民敢死队（The Fada'iyun）屡遭镇压。工人没有结社的自由，自发组织的工会遭到取缔。君主独裁的政治模式，导致新兴的社会群体与巴列维王朝之间的尖锐对抗。

巴列维王朝与在外地主的政治联盟，是君主制度的社会基础。教界传统的神学思想，则是维护君主制度的主要意识形态。礼萨汗当政期间，着力改造传统工业和发展现代工业，却不肯触及乡村秩序和触动在外地主的既得利益。然而，白色革命极力否定在外地主的特权地位，致使其政治影响丧失殆尽。巴列维王朝与在外地主的政治联盟，亦因白色革命而趋于崩溃。另一方面，巴列维王朝长期奉行世俗化的政策，旨在削弱教界的势力和影响，巩固君主独裁的统治地位。礼萨汗当政期间，于1925年恢复实行伊朗传统历法，取代伊斯兰历法作为官方历法的地位，并于1935年颁布法令，禁止妇女披戴面纱。1925年，教界在议会尚有24个席位；至1940年，教界议员已无一人。②白色革命标志着巴列维王朝世俗化的进一步发展，是礼萨汗当政期间世俗政治的逻辑延伸。土地改革触及约占全国耕地面积30%的宗教地产瓦克夫，严重削弱了教界的经济基础，而所谓的知识大军和公正之家则是否定教界在教育和司法领域行使权力的重要举措。1965—1975年，伊朗全国的清真寺由20000处减少到9000处，教界

---

① M. M. Milani, *The Making of Iran's Islamic Revolution: from Monarchy to Islamic Republic*, Westview Press, 1994, p.69.

② J. Foran, *Fragile Resistance: Social Transformation in Iran from 1500 to the Revolution*, Westview Press, 1993, p.223.

控制的宗教学校数量锐减。与此同时，政府在马什哈德创建伊斯兰大学，在德黑兰大学设立神学院，强化控制神职教育，极力使伊斯兰教成为巴列维王朝的御用工具，实现什叶派伊斯兰教的"巴列维化"[①]。白色革命的相关举措和巴列维王朝世俗统治的强化导致教界的广泛不满，进而使教界与巴列维王朝分道扬镳。

传统的巴扎商人和手工工匠，无疑是现代化的牺牲品，其人数虽呈缓慢增长的趋势，但面临现代化的冲击，其经济活动则处于相对萧条和萎缩状态，经济实力和社会地位已非往日可比。尽管如此，巴扎商人和手工工匠毕竟遍布城市和乡村的各个角落，与民众生活息息相关，仍不失为具有广泛影响的社会群体。白色革命以后，巴列维王朝通过各种优惠政策，扶植和发展现代工业，许多手工产品渐遭淘汰，手工工匠深受其害。1972年，政府强行推广机制面包，面包业6000多工匠因此失业。1975—1976年，政府取缔巴扎商人和手工工匠的行会组织，强化对于巴扎商人和手工工匠的控制，进而利用复兴党掀起反对奸商牟取暴利的运动，致使8000巴扎商人身陷囹圄，约2万巴扎商人流亡他乡，20余万店铺被迫关闭。[②]巴扎商人和手工工匠无力单独对抗巴列维王朝，被迫转向教界寻求保护。

白色革命以后伊朗经济领域的剧烈变革和新旧势力的消长，否定着巴列维王朝君主独裁的物质基础。新兴社会群体无缘分享政治权力，传统社会势力一蹶不振，君主独裁的政治模式引起诸多社会阶层和教俗各界的普遍不满，进而导致以反对君主独裁作为共同目标的广泛联盟。巴列维王朝成为众矢之的，伊朗政治革命的客观条件逐渐成熟。

三

[①] M.M.Milani, *The Making of Iran's Islamic Revolution: from Monarchy to Islamic Republic,* Westview Press, 1994, p.63.

[②] M.Amjad, *Iran: From Royal Dictatorship to Theocracy,* Praeger, 1989, p.100.

　　民主与专制的较量，是20世纪伊朗现代化进程在政治领域的集中体现。经济关系的变革和新旧社会势力的消长，是民主与专制抗争的物质基础，1905—1911年的立宪运动，揭开了民主势力反抗专制统治的序幕，标志着伊朗政治现代化的开端。由于客观条件的限制，此次革命未能从根本上触动封建主义的经济基础和传统的社会秩序，议会和宪法并没有带来民主政治的新时代。1951—1953年，首相摩萨台及其支持者利用石油工业国有化运动挑战王权，掀起新的民主浪潮；始建于1949年的民族阵线，作为代表资产阶级利益的世俗政治组织，构成此次民主浪潮的中坚力量。摩萨台及其领导的民族阵线试图恢复1906年宪法，实行立宪制，进而达到限制王权的目的。然而在外地主和教界传统势力支持君主政治，反对挑战王权的民主倾向，使立足未稳的巴列维国王得以战胜摩萨台。至20世纪60年代初，巴列维国王羽翼丰满，欲求垄断权力，遂发动白色革命。在外地主和教界传统势力的既得利益受到严重损害，其与巴列维王朝的政治联盟随之瓦解。1963年，教界扮演了反对国王的重要角色，宗教圣城库姆成为攻击君主独裁的重要据点。阿亚图拉鲁霍拉·穆萨维·霍梅尼首次亮相政坛，公开发难并谴责巴列维王朝的腐败、专制和卖国行径，将国王称作暴君。然而此时的教界由于尚与传统秩序密切相关，反对土地改革、排斥社会平等，加之其与世俗化的对立倾向，缺乏广泛的群众基础，无力发动和领导政治革命。

　　20世纪初，现代伊斯兰复古主义在伊斯兰世界悄然兴起。60年代，伊斯兰复古主义思潮自埃及和巴基斯坦传入伊朗，哈桑·班纳、库特布和毛杜迪的宗教政治学说逐渐影响教俗各界，进而冲击长期占据统治地位的教界传统理论。教界传统理论是传统社会的客观现实在意识形态领域的体现，与传统社会群体的既得利益密切相关，是维护传统社会秩序的舆论工具，包含封建主义的思想倾向。相比之下，伊斯兰复古主义强调《古兰经》和"圣训"的基本原则及早期伊斯兰教的历史实践，崇尚穆罕默德和麦地那哈里发国家的社会秩序，其核心内容在于倡导平等和民主的政治原则，符合下层民众的愿望和要求。伊斯兰复古主义貌似复古，实为将矛头直指教界传统理论及其所维护的传统社会秩序，是颇具革命倾向的宗教学说和政治理论。伊朗伊斯兰复古主义的先驱阿里·沙里亚蒂认为，早期的伊斯兰教是革命的意识形态和民众的信仰，《古兰经》则是规定穆斯林生活方式的蓝本；自1500年起，什叶派成为历代王朝统治人民的官方学说，是保守势力的象征和君主制度的卫士；现存的伊斯兰教恪守传统的社会秩序，是业已僵化的神学理论；应当摒弃教界传统理论，回归经训的道路，恢复伊斯兰教的本来面目，实现安拉与人民的原则，建立平等和民主的社会秩序。在沙里亚蒂看来，伊斯兰教的精髓在于生命的奉献，"牺牲是历史的核心"，"时时都是阿舒拉，处处都是卡尔巴拉"。①

自20世纪60年代末开始，霍梅尼进一步发展了伊斯兰复古主义的理论学说，倡导宗教政治化的思想原则，强调宗教应当超越信仰的范围而走进政治领域，将宗教视作反对君主制度和独裁专制的政治武器。霍梅尼认为，世俗统治与经训阐述的原旨教义不符，君主制度背离早期伊斯兰教的历史实践，"伊斯兰教与君主制的全部观念存在根本的对立"②，只有推翻世俗化的君主制度，重建教俗合一的神权政治，才能摆脱独裁专制，保护"被剥夺者"（mostaz'efin）的利益，实现社会秩序的平等和民主。霍梅尼声称："伊斯兰政府不同于现行的其他政府形式。它不是专制的政府，那种政府的首脑支配着民众的思想，损害民众的生活和财产。先知以及信士的长官阿里和其他的伊玛姆都无权毁损民众的财产或他们的生活。伊斯兰政府不是专制的，而是立宪的……伊斯兰政府是法治的政府，安拉是唯一的统治者和立法者……成千上万的人饥寒交加，得不到起码的医疗和教育，却有许多人腰缠万贯、挥金如土……我们的义务是拯救被剥夺者和被虐待者。我们有责任帮助被虐待者与压迫者斗争。"③

1977—1979年伊朗的伊斯兰革命，最初表现为世俗知识界发起的自由化运

---

① J.Foran, *Fragile Resistance: Social Transformation in Iran from 1500 to the Revolution,* Westview Press, 1993, p.370.

② D.Hiro, *Holy Wars: The Rise of Islamic Fundamentalism,* Routledge, 1989, p.161.

③ L.Davidson, *Islamic Fungamentalism,* Westport, Greenwood Press, 1998, pp.136-138.

动，具有明显的温和倾向。1977年5月，53名律师致信国家调查署，抗议司法
程序屡受政府首脑的干涉。6月，40名作家致信首相胡维达，要求言论自由和承
认民间社团的合法地位，取消新闻审查。与此同时，已被解散的前民族阵线领
导人桑贾比、巴赫蒂亚尔和福鲁哈尔致信国王，批评君主独裁，要求尊重人权
和释放政治犯。1977年秋，德黑兰学生走上街头游行，要求校园的政治自由。①
1978年1月，政府指责教界是"黑色反动派"，诬陷霍梅尼是别有用心的外国间
谍，教界极度愤慨，遂放弃旁观态度加入世俗知识界的斗争行列，进而得到巴
扎商人和工匠的支持，斗争的范围逐渐由德黑兰扩大到其他多座城市。在宗教
圣城库姆，数千名神学院学生举行抗议活动，遭到军队的镇压。在西北部重镇
大不里士和东部什叶派著名圣地马什哈德，相继发生反对国王的群众与政府之
间的激烈冲突。教界势力的介入以及巴扎商人和工匠的响应，标志着反对巴列
维国王的政治运动开始由世俗的形式转化为宗教的形式，遍布各地的清真寺成
为反对巴列维国王的据点，伊斯兰革命随之进入第二阶段。1978年夏季以后，
城市的下层民众成为反对巴列维王朝的重要力量，将伊斯兰革命推向高潮；特
别是巴扎商人和工匠纷纷关闭市场和店铺，产业工人和政府雇员持续罢工导致
经济瘫痪，形成对巴列维王朝的致命打击。教俗各界的诸多群体，由于反对巴
列维王朝君主独裁的共同目标，实现广泛的政治联合，从而形成了伊斯兰革命
的社会基础。

伊斯兰革命初期，世俗群体是反对巴列维王朝的主要势力，代表资产阶级
利益的世俗政治组织民族阵线和自由运动颇具影响，其政治纲领体现相对温和
的思想倾向。他们排斥下层民众的激进要求，无意推翻君主制度，只是要求恢
复实施1906年宪法和与国王分享权力。自由运动领导人巴扎尔甘曾向美国驻伊
朗大使表示："如果国王愿意实施宪法的所有条款，那么我们便会接受君主制和

---

① S.A.Arjomand, *The Turban for the Crown: The Islamic Revolution in Iran*, Oxford University Press, 1988, pp.116-118.

参与选举。"①巴扎尔甘后来说道："我们原本企盼甘露的降临,结果到来的却是洪水。"②传统的教界往往致力于信仰领域和神学宣传,无意问鼎政坛,他们与巴列维王朝之间不无矛盾,但只涉及具体措施,并不反对传统秩序。至于教界的传统理论,乃是传统的社会现实在宗教领域的反映,维护君主制度的合法地位,具有明显的保守倾向,不足以成为政治革命的舆论工具。随着政治形势的发展和民主与专制的激烈冲突,特别是1978年8月"阿巴丹纵火案"和9月"黑色星期五"之后,"处死国王"成为示威的口号和民众的心声,推翻巴列维王朝的统治上升为伊斯兰革命的首要目标。伊斯兰复古主义由于超越以往各种政治要求的狭隘界限,强调平等和民主的原则,代表诸多不同社会群体的共同利益,适应政治斗争的客观需要,提供了凝聚反对巴列维王朝的社会力量进而实现广泛政治联合的崭新理论工具。"伊斯兰复古主义是被剥夺了权力的社会阶层渴望参与政治进程和重建崭新社会与国家的宣言。"③"战斗的伊斯兰"体现民众的愤怒,具有强烈的革命倾向。

　　伊斯兰革命最初只是教俗各界诸多群体的自发性反抗运动。民族阵线的领导人桑贾比、自由运动的领导人巴扎尔甘和库姆著名的宗教领袖沙里亚特马达里在反对巴列维国王的政治斗争中一度具有举足轻重的地位。然而桑贾比和巴扎尔甘仅仅强调立宪政府以及资产阶级与国王之间的权力分享,沙里亚特马达里则极力调解群众与国王的矛盾冲突,其温和保守的政治倾向显而易见。"阿巴丹纵火案"和"黑色星期五"之后,革命形势急转直下。霍梅尼之所以作为伊斯兰革命的灵魂和象征,并非由于其阿亚图拉的宗教身份,而是由于其长期反对巴列维王朝而毫不妥协的坚定立场和民主斗士的政治形象。因此,霍梅尼虽

---

　　① M.M.Milani, *The Making of Iran's Islamic Revolution: from Monarchy to Islamic Republic,* Westview Press, 1994, pp.114, 244.

　　② M.Amjad, *Iran: From Royal Dictatorship to Theocracy,* Praeger, 1989, p.138.

　　③ M.M.Milani, *The Making of Iran's Islamic Revolution: from Monarchy to Islamic Republic,* Westview Press, 1994, p.244.

在教界内部并无显赫的地位，在民众之中却久享盛誉。"霍梅尼赢得了不同社会群体信赖，众多的民众把他视作期待已久的拯救者。在小资产阶级看来，他不仅是独裁的宿敌，而且是私有财产、传统价值观念和身陷困境的巴扎商人的保护者。在知识界看来，他尽管具有宗教身世，却颇似富于战斗精神的民族主义者，将会完成摩萨台的未竟事业，使国家从帝国主义和专制主义的双重压迫下得到解放。在城市的工人看来，他将实现社会公正和重新分配财富，把权力从富人手中转移到穷人手中。在乡村民众看来，他将带来土地、水源、电力、道路、学校和医疗机构，即白色革命未能带来的物质内容。对于所有的人来说，他象征着宪政革命的精神，在他身上寄托着此前的革命仅仅燃起却未能实现的希望。"[1]1978年11月，民族阵线领导人桑贾比和自由运动领导人巴扎尔甘前往巴黎，与霍梅尼会晤。三人一致认为，现存的君主制度与伊斯兰教的原则不符，是政治独裁、社会腐败和民族屈辱的根源所在，进而共同宣布结束伊朗的君主制度，建立伊斯兰共和国，"借以保卫伊朗的独立和民主"[2]。霍梅尼成为诸多社会群体所共同拥戴的政治领袖，反对巴列维王朝的各个阶层实现空前广泛的政治联合，伊斯兰革命由此进入最后阶段。1979年1月16日，巴列维国王逃离伊朗，君主制度宣告结束。1979年4月1日，伊朗伊斯兰共和国成立。

四

从传统社会向现代社会的转变是历史发展的客观规律。由于历史背景的差异，不同的国家和地区在从传统社会向现代社会转变的过程中，经历了不同的发展道路。通常认为，现代化与世俗化呈同步趋向，世俗化是现代化的先决条件和必要内容。然而综观世界历史，世俗化并非现代社会的特有现象，神权政治亦非仅仅属于传统社会。在西方基督教诸国，传统社会的显著特征在于宗教

---

[1] E.Abrahamian, *Iran: Between Two Revolutions*, Princeton University Press, 1982, pp.532-533.

[2] M.M.Milani, *The Making of Iran's Islamic Revolution: from Monarchy to Islamic Republic*, Westview Press, 1994, p.122.

权力与世俗权力长期并立的二元体系，教会与国家分庭抗礼；1500年以后，宗教权力逐渐衰微，世俗权力日趋增强，构成西方基督教诸国从传统社会向现代社会转变的重要内容。至于华夏文明及其周边区域，世俗权力极度膨胀，皇权至上构成传统社会的突出现象，宗教群体的政治影响微乎其微。相比之下，在中东地区，自伊斯兰教诞生开始，宗教与政治浑然一体。温麦作为伊斯兰国家的原生形态，兼有教会与国家的双重功能。教会与国家曾被穆斯林视作同一概念，两者之间长期缺乏明确的界限。因此，政治理论不可避免地体现为形式各异的宗教学说，政治群体往往体现为宗教派别，政治对抗大都采取宗教运动的形式，政治斗争的首要方式便是信仰的指责。换言之，宗教运动皆有相应的政治基础、政治目的和政治手段，反映不同的社会群体之间政治利益的矛盾对抗。①不仅如此，伊斯兰教素有托古改制的政治传统。早在伊斯兰教诞生之时，穆罕默德便屡屡呼唤世人回归远古祖先亚伯拉罕的信仰，旨在否定濒临崩溃的野蛮秩序。"穆罕默德的宗教革命……是一种表面上的反动，是一种虚假的复古和返璞。"②此后，无论是伊本·泰米叶还是瓦哈卜，皆曾倡导复兴伊斯兰教的教义，进而阐述改造社会的政治理论。因此，特定的历史背景决定了中东伊斯兰世界的现代化之区别于其他诸多地区的发展道路。

19世纪末和20世纪初，西方列强的殖民扩张达到高峰，伊朗面临民族危机的严峻局面，民族矛盾尖锐，政治斗争主要表现为民族主义思潮和运动。礼萨汗当政期间，君主政治的强化象征着国家的统一和民族的振兴；排斥教界传统的政治势力和世俗化的举措，则是强化君主政治的重要手段。巴列维即位以后，随着国际环境的改变，民族矛盾趋于缓解，民主与专制的对抗成为政治斗争的核心内容。巴列维王朝的政治模式，是君主独裁与世俗化的结合；世俗化服务于君主独裁的需要，与民主政治背道而驰，构成政治现代化的逆向因素。在民

---

① 哈全安：《阿拉伯封建形态研究》，天津人民出版社，2000年，第109~177页。
② 《马克思恩格斯全集》（第28卷），人民出版社，1973年，第250页。

众看来，世俗的君主是罪恶的渊薮和专制的象征。由于巴列维王朝长期排斥政治反对派的合法地位、取缔民间政党、禁止自由结社，宗教的狂热成为发泄不满和寄托希望的主要形式，宗教理论和宗教运动几乎是政治反抗的唯一选择。与此同时，宗教的内涵发生改变，宗教政治化的倾向日趋显见，伊斯兰复古主义逐渐取代教界传统理论，成为占据主导地位的宗教思想。伊斯兰复古主义在伊朗的泛滥，根源于白色革命之后经济与社会的剧烈变革，是现代化进程中民主与专制抗争的产物和体现。伊斯兰复古主义挑战世俗政权的实质，在于挑战巴列维王朝的独裁专制。1977—1979年的伊斯兰革命，并非教界传统势力的复辟，更非封建神权与现代俗权的冲突，而是宗教形式的民主运动和多元社会结构的政治革命，标志着伊朗的政治现代化进入崭新的发展阶段。伊斯兰复古主义者和霍梅尼并非伊斯兰革命的发起人。但是伊斯兰复古主义和霍梅尼之反对君主独裁和倡导社会平等的宗教原则，适应现代社会的客观需要，为此次民主革命提供了必要的政治理论。所谓的神权政治，其实质并非教界的统治，而是对于君主独裁的否定；至于法基赫制，则是从君主政治向民主政治过渡的中间环节，是民主政治否定君主政治的有力杠杆。作为伊斯兰革命的结局，巴列维王朝的覆灭和伊斯兰复古主义的胜利标志着君主独裁的政治制度退出伊朗的历史舞台。诚然，霍梅尼当政期间，宗教领袖的极权政治倾向相当明显。但是宗教领袖的极权政治根源于当时特定的客观环境和霍梅尼所具有的特殊地位，并非伊斯兰复古主义胜利的逻辑结果和特有现象。在世俗主义占据上风的土耳其、埃及和中东其他许多伊斯兰国家，继君主政治结束之后，领袖政治亦长期存在，凯末尔和纳赛尔等人作为无冕之王的政治形象有目共睹。霍梅尼去世以后，伊朗的民主政治无疑得到了长足的发展，民选总统日趋成为政治舞台的核心人物。由此可见，巴列维王朝的世俗统治不足以代表伊朗现代的政治制度，而巴列维王朝的覆灭和伊斯兰复古主义的胜利则不足以证明所谓伊朗现代化的"失误"和"挫折"，至于将霍梅尼视作"反现代主义的代言人"亦嫌草率。

1963—1971年的白色革命，构成伊朗现代化进程的重要里程碑。巴列维国王发动白色革命的主观目的，无非是在标榜现代文明的招牌下强化和完善君主独裁的政治制度。然而白色革命的客观后果却是导致了伊朗社会的剧烈变革。白色革命通过自上而下的形式，摧毁了乡村传统的经济关系和社会结构，为资本主义的广泛发展创造了必要的条件，充分体现了国家权力作为上层建筑在推动现代化进程中的杠杆作用。巴列维王朝的覆灭，并不意味着白色革命的失败，亦非标志着伊朗现代化进程的挫折。相反，经济社会的进步趋向与政治领域的滞后状态两者之间的矛盾，构成巴列维王朝覆灭的根源；正是自白色革命起伊朗社会的剧烈变革和现代化的长足发展，决定了巴列维王朝覆灭的命运，进而导致伊朗的现代化自经济社会领域向政治领域的延伸和民主政治的滥觞。

1977—1979 年的伊斯兰革命，是 1905—1911 年立宪运动以及 1953 年和 1963 年民主运动的历史延续，更是白色革命的逻辑结果和伊朗现代化长足发展的客观产物。白色革命与伊斯兰革命之间无疑存在密切的内在联系；城市化和工业化以及社会结构的转变和新旧社会势力的消长，是连接白色革命与伊斯兰革命的中间环节。伊斯兰革命的显著特点，在于其城市运动的浓厚色彩。新兴资产阶级、政府雇员、教界、巴扎商人、工匠和城市下层民众的广泛政治联盟，构成伊斯兰革命的社会基础。产业工人的罢工，则是导致巴列维王朝最终灭亡的重要手段。巴列维国王曾将白色革命称作"国王与人民的革命"，实际情况远非如此。白色革命或许可谓国王的革命，而伊斯兰革命才是真正人民的革命。从白色革命到伊斯兰革命、即从所有制的转变到传统政治制度的否定，构成伊朗现代化进程的历史轨迹。自上而下的经济运动与自下而上的政治运动两者之间的有机结合，则是伊朗现代化模式的集中体现。

本文原刊载于《历史研究》2001 年第 6 期。

作者简介：

哈全安，1961 年生，回族，北京大学历史系世界史专业毕业，曾任南开大学历史学院教授，入选浙江大学文科领军人才，现任天津师范大学欧洲文明研究院教授、国务院学位委员会第八届世界史学科评议组成员，主讲"世界上古中古史"入选首批国家精品课程和首批国家精品资源共享课，独著《中东史610—2000》（上、下卷）获新闻出版总署"三个一百"原创著作奖，名列《中国高被引图书年报》（2010—2014年）世界历史学科排行榜榜首。

论20世纪七八十年代日本的石油危机对策

李 凡

石油作为现代经济发展的主要能源，其供应水平不仅直接影响各国经济发展，而且也影响着各国政权稳定。众所周知，丰富、廉价的中东石油是日本经济腾飞的主要能源基础，也是中东产油国家的核心物质基础。为了维护国家和民族利益，中东产油国起来打破旧日西方列强国家确立的不合理框架时，这就是日本及其西方工业化国家所谓的"石油危机"。本文就日本对石油危机所采取的一系列对策粗略论述如下。

一、稳住石油供应

1973年10月6日第四次中东战争爆发，为更有效地打击以色列及其支持者，阿拉伯产油国家动用了石油武器。在石油供应上，采取减产、提价、限制、禁运等措施，与此同时开展石油资源国有化运动，引发第一次石油危机。

面对突如其来的举动，日本急忙表明自己的"中立"态度，以求稳定石油供应。然而阿拉伯国家在不断失败之后，已经认识到日本等国家的中立态度实际上起到坐视强者欺压弱者的作用。对于阿拉伯国家来说，阿以冲突双方就实力而言，表面上看阿拉伯国家方面人多、地广，实力强大，但是以色列方面有美国等西方国家的支持，使双方实力对比发生转化。为了缩小这种双方实力对比的差距，阿拉伯国家需要日本和西方国家一方面对以色列施加压力；另一方面对美国施加压力，迫使其放弃支持以色列扩张的政策。这就是阿拉伯产油国把石油武器对准日本等"中立"国家的原因。

10月16日，阿拉伯产油国决定将油价格由每桶3.01美元，提高到5.12美元，一举上涨70%。10月17日，阿拉伯石油输出国组织宣布，立即减产，以9月份各成员国产量为基准逐月递减5%，直到以色列撤出其在1967年战争中所占领的土地，巴勒斯坦人恢复合法权利为止。10月18日，阿拉伯主要产油国先后宣布中断向美国出口石油。

针对日本，10月19日，阿拉伯各国驻日本大使集体约见日本外相大平正芳，向日本方面递交了要求其支持阿拉伯国家正义事业的备忘录，同时对日本现行的中东政策表示强烈的不满。当天，科威特驻日本大使阿鲁·古什伊对日本《每日新闻》报发表谈话，指出："日本如果明确对中东战争的态度，可以确保石油安全供应。"①10月22日，阿拉伯石油输出国组织决定实施"分隔作战"，即宣布在两周时间内，把所需中东石油的国家划分为"友好、中立、敌对"三个类别，在石油供应上分别采取"正常、限制、禁止"措施。10月24日日本最大的石油进口国沙特阿拉伯宣布对日本石油供应削减10%。10月25日自顾不暇的五家美国石油公司通知日本，对其石油供应削减10%。②10月26日在西方工业化国家的经济合作与发展组织（OECD）召开的紧急石油对策会议上传来确切的情报，阿拉伯石油输出国组织已经把日本列为"中立"国家之类别，即将受到中东产油国的石油供应的限制。

日本对中东政策的核心是确保中东石油的正常供应，中东石油是日本经济发展主要能源，其限制供应必然限制了日本经济发展，而且这种限制的力度仍然在不断加大。11月5日阿拉伯石油输出国组织决定再次大幅度减产，以9月各国产量为基准，立即减产25%，进入12月后，再以11月产量为基准减产5%，此后继续执行10月17日逐月减产5%的决定。

突如其来的石油危机使日本国内经济出现混乱。从10月起，人民生活必需品被抢购一空，据统计11月的人民生活必需品的价格比去年同期上涨了1.4

---

① 近代日本研究会：『日本外交の危機認識』、山川出版社、1985年、311頁。

② 渡辺昭夫：『战后日本对外政策：国際関係の変容と日本の役割』、有斐閣、1975年、70頁。

倍。[1]11月16日，日本内阁决定六项石油紧急对策纲要，通过行政指导对石油供应和电力使用进行限制。12月7日，内阁通过《石油供应合理化法》和《稳定国民生产紧急措施法》，并获得国会的批准。前者规定，为了保证在紧急时期的石油供应，对石油的使用加以限制；后者则通过对与日常生活有关的物资设定标准价格等，防止抬高物价，稳定国民生活。[2]

制止国内经济混乱，关键是恢复中东石油的正常供应，然而要想实现中东石油正常供应，必须改变日本现行对中东政策。对此日本政府内部存在争论。11月1日，中曾根通产相拜会田中角荣首相，中曾根讲："我国应该对阿拉伯国家关于领土的主张给予充分的理解，有必要采取具体行动，支持以色列从占领土地上撤出的1967年联合国安理会第242号决议。"[3]中曾根没有对"具体行动"的内容说明，但是他进一步解释说，以前西方石油公司控制石油的时代已经结束，今后唱主角的是中东产油国家，应该以石油危机为契机，积极推行改善与中东产油国家关系的对策。然而以大平正芳为首的外务省则认为，日美同盟关系是日本外交的基石，如果日本政府稍微实行靠近阿拉伯国家的政策，就会给日美关系带来恶劣的影响。日本通产省和外务省的争论实际上是以国家经济安全保障利益为重，还是以日美同盟关系的政治、军事利益为重的矛盾。第二次世界大战后的日美同盟关系实际上成了日本的巨大保护伞，正是在美国的保护下日本经济得以迅速发展。但是随着日本经济实力的增强，特别是1968年日本成为资本主义世界第二大经济强国后，日本是否继续维护日美同盟关系而甘愿冒国家经济安全保障的风险，就成了国内争论的焦点。强大的经济实力必然为政治地位提高打下基础，也为日本根据自身利益做出新的抉择提供了保证。日本通产省就是这种主张的代表。但是在冷战的大环境下，日本对外政策仍受到日美同盟关系的制约，需要美国在政治、军事上的保护。日本外务省就是这种

① 植松忠博:『日本の選択:国際国家への道』、同文館、1990年、134頁。
② 冯瑞云:《近代日本国家发展战略》，吉林大学出版社，1991年，238页。
③ 宝利尚一:『日本の中東外交:"石油外交"からの脱却』、教育社、1980年、20頁。

主张的代表。外务省决定目前要看美国为解决中东地区冲突所做的努力，暂时不将日本的对中东政策大幅度转到倾向阿拉伯国家一边。

在等待美国方面的努力同时，11月7日日本外务省决定，派遣原驻沙特大使田中秀穗、外务省阿拉伯问题专家森本圭两人，以"民间人士"身份前往日本最大的石油进口国沙特阿拉伯进行访问，探询具体要求内容。结果具体要求内容为：一是谴责以色列继续占领阿拉伯国家领土；二是要求以色列立即从1967年第三次中东战争中所占领的土地上撤出；三是支持恢复巴勒斯坦人的合法权利；四是必须表明如果以色列继续占领阿拉伯国家领土不撤，巴勒斯坦人的合法权利继续受到侵害，将要研究与以色列的关系。[①]

在阿以冲突中，美国是以色列的后台老板，然而中东石油禁运，已经使美国自顾不暇，石油进口每天约减少200万桶，政府被迫宣布全国处于"紧急状态"。美国曾试图以武力占领油田来恫吓，但是阿拉伯产油国严正警告，如果美国胆敢入侵，将立即炸毁油井及有关设施，彻底摧毁美国在中东地区的全部石油利益，使其不敢贸然动手。

11月14—16日，时任美国国务卿基辛格来到东京，目的就是劝说日本仍然坚持中立态度。基辛格先后与大平外相、田中首相举行会谈。基辛格讲，日本应该"采取自重的行动"[②]，不要给美国的外交努力带来不良的影响。美国、欧洲及日本，为解决石油问题，应该采取慎重的团结一致的行动。日本则辩解说，在此前采取了"自重"的行动，但是现在国内外的形势发生了巨大变化。日本与美国这样的产油国家不同，由于中东产油国的石油供应削减政策，使产业经济结构不得不改变，这是社会的、政治的重大问题，日本政府"已被逼到无路可行的困境"[③]。对此基辛格劝说，阿拉伯国家的石油战略不会持续太久，需要有忍耐性，一定会解决的。田中首相进一步提出，日本政府可以按美国提出的

---

① 近代日本研究会：『日本外交の危機認識』，山川出版社、1985年、315、316頁。
② ［日］永野信利：《日本外交省研究》，上海译文出版社，1979年，255页。
③ 近代日本研究会：『日本外交の危機認識』，山川出版社、1985年、318頁。

路线走，但是这样一来必然会招致阿拉伯国家的敌意。如果出现石油禁运的局面，美国是否会填补这个缺口呢？基辛格立即对此给予拒绝。

美国政府对石油危机表现出无能为力，促使日本政府不得不认真思考自己的对策。然而欧共体国家对中东政策的转变，为日本的抉择作出榜样。欧共体绝大多数国家，不仅拒绝参与美国极力策划的共同抵制石油危机的计划，而且对美国支持以色列政策也持拒绝态度。11月18日，阿拉伯石油输出国组织做出决定，宣布取消除荷兰外的欧共体各国的12月份石油供应削减5%的限度。

在这种形势下，日本政府为了恢复中东石油正常供应，只好选择既要尽力减少得罪美国，又要靠拢阿拉伯国家的对策。11月22日，日本内阁官房长官二阶堂进代表政府发表谈话，第一次明确表示支持阿拉伯国家的正义要求，特别指出："日本政府在不断注视着中东地区形势变化的同时，根据形势的发展，再研究对以色列的政策问题。"[①]

二阶堂进的谈话，基本满足了阿拉伯国家提出的要求，标志日本开始转变对中东政策。对此阿拉伯国家表现肯定的态度，11月28日阿盟首脑会议决定，取消原定12月份对日本追加削减石油供应5%的限制，但并没有立即承认其为"友好"国家。12月7日，沙特阿拉伯石油大臣亚马尼在会见记者时公开指出，日本政府受宪法制约而不能向阿拉伯国家提供武器，但是与以色列断交必须有"具体措施"。日本与以色列断交必然影响日美同盟关系，日本是不会接受的。为了进一步缓和阿拉伯国家对日态度，日本政府决定紧急派遣副首相三木武夫为特使出访中东。12月10—18日，三木特使先后访问阿联酋、沙特、埃及、卡塔尔、科威特、叙利亚、伊朗、伊拉克八国。三木副首相除向有关国家领导人解释转变后的日本对中东政策外，主要与上述中东国家签订了一系列经济技术援助协议书。据统计，在这次石油危机中，日本政府先后答应向中东有关国家

---

① 宝利尚一：『日本の中東外交："石油外交"からの脱却』、教育社、1980年、26頁。

提供各种贷款达30亿美元。[1]

随着中东地区形势转变，石油危机趋向缓和，鉴于日本政府对中东政策转变，特别是能够主动向阿拉伯国家提供巨额经济技术援助。12月25日，阿拉伯石油输出国组织做出决定，给予日本以"友好"国家的待遇，这标志着日本摆脱了第一次石油危机的打击，恢复了中东石油的正常供应。此后日本政府长期坚持所谓"亲阿拉伯"的中东政策，从政治、经济、文化等方面加强与中东国家，特别是同中东产油国家的关系，目的就是确保中东石油平稳供应给日本。

自20世纪50年代中期起，日本实施以重工业、化学工业为龙头带动整个经济腾飞战略，使经济进入高速发展时期，其主要能源就是中东石油。据统计，到1974年时，日本的一次性能源消费中，石油占74.4%，而1963—1972年，日本进口中东石油占其全部进口额的年均86.8%。[2]日本对中东石油如此巨大的依赖性，决定了其被迫转变对中东政策，求得中东石油的稳定正常供应。

二、开展国际合作

在稳定中东石油供应的前提下，要想进一步防止石油危机发生，更加主动参与国际合作就显得十分重要。日本参与国际合作，一是与西方工业化国家协调共同抵制措施，二是扩大开展从中东地区以外产油国进口石油渠道，以减少对中东石油的依赖程度。

在第一次石油危机中，美国就极力主张西方石油消费大国采取共同行动抵制产油国的斗争。1973年12月12日，基辛格呼吁设立"能源调整中心"，要求日本、西欧等盟国相互协调采取一致行动。但是日本及西欧盟国却采取了静观态度，因为皆怕设置此机构会刺激阿拉伯产油国而遭到更大的报复。

随着石油危机呈现缓解趋势，1974年1月9日基辛格再次发出呼吁，日本与

---

① 渡辺昭夫：『战后日本对外政策：国际关系の変容と日本の役割』、有斐閣、1975年、169頁。
② アジア太平洋研究会（日本）：『中東の政治情勢と日本の選択』、1976年、166–168頁。

西方盟国马上表示接受美国邀请参加会议。日本此时参加国际协商活动的主要原因为：政治上出于日美特殊关系的考虑，不愿因石油危机问题而过分引起美国的不满。经济上的原因为此时石油危机已由初期石油供应量限制，转变为石油价格上涨，需要主要消费大国协商对策。

1974年2月11—13日，在美国首都华盛顿举行石油消费国会议，日、美、英、法、西德、意等13个国家代表出席会议，会议再次围绕基辛格提出设立"能源调整中心"组织问题出现争论。法国表示反对，其外长若贝尔指出："美国是半个产油国，在对进口石油的依赖上与消费国之间有区别，日本与法国才是真正的消费国。"①但是日本却在法美之间采取协调方针，在大平外相的活动下，法国最终做出让步，会议决定设立"能源调整中心"组织。会议还决定在紧急状态，石油供应出现严重不足情况下，消费国实施分配制度。另外，作为没有国际石油资本的消费大国，有权从国际石油公司方面获得有关情报。这些都是日本所要解决的难题。日本认为在第一次石油危机时，正是因为美国不能确保补充自己缺少的石油供应差额，自己缺少准确石油危机情报导致被动局面。

1979年6月28日，西方七国首脑会议在东京举行，因第二次石油危机爆发，会议再次以石油问题为中心议题。石油危机再次袭来，使西方国家感到有必要联合采取行动。会议经过秘密讨论，确立不同国家限制进口石油的数额与今后5年内的限制目标。会议确立限制目标如表1所示：②

表1　各国进口石油控制目标

（日、万桶）

年限	日本	美国	加拿大	法国	西德	英国	意大利	欧共体
1977	538	881	27	223	271	106	191	960
1978	523	827	23	223	281	83	189	950
1979	540	850	15	—	—	—	—	1000
1980	540	850	15	220	280	80	190	950
1985	630~690	850	60	220	280	80	190	950

① 山村喜晴：『戦後日本外交史·Ⅴ·経済大国への風圧』、三省堂、1984年、230頁。
② 山村喜晴：『戦後日本外交史·Ⅴ·経済大国への風圧』、三省堂、1984年、245頁。

从表1中可以看出，多数国家到1985年基本控制在1978年水准，而日本则明显超出。日本坚持自己为完全石油进口大国，需要在计划中得到宽松的限制。西方国家采取压缩石油消费数额的对策，无疑是对中东产油国实施石油提价战略的抵制，而日本又相对获得宽松的限制，有利于经济发展。日本参与西方国家共同抵制产油国家的石油战略，对转变国际石油市场的供求关系起了一定作用。

如果说稳定中东石油供应是日本解决石油危机的急切对策，那么尽力减少对中东石油的依赖程度便是较长期的对策，而且更加艰难。自第一次石油危机后，国际石油市场价格保持高价位，但是相对平稳。1978年底伊朗爆发了伊斯兰革命后，石油出口大国伊朗突然停止石油出口，引起国际石油市场供求关系短暂间发生变化，引发第二次石油危机。1980年9月两伊爆发战争后，国际石油市场价格一路攀升。1979年石油每桶价格为14.55美元，到了1981年1月竟高达36~40美元。然而市场经济运作绝非产油国一厢情愿所能为，过高的价格致使消费国难以承受，纷纷减少石油进口。而过高的石油价格，也促使非欧佩克组织成员的产油国加快石油开采，其大量向国际石油市场抛售石油，不仅填补了国际石油市场的空缺，而且造成了供大于求的状况。最终造成国际市场石油价格转向逆势，一路下滑。1981年10月石油每桶价格为34美元，1983年3月降为29美元，1985年3月降为25.85美元，1986年3月跌致11.51美元。1986年以后，油价大致在每桶14~18美元间波动。

以石油价格剧烈波动为标志的第二次石油危机，虽然持续时间并不算长，但是却引发了二战后最严重的全球性经济危机。日本在确保中东石油稳定供应的前提下，极力寻找尽量减少对中东石油依赖程度的办法。日本所采取的手段有：开发利用替代石油的新能源如核能、太阳能等，扩大水力、地热等能源利用，恢复已经被淘汰的煤炭能源。在国际扩大石油进口新来源，增加从亚太地区的印度尼西亚、中国、文莱等国进口石油，并计划与苏联共同开发苏联远东地区油田。

1974年1月，田中首相在国会发表施政演说指出："为确保资源的稳定供应和来源的多元化而锐意努力。"①1974年1月，日本与印度尼西亚两国签订协议，日本向印度尼西亚提供2亿美元的日元贷款，用于购买日本的天然气成套设备，开发印度尼西亚的苏门答腊北部和加里曼丹东部的油气田。按协议规定，从1977年投产开始，印度每年向日本出口750万吨天然气。1974年日本从印度尼西亚、马来西亚进口石油款额分别为45.72亿美元和9.79亿美元，比前一年分别猛增了106%和26%。②1975年日本从美国的阿拉斯加进口天然气达96万吨，从文莱进口天然气达510万吨。

1974年3月，苏联主动向日本提出联合开发秋明油田的建议，要求日本提供相当于24亿卢布的资金信贷，并且预定从1981年开始向日本每年提供500万吨原油，以后逐年增加，至2000年总计提供4.5亿吨原油，以作为交换。但是日本出于安全考虑和运输成本过高等原因，对苏联的提议采取了回避态度。1974年4月，日苏两国就合作勘探与开发萨哈林海底大陆架石油达成了一致意见，但在日本如何提供信贷、苏联怎样偿还、设备供应和产品分配等具体问题上未能求得共识。1974年10月，日本成立了"萨哈林石油合作开发株式会社"，专门承担对萨哈林石油合作开发事业。1974年6月，日苏两国就合作开发苏联南雅库特煤矿达成协议，规定从1979年至1998年的16年间，苏联向日本提供总计为8440万吨南雅库特煤。③同月，围绕西伯利亚天然气开发问题，日本联合美国，与苏联共同签署三国谈判备忘录，即由日美两国向苏联提供资金信贷、机械设备等，苏联开发出天然气后，在25年内分别每年向日美两国提供100亿立方米的天然气。④1977年9月，日苏两国第7次经济联合委员会发表共同声明，指出在萨哈林地区联合勘探石油和天然气，尽快促成对西伯利亚天然气的民间联合开发。但是由于各种原因，日本参与西伯利亚的资源与能源

---

① 王泰平：《田中角荣》，浙江人民出版社，1989年，第270页。
② 冯昭奎：《战后日本外交》，中国社会科学出版社，1996年，第457页。
③ 冯昭奎：《战后日本外交》，中国社会科学出版社，1996年，第458页。
④《日本经济问题文集》，中国财政经济出版社，1979年，第121页。

开发一直没有大的突破。尽管如此，石油危机后日本从苏联进口石油、煤炭及木材等均有明显增加。

第一次石油危机后，日本从中国进口的石油、煤炭也有增加，1976年其从中国进口的石油占日本进口石油总额2.6%。[①]1978年9月，河本通产相访问中国时，双方就合作开发油田、煤炭等经济问题磋商。河本通产相回国后表示，准备对中国的石油与煤炭开发给予资金合作，向中国提供贷款，中国以提供原油的形式偿还。第二次石油危机爆发后，日本更急于实现与中国的合作开发，1979年12月，中日两国签订议定书，在中国渤海南部和西部海域，合作开发海底石油和天然气。按规定，在勘探阶段由日方提供1亿~2亿美元的勘探资金；在开发阶段，中方出资为5.2亿美元，日方出资为5亿美元，双方出资比例为51：49。中方出资的绝大部分（5亿美元），由日本输出入银行提供相等数额的日元贷款来解决。油田投产后，以每年产量的42.5%为上限提供给日方，作为日方投资的回报。[②]

为了减少对中东石油的依赖程度，1983年11月，日本通产省、综合能源调查会发表了《长期能源供应预测》，据此我们把各种能源所占的比率制成表2如下：

表2　长期能源需求预测构成比率

（单位：%）

项目	1982年	1990年	1995年	2000年
能源需求量	3.88亿千瓦	4.6亿千瓦	5.3亿千瓦	6亿千瓦
煤炭	18.5	17.5	18	20
核能	6.9	10.8	14	16
天然气	7	12.1	12	11
水力	5.4	5	5	5
地热资源	0.1	0.3	1	1
新燃料油新能源	0.2	1.7	4	6~9
石油	61.9	52.5	48	42

资料来源：中東経済研究所（日本）：『中東情勢と石油の将来』、東洋経済新報社、1984年、12頁。

---

①《日本经济问题文集》，中国财政经济出版社，1979年，第121页。

②林连德：《当代中日贸易关系史》，中国对外经济贸易出版社，1990年，第175页。

从表2中可以看出，石油在日本能源的发展规划中，是呈现大幅度下降趋势的。而新燃料油、新能源是未来发展的方向，其包括太阳能、油砂、油页岩、酒精燃料、煤液化油、木炭等。再一个发展方向是核能，1982年日本拥有核能发电能力为1717.7万千瓦，占日本总发电量的17.6%。煤炭发电本来是被石油发电所替代的，可现在又因为依赖石油的可靠性出现威胁而不得不重新拾起。

日本减少对中东石油的依赖程度的努力，经过几年后明显见效，如表3所示：

表3　日本对中东石油进口状况

(1000b/d)

年份	进口额	占总进口比（%）	年份	进口额	占总进口比（%）
1975	3610	79.5	1982	2619	71.7
1976	3703	80.2	1983	2561	71.8
1977	3765	78.5	1984	2591	70.7
1978	3660	78.5	1985	2405	71.2
1979	3710	75.8	1986	2246	69.0
1980	3267	74.5	1987	2165	68.0
1981	2756	70.3	—	—	—

资料来源：中東経済研究所（日本）：『中東経済』（東京），特别号、1983年第71期、1988年第117期。

从表3中可以看出，1975—1987年，日本对中东石油进口，无论是进口数额，还是其所占日本全年进口石油总额的比率，都明显呈现下降趋势。但是解决石油危机问题绝非一朝一夕就能完成的。只要日本经济摆脱不了依赖石油，能源结构摆脱不了以依赖石油为主的框架，自身又无法提供石油，这种石油危机无法真正摆脱。另外，日本国内核能、煤炭、天然气等已有的能源，生物能、太阳能、煤炭液化等新能源，都存在着各种问题。例如，核能存在安全问题；煤炭存在环保、运输、储存等问题。更重要的是这些能源的经济成本都高于石油作为能源的价格，所以日本很难在短期内以这些能源代替石油成为能源结构的主体。这样就决定了日本只能在石油节约、挖效上投入力量。

三、调整国内主要产业结构

如果说稳定石油供应与开展国际合作是对外政策，那么调整国内主要产业结构就是对内政策，而且是解决石油危机根本所在。在第一次石油危机爆发后，日本产业界部门之间明显出现差异。整个制造业中，原材料型产业相对衰落，而装配加工型产业则得到顺利发展。这里所指的原材料型产业为钢铁、有色金属、金属产品、化学、纺织、造纸业等主要生产工业用原材料的产业；所指的装配加工型产业为民用、工业用的最终产品，如电器机械、一般机械、运输机械、精密仪器等制造产业。造成生产部门出现这种差异的主要原因，就是其所需要的能源负荷的差异。

产品在使用阶段，其能源负荷的主要差异并不作为决定因素，但是在生产阶段却表现出重要性。日本几乎所有的一次性能源都需要进口，原油价格的大幅度上涨必然引起能源价格的连锁性上涨，在生产阶段中能源消耗大的产业就不可避免地出现产品成本的上升。这样的成本上升，必然会全面转嫁到产品的出售价格上，造成出口产品在国际市场上丧失竞争力。面对如此严峻的现实局面，日本产业界被迫采取对原材料型产业进行大力调整、对装配加工型产业进行大力扶植发展的产业结构转化对策。

原材料型产业在日本经济高速度发展时期，由于维持着丰富、低廉的资源供应，处于需求剧增的大好时期，加上不断地充分利用从发达国家引进的先进技术和金融界提供的巨额资金，在以重工业、化学工业为龙头带动整个国民经济腾飞的发展战略下，取得了惊人的成就。但是石油危机所引发的资源、能源价格的暴涨，使得成本中能源费用比例大幅度上升，原材料型产业所依赖的发展基础条件消失了。原材料型产业从历来的固定产业变成变动产业，成本竞争的重心转移到能源费用的差异上。这样一来，日本的资源、能源几乎完全依赖于进口，必然造成原材料型产业的产品丧失国际贸易市场的竞争力。

日本的钢铁业曾经是经济高速增长时期的时髦产业，1973 年粗钢生产量为 1.2 亿吨，仅次于美苏，为世界第三大生产国，而且其全部生产量的 1/3 用于出口，出口额占世界钢铁贸易总额的 20% 以上。以第一次石油危机为转折点，钢铁业进入萧条状态。面对现实局面，钢铁业实施放弃在经济高速增长时期的竞争体制，采取稳定经营基础、改善产业结构的战略转化。在钢铁业内部，以节能增效为目标进行改造，谋求产业合理化。采用低能耗生产工艺，大量引进电子计算机，以实行自主管理来强化工程管理和质量管理。对于能耗大的普通电炉业和铁合金业进行产业调整，冻结、废弃过剩的设备约 300 万吨，推进集约化发展，扶植大型企业集团。把钢铁业所需进口的原料，如原料炭、铁矿石等，在海外建厂供应国内。日本的钢铁业基本维持年产量粗钢铁 1 亿吨左右水准。

有色金属业是石油危机冲击严重的产业，如何从耗能大的产业中摆脱出来是问题的关键。如铝冶炼业，在两次石油危机后，以世界性经济危机为背景的需求量减少，日本铝冶炼业伴随着石油价格的上涨，使用着世界上最贵的电力费用，而丧失了国际竞争力。在国际铝冶炼业中，在电力能源使用上，加拿大为 100% 的水力发电；美国为水力和煤炭发电共计 76%；澳大利亚发电主要为煤炭和水力；欧共体国家发电也主要是水力、煤炭、核能，然而日本的发电依赖石油为 74.4%。这样就形成，生产 1 吨铝锭的电费，加拿大为 1.5 万~2.3 万日元；美国为 6 万~7.5 万日元；日本则为 24 万~25.5 万日元。[①]面对这种局面，日本的铝冶炼业只能进行改革，一方面努力寻找削减能耗的新工艺，发展高附加费值产品，如轧制、加工等；另一方面把产业向海外转移，在能源与资源丰富、低廉的国家与地区内建厂生产。

原材料型化学工业面临的问题中，最突出的是日本具有代表性企业的财政收支出现恶化，如三菱化成、住友化学、宇部兴产、三井东压化学、昭和电工、三菱油化、三井石油化学 7 家企业。其在 1981 年前期决算时，出现总计约 200 亿

---

① [日]日本兴业银行调查部：《日本产业转化的新时代》，科学技术文献出版社，1988 年，第 164 页。

日元的赤字。石油化学工业在日本经济高速度增长时期，产量迅猛增长。如氨、尿素等化肥产业，在1972年实际产量的80%用于出口，在亚洲贸易市场上处于供应基地的位置。但第一次石油危机爆发后，石油价格的不断上涨，使日本产品与国外产品的成本差距加大。为了扭转这种不利因素，努力实施石油化学工业从以原材料型化学产业为主的结构中摆脱出来的战略。在石油化学工业中，加强农药、医药等高收益的精细化学工业产品事业；发展食品工业的多面化；实施电子材料向高增长领域深入发展；在石油化学工业上应用培植高工序控制技术，努力实行工程技术产业的深入发展。

日本纺织业是资本主义经济发展史中最古老的出口创汇产业，第一次石油危机爆发后，日本纺织业遇到了前所未有的危机。纺织业也因动力费用价格暴涨，使其成本直线上升。结果造成国际竞争能力下降，生产长期停滞，设备过剩日趋表面化。为此，纺织业首先在内部进行改革，努力改善供求平衡，企业合并组成卡特尔式联合企业，卖掉闲置资产，压缩过剩人员和借入资金以做出继续减产经营的努力。在生产上转向高加工领域。其次转向新型事业领域发展，以大规模合成纤维、纺织资本为核心，向石油化学、高分子材料、医药品、住宅建设相关事业、不动产业事业等方向发展。

日本造纸业是伴随着经济高速增长而获得迅猛发展的产业，1980年日本造纸业产量近1810万吨，仅次于美国居世界第二位。但是石油危机爆发后，由于原料、能源价格暴涨，再加上其他西方国家产品的进口冲击，使日本造纸业处于严重萧条状况。为此，日本造纸业首先对在经济高速增长时期形成的产业过分竞争体制进行纠正，以谋求产业稳定为先决条件。其次强化产业的国际竞争力。对于原材料与能源价格上涨而造成的成本增加，采取努力提高纸浆成品合格率的技术开发，利用稻草、甘蔗渣等非木质原料、充分利用旧纸原料等。在节能方面致力于改换节能设备、发展节能工艺等。在产品生产上，努力致力于发展高档产品等。

装配加工型产业在日本经济高速增长时期已经有了长足的发展，在第一次石油危机后，伴随着日本国内主要产业结构重心的转移，有了更加飞速的发展。

20世纪60年代，日本的主要产业是钢铁、汽车和化学工业，到70年代后半期电子工业逐渐占据主要位置。日本电子工业的产值，1966年为1万亿日元，1976年为5万亿日元，到了1981年为10万亿日元。在出口贸易方面，1980年电子产品出口额达到39977亿日元，占当年日本总出口贸易额的11.4%，几乎达到与钢铁、汽车等产业并驾齐驱的水平。日本电子工业生产规模居世界第二，是美国的40%，超过联邦德国、英、法、意四国产量的总和。日本的电子工业以石油危机为契机，努力实行合理化措施。从以往的以妇女作业为特点的民间机器产业，转变为以机械化、自动化特征的装配型产业，大大提高了竞争能力。在两次石油危机冲击下，日本经济增长速度减慢，但是电子工业及应用领域的发展却在加快。从70年代的发展速度看，1970—1975年为5.8%，1975—1980年为18.9%。①

汽车产业受石油危机冲击巨大，石油危机使发达国家的汽车市场结构发生很大的转变，消费者日益倾向于节省燃料费用型汽车。在1980年国际汽车市场上，小型汽车销售量占总销售量的64%。这种对小型汽车需求的剧增，使原本以生产小型经济车为主的日本汽车产业，大大提高了国际竞争力。第一次石油危机爆发后，日本汽车产业一方面对限制排放废气进行设备投资和技术革新，一方面努力提高劳动生产率，克服因石油危机而带来的原材料价格上涨的不利因素。采用电子控制燃料喷射技术，既限制了排放废气，又提高了燃料使用效率，节省了汽车燃料费用。在欧美市场不景气的状况下，日本小型汽车以高质量、低消耗的优势，迅速提高市场占有率。

日本的工业机械产业指的是除运输机械、电气机械、精密机械之外的一般机械产业。尽管其产品多种多样，但是生产定额约为8亿日元，相当于汽车产业的半数规模。面对石油危机爆发后的国内经济形势，工业机械产业致力于研制

---

① [日]日本兴业银行调查部：《日本产业转化的新时代》，科学技术文献出版社，1988年，第81页。

发展产业机器人、数控机床、办公自动化等产品，带动整个产业发展。从1976年日本机床产业以数控机床为拳头产品，迅速打入国际市场，与美国、联邦德国等发达国家产品形成激烈竞争。在第一次石油危机爆发前的1973年，日本机床产业出口贸易额仅为350亿日元，到1980年出口贸易额达到2700亿日元，增长7.7倍。出口贸易额仅次于西德，为世界第二大出口国。日本的产业机器人与办公自动化是从1980年开始发展的。1980年生产额达780亿日元。日本产业机器人拥有世界大约半数的设置台数，被称为"机器人王国"。日本的办公自动化产业以往以生产复印机为主，1980年后又增加生产个人用电子计算机、日语信息自动处理机等。1980年，日本个人用电子计算机的生产额为200亿日元，信息自动处理机的生产额为5亿日元。

日本在1956年成为世界上第一大造船国，并长期保持市场占有率50%的水准。但是第一次石油危机爆发后，世界经济危机引起石油需求量减少，海上石油运输量也大幅度削减，油轮订货量以1973年的3281万吨为顶峰，1978年降到823万吨。同样日本新造船订货量也剧减。日本从1979年后，造船业转向缩小、均衡体制为目标的产业调整。第一，削减过剩造船设备。在稳定基础计划为宗旨的设备处理中，原计划在977万吨造船能力数额中，削减35%即342万吨。第二，采取与原有工程量相符的作业调整措施，把大部分企业合并组成企业集团，减少国内各造船企业间为争取更多的订货合同而相互降低价格的竞争。第三，作为调整的核心，是对劳动密集型产业的从业人员大量裁减，以1974年的27万人为顶峰，裁减到1980年的16万人，裁减程度达到40%。这些调整措施的结果，使日本造船业处于能够维持现状的局面。

综上所述，面对石油危机，日本首先加强与中东产油国家的关系，放弃"中立"政策，采取所谓"亲阿拉伯"政策，目的是确保中东石油对日本的平稳供应。其次参与国际合作活动，与西方国家联合行动，共同抵制或者防止石油危机再度发生。同时以尽力减少对中东石油的依赖程度为目的，扩大从中东地区以外国家进口石油渠道及调整国内能源结构，降低对石油的依赖性。最后就是以石油危机为契机，放弃了自50年代中期以来，以重工业、化学工业为龙头带动整个经济发展的战略，代之以技术尖端行业为核心，以低能耗、高效益，发挥强大的国际竞争力，带动整个日本经济持续发展的战略。石油危机的爆发是各种因素综合作用的结果，同样解决石油危机也需要各个方面综合治理。在这方面日本采取了短、中、长三个对策，即稳定石油供应、开展国际合作、调整国内主要产业结构等，可以说既有轻重缓急又有各自重点，基本实现了综合治理。石油作为现代经济发展的能源，对人类做出巨大贡献，但石油是不可再生资源，人类迟早都会遇到石油危机。面对迟早都会到来的石油危机，我们可从日本的经验教训中得以借鉴。

本文原刊载于《世界历史》2003年第1期。

作者李凡教授说明如下：笔者是西北大学中东所博士研究生毕业，中东问题是研究对象，石油是中东地区问题研究的核心点。选择该文章作为代表，想要说明点思考。

2022年是中日关系正常化50周年纪念之年，有关中日关系研讨会多地举办，我国个别学者提出要了解日本在20世纪七八十年代对华经济援助问题。实际上这一主张是日本学者先提出的，目的就是让我国民众不要忘记日本对华好处，抵消抗日情绪，一些不了解当时历史情况的所谓学者也附和。

实际上，20世纪七八十年代日本正遭受第一、第二次石油危机，全球石油价格上涨，导致日本不得不进行产业结构转化。由高能耗产业转变为低能耗产业。日本人将淘汰设备转移到中国，中国正处于恢复经济及发展阶段，包括上海宝钢在内。中国买了日本淘汰设备，也同样资助了日本国内产业结构转换。我认为，这实际上是经济互惠互利行为，绝非日本人宣扬的经济援助中国行为。更没有必要让中国人对此感恩戴德吧？日本人侵华几十年，战后粗略统计中国人死伤三千万余，沉痛记忆深深扎在华人心里，绝非日本人想象那样很快忘记的，这就是民族战争带来的结果，日本至今没有道歉，更甚者伤口上经常撒盐。

作者简介：

李凡，男，1958年生人，吉林省吉林市人，先后就读于东北师范大学历史系和西北大学中东研究所，1996年获得博士学位，开始任职于南开大学历史系。现任南开大学历史学院教授、博士生导师，南开大学世界近现代史研究中心专职研究员。主要研究方向为现代国际关系史，侧重于日本外交史方向。先后以"客座教授""交换研究员"身份，前往日本的立命馆大学、早稻田大学进行长期学术交流活动。主要著作有《日本对中东政策研究（1952—1996）》《日苏关系史（1917—1991）》《日俄领土问题历史渊源研究》等。

关于拉美历史上"考迪罗"统治形式的文化思考

王晓德

"考迪罗"（Caudillo）在西班牙语中意为"领袖、首领、头目"。从语义学上讲，"考迪罗"丝毫没有褒贬含义，只是一个非常普通的名词而已。然而这一名词在拉美历史上却变成了一个具有强烈地域色彩的政治术语，专指那些依靠武力获取国家和地方政权的大大小小的军事首领。这一术语反映了在拉美历史上一定时期出现的一种特有的政治现象。"考迪罗"是拉美独立战争的产物，于战争结束之后开始登上政治舞台，并在其后半个多世纪，在拉美大多数国家扮演了主要政治角色，形成了对该地区政治和经济发展影响很大的一种政治方式。从世界范围内讲，"考迪罗"的统治形式并不具有普遍性，只是拉美历史上的一种独特的现象。为什么这种现象在拉美历史上一度普遍；它是否适应了这一地区的文化气候；拉美国家长期在民主化道路上艰难地跋涉，它体现出的文化价值观究竟起到什么样的作用？本文将从文化角度研究"考迪罗"的统治形式，从而对诸如此类问题提供一种新的思路。

一、考迪罗统治形式的文化起源

1992 年，伦敦大学研究拉美史的著名学者约翰·林奇出版了一本名为《1800 年至 1850 年西班牙美洲的考迪罗》的著作。作者在这本书中根据当时拉美地区的社会、经济和政治环境对考迪罗统治形式的产生和运行做出了很有见地的解释。这本书资料丰富，对拉美地区四种类型的国家考迪罗进行了分析，对我们研究这一论题深有启迪。不过，这本书明显忽视了考迪罗产生的文化根源。当然，作者并非没意识到这一点，而是认为考迪罗与西班牙文化传统或价值观没有多大的联系,"代表殖民征服的思想以及流行于16世纪的观念并不能对300年之后发生的事件做出现实的解释"①。这部专著是作者多年潜心研究考迪罗统治形式的一大成果,在学界影响很大,但其"文化无关论"并没有得到该研究领域多数学者的认同,一些学者在对这本书做出很高学术评价的同时也指出了这是该书明显的欠缺之处。②考迪罗的统治形式尽管是拉美地区摆脱西班牙殖民统治之后出现的一种新现象,其产生自然与当时的社会环境有着密切和必然的联系。然而拉美地区的独立并非意味着与过去的文化一刀两断,西班牙殖民者遗留在这块大陆上的传统价值观依然深深地影响着走出殖民统治的拉美人的思维方式和行为选择。考迪罗的统治形式作为一种历史现象,其出现不可能不与这些根深蒂固的价值观毫无关联。其实,当我们把研究视角转向西班牙数百年的殖民统治在这块大陆上形成的文化时,我们就会发现,考迪罗的统治形式并不是反映了一种新的文化现象,而是与过去的文化存在着非常密切的联系。这种联系不仅仅成为考迪罗形成与发展的重要因素之一,而且对其结束之后的拉美政治也产生了很大的影响。

拉丁美洲文化的基础是天主教伦理观。③自从1492年哥伦布到美洲后,西班牙就开始了对美洲的殖民过程。刺激欧洲人不畏艰险远航到美洲的原因固然很多,但狂热的宗教情绪在其中扮演了重要角色,这些征服者除了贪恋土地和财富外,还希望将其宗教信仰扩展到欧洲之外的地区。尽管专司传道的修道士几乎同时与所谓探险的殖民者一道登上美洲大陆,但很难把两者肩负的使命截然

---

① John Lynch, *Caudillo in Spanish America, 1800‑1850*, Clarendon Press, 1992, p.402.

② Donald Fithian Stevens, "Review on Caudillo in Spanish America, 1800‑1850", *The Historian*, Vol.56, No.2, 1994.

③美国学者乔治·福斯特1951年写道:"尽管在新世界有大量的印第安人口,尽管在非印第安文化中印第安人的影响很大,但当代拉丁美洲的文化不能被描述为是印第安人的文化,只能被描述为是西班牙文化。它是一种独具特色的新文化,尽管根深蒂固于两种独立的文化传统,但却具有自己的独特有效的精神气质。"Dwight B. Heath and Richard N. Adams,eds., *Contemporary Cultures and Societies of Latin America: A Reader in the Social Anthropology of Middle and South America and the Caribbean*, Random House, 1965, p.504.

分开。所有来到新大陆的西班牙人都是天主教徒，狂热的宗教情绪和对财富的贪恋欲望在他们身上体现得淋漓尽致。《圣经》和枪炮实际成为对美洲征服的两种手段，前者主要是从精神和文化层面上对土著人的征服。随着西班牙对美洲广大地区的征服、殖民和开发，天主教伦理观被包括一大批传教士在内的殖民者几乎原封不动地移植到大西洋彼岸，作为一种占据绝对优势的意识形态在殖民地政治和公众生活中发挥着重要的作用，左右了人们的物质和精神生活，形成了根深蒂固的文化观念。

天主教在根性上是极端保守的，从一开始就不允许普通信徒直接通过学习《圣经》来感受上帝的恩惠。在12世纪之前，普通人大都没有受教育的权利，识文断字者几乎全是神职人员。他们无法释读《圣经》，只有靠着神职人员实施"圣事"，才能聆听到上帝的声音，他们最终能够进入一生向往的天堂需要靠着这些神职人员的"引导"。结果，教徒被置于神职人员的严格控制之下，在教会内部形成等级分明的阶层，那些有权释读《圣经》的教会"精英"自然就成为普通信徒不可超越的权威。所以对权威的绝对崇拜或服从是天主教伦理的一个非常重要的特征。天主教在欧洲的衰微丝毫不意味着传入新大陆后其教义发生本质改变。其实对权威的强调从一开始就体现在对异教徒精神的征服上。教皇亚历山大六世在一份训令中宣称："上帝授予彼得及其继任者统治地球万民的全部权力，因此所有人都必须服从彼得的继任者。现在，这些教皇之一把在美洲新发现的岛屿与国家及其包含的一切作为礼品送给西班牙国王，靠着这一礼品，陛下现在就是这些岛屿和这块大陆的国王和君主。因此，你们要承认神圣教会作为整个世界的主人和统治者，向作为你们领主的西班牙国王效忠。否则，我们将在上帝的帮助下，以暴力对付你们，迫使你们处在教会和国王的控制之下，把你们视为应受惩罚的反叛奴隶。我们将剥夺你们的财产，把你们的妇女和儿童变成奴隶。"①这种思想实际上贯穿数个世纪的殖民统治时期，几乎很少受到

---

① Geoff Simons, *Cuba from Conquistador to Castro*, St. Martin's Press, 1996, pp.74-75.

不同阶层的严重挑战。用宗教学家保罗·约翰逊的话来说："在这个巨大的大陆，异教徒被迅速消灭，大城市、大学和亚文化很快建立或形成。基督教是统一的和垄断的，受到国家的精心保护，丝毫不允许异教、分裂和竞争存在。神职人员不计其数，他们富足且享有特权。所以在四个多世纪的时间里，这块大陆实质上没有对基督教启示和见识做出任何独特的贡献。拉丁美洲表现出一种长期服从的沉默。"①约翰逊尽管是从基督教发展的角度说这番话的，但也道出了天主教伦理对这一地区形成威权主义的传统所产生的巨大影响。

受这种观念潜移默化的影响，一方面造成权势者对权力无止境地追求，另一方面导致普通民众对权威的沉默或服从。因此，在伊比利亚美洲殖民地，尽管王室对属地的控制往往有些鞭长莫及，但在殖民地内部，权力还是相对比较集中，形成了与英属美洲殖民地相比较明显的中央集权专制的政治特征。在英属北美殖民地，新教伦理在意识形态上居于主导地位。新教是在16世纪欧洲宗教改革运动中从长期居统治地位的罗马天主教中分离出来的一个新的基督教宗派。从基督教发展史上来看，新教的出现具有革命性意义，它突破了罗马天主教在欧洲一统天下的局面，从与传统对立的角度反映出基督教对时代精神的回应。新教的一个非常重要的特征，就是它打破了罗马教皇传统的权威性，用个人直接对上帝负责取而代之。人人都能"因信称义"，这样一方面剥夺了神职人员的宗教特权，更重要的是，它突破了思想一致性的限制，鼓励个人独立思考，甚至允许个人公开表明异议，因此"新教促进了人的合理性观念。人们不再依靠牧师来为他们解释宗教真理：他们能够自己直接探讨宗教真理。换言之，在与上帝的关系上，他们能够与'中间人'一刀两断"②。英属北美殖民地独立后形成了典型的西方民主制，这与人们对新教的信仰显然有着很重要的联系。美国迈阿密大学法学教授基思·罗森对不同的法律体系进行了大量的比较研究，

---

① Paul Johnson, *A History of Christianity*, Weidenfeld & Nicolson, 1976, p.407.

② Peter J. Buckley and Mark Casson, "The Moral Basis of Global Capitalism：Beyond the Eclectic Theory", *International Journal of the Economics of Business*, Vol.8, No.2, 2001.

在涉及南北美政治制度时指出，英国允许其殖民地在自治上拥有相当大的自由，而在拉丁美洲，西班牙和葡萄牙这两个国家暴虐的中央集权体制几乎不允许其殖民地拥有丝毫的自由来管理自己的事务。"除了魁北克之外，美国和加拿大是新教。……北美洲对神学和政治理论的继承更容易在结构上把权力分散在许多地区中心，而拉美对罗马天主教和波旁专制主义王朝权力集中的等级组织的继承远远不能做到这一点。因此，在所有拉美国家中，权力在加拿大和美国都更为集中，对此我们不应该感到有丝毫的惊奇。"[①]美国杜兰大学拉美问题专家罗兰·埃贝尔等人指出："在天主教或考迪罗文化中，居于主导地位的价值观是权力，就像在新教或资本主义文化中，居于主导地位的价值观是财富一样。"[②]权力过度集中势必意味着吏治的腐败。在西属美洲殖民地后期，贪污横行，滥用权力者比比皆是，殖民地总督和其他高官显贵在任命官员上任人唯亲，通过建立委托制导致裙带关系风行一时。大庄园主对他们的奴隶、自由雇工、债役雇农、佃农和居住在庄园内的人同样拥有绝对的权力。有权者利用权力谋一己私利，无权者总是试图寻求权力者的庇护。凡此种种，无不显示出伊比利亚的专制主义传统在殖民时期就已有广泛的基础。美国学者查尔斯·吉布森指出："在殖民时期，一个人不需要有远见来找到对政治的和其他类型的权威的表述。独裁制的普遍氛围——沉迷于个人权力和独断专行、忽视个体的'权利'——从一开始就存在。"[③]

在数百年的殖民统治时期，伊比利亚殖民者把等级制、威权主义、世袭制、

---

① Keith Rosenn, "Federalism in the Americas in Comparative Perspective", *Inter-American Law Review*, Vol. 26, No. 1, 1994, p. 4; Lawrence E. Harrison, *The Pan-American Dream: Do Latin America's Cultural Values Discourse True Partnership with the United States and Canada?* Westview Press, 1997, p. 23.

② Roland H. Ebel and Raymond Taras, "Cultural Style and International Policy-Making: The Latin American Tradition", in Jongsuk Chay, ed., *Culture and International Relations*, Praege, 1990, p. 198.

③ Charles Gibson, *Spain in America*, Harper & Row, Publishers, 1996, p. 211. 克劳迪奥·贝利斯持类似观点，认为"强烈的重要集权制和威权主义概念无疑等同于殖民地传统，拒绝赞成体现当代自由和激进信条中的有效的政治和经济权力的分散"。Claudio Veliz, *The Centralist Tradition of Latin America*, Princeton University Press, 1980, p. 11.

职团主义、政治一元化，以及与之冲突的政治反叛和对权威的抵制等文化特征带到了美洲，并在这块大陆上深深地扎下了根。这些文化特征在不同历史时期和不同社会经济环境下采取了不同的形式，拉美独立运动尽管摆脱了西班牙数百年的殖民专制统治，但并没有从根本上动摇伊比利亚殖民者留在这块大陆上的文化遗产，这些文化特征在拉美社会具有异常的生命力，考迪罗的统治便是其在政治领域的一种表现形式。

二、考迪罗统治形式的社会文化基础

美国学者亨利·韦尔斯认为，西班牙文化的基础包括四个内容：一是宿命论，即"人生是由人类无法控制的力量所掌握的"；二是等级制，即"社会从本质上讲是分成等级的，一个人的地位取决于他的出生"；三是尊贵，即"个人具有内在的价值或完善"，但这与权利、创造性、事业或机会平等毫无关系；四是男性优越，专制主义、家长作风和大丈夫主义都来源于此。[1]韦尔斯阐释西班牙文化的基础旨在研究一种文化对现代化道路的影响，但他的确意识到了等级制、尊贵和男性优越等文化价值观之间的有机联系，可以解释在西班牙文化语境中人们"对强硬领导人的迷恋和对专制主义统治的接受"[2]。韦尔斯的研究并不是专论考迪罗的，但给我们的启示是，考迪罗统治形式在拉美地区的产生不仅有着深刻的文化根源，而且具有广泛的社会文化基础。换言之，这一现象的出现在很大程度上适应了当时拉美地区的社会文化环境。

考迪罗最初出现时具有浓厚的地方色彩，在拉美独立战争期间，考迪罗一般是维护地方特权者利益的私人军队首领，其中许多人本身就是大庄园主。他们通常善于打仗且富有个人魅力，由于他们在动乱中维持了当地的秩序，所以一般能

---

① Henry Wells, *The Modernization of Puerto Rico: A Political Study of Changing Values and Institu-tions*, Harvard university Press, 1969, pp.23-24.

② Henry Wells, *The Modernization of Puerto Rico: A Political Study of Changing Values and Institu-tions*, Harvard university Press, 1969, p.28.

够赢得那些享有特权的大庄园主、中小地主、商人甚至广大民众的支持和拥戴。从中央政府的角度讲，地方考迪罗往往被视为反叛的将军，原因在于他们面对中央政府统一国家的压力极力维护着地方的自治。"解放者"西蒙·玻利瓦尔一生致力于西属美洲独立后的统一和联合，但实际并未取得明显成效。他在去世前根据20年处在统帅地位的经验得出了一些非常沮丧的结论，如"拉丁美洲是难以统治的"；在西属美洲，"谁致力于革命都是徒劳无效的"；大哥伦比亚"必然会落入一伙放荡不羁的暴徒手中，随后就再次落到那些不同肤色和种族而且出生低微的暴君的统治之下"；拉丁美洲的最终命运"将是返回到一种原始的混乱"，等等。①玻利瓦尔对他终生奋斗的事业失去信心，在很大程度上是对这些地方上的考迪罗感到无可奈何。无限地追逐权力是考迪罗政治的一个很大特征。"通常情况下，这些骑在马背上的人满足于成为领地贵族，但他们对权力的追求往往扩大到包括整个国家。"②因此，这些考迪罗很少能满足居于一隅的局面，他们不仅相互争夺权力、抢占地盘，而且那些击败竞争者的考迪罗，随着实力的增加，其问鼎中央政府的野心也在不断膨胀，最终在相互厮杀中夺取了全国政权，形成了拉美历史上一个特定时期的"考迪罗时代"。

考迪罗的身上无疑具有共同的特征，但在治理国家上并非表现出完全的相同。约翰·林奇把国家考迪罗分成四种类型：第一类的代表人物是阿根廷的胡安·曼努埃尔·德罗萨斯，其特征是"恐怖主义"；第二类的代表人物是委内瑞拉的何塞·安东尼奥·派斯，其特征是"寻求一致"；第三类的代表人物是墨西哥的安东尼奥·洛佩斯·德圣安纳，其特征是"一个难解的谜"；第四类的代表人物是危地马拉的拉菲尔·卡雷拉，其特征是"民粹主义"。③林奇对考迪罗的

① Carlos Rangel, *The Latin Americans: Their Tove-Hate Relationship with the United States*, Harcourt, Brace Jovanovich, 1977, p.6.

② John J. Johnson, *A Hemisphere Apart: The Foundation of United States Policy toward Latin America*, the Johns Hopkins University Press,1990, p.3.

③ Lynch, *Caudillo in Spanish America,1800-1850*, Clarendon Press, 1992, pp.214-401.

分类主要出于研究的方便，并不见得所有考迪罗都能对号入座。拉美地区这一时期的国家考迪罗其实就是军人执政，国家的治理往往以个人的意志为转移，带有很大的随意性。"不管有无政府机构，考迪罗都能进行统治；不管有无宪法，考迪罗都能履行权力；考迪罗的权力和合法性是个人的，不依赖于正式的制度。西属美洲人看到考迪罗时就会承认他，他们认为，考迪罗的行为是其独特的类型，不仅仅是那些具有总统或将军头衔者的行为。"①对拉美普通民众来说，考迪罗的统治时期尽管是"一个充满暴力的时代，是一个独裁和革命交替的时代"②，但考迪罗与绝对专制的独裁者还是有所区别的。很多考迪罗在表面上对共和制表现出了某种尊重，把自己打扮成现代化的积极推动者；有些考迪罗借助自己的权威，的确为国家发展做了一些实事，如铺设铁路、修建社会公共设施、兴办教育、发展民族经济等。当然，这些行为首先是出于维护他们自己和其所代表的阶层的既得利益，在很大程度上是出于炫耀国家已经实现现代化的目的，但对社会的发展毕竟产生了一定的积极作用，这种作用在那些所谓平民考迪罗身上体现得尤为突出。

在维持现存的社会秩序上，考迪罗表现出了"双重性"。他们既是社会秩序的维护者，同时又是破坏者，且破坏程度要远远大于维护。考迪罗是拉美独立战争的产儿，那些大大小小的地方考迪罗是这一地区摆脱西班牙殖民统治后社会依然动荡不安的主要原因，然而正是社会的动荡才为一些考迪罗的发展扩充了空间，为他们夺取国家权力提供了良机。他们行使权力完全依靠着军队，用高压手段带来人民期盼的社会秩序。这种秩序不能受到具有一套程序的制度所保证，因此在稳定中潜伏着很大的危机，随着时间的推移，现存的社会秩序又会被另一个势力强大的考迪罗所打破。所以从长远看，考迪罗的统治不会带来社会的长期稳定。1835年，委内瑞拉一伙反叛的军官谴责前总统派斯从来没有

---

① Lynch, *Caudillo in Spanish America, 1800-1850*, Clarendon Press, 1992, pp.3-4.

② Benjamin Keen and Keith Haynes, *A History of Latin America*, Vol.1, Houghton Mifflin, 2000, p.182.

给国家带来真正的稳定，"只要派斯将军待在委内瑞拉，这个国家从来不可能享有和平。因为如果他掌权，他就能把国家变成自己的万物，如果他不掌权，他就使政府成为他的工具，常常密谋策划重返政坛。结果是，一种稳定和安全的制度根本不可能出现"[1]。考迪罗靠着暴力手段维持现行的社会秩序只能导致一种"恶性的循环"，使得国家陷于战争动荡所带来的无尽灾难之中。

美国著名拉美史专家理查德·莫尔斯认为，国家考迪罗的基本特征是"决心靠着军队保证财富；在政治角逐中使用暴力；在获得权力上缺乏制度化的手段；不能实现职位的持久占有"[2]。因此，在考迪罗时代，所谓的革命频繁发生，执掌权力者也随之频繁更换。据统计，乌拉圭独立后的75年中，一直处在混乱和考迪罗的骚乱状态中。玻利维亚在74年中发生过60次革命，委内瑞拉在70年中有50次起义，哥伦比亚在70年中爆发过27起内战，厄瓜多尔在1831—1845年间更换过13个政府。最为典型的是墨西哥，在1821—1850年间的30年里更换过50个政府，而且几乎全是以政变方式实现更迭的，仅1824—1844年间就发生过250次政变和叛乱。[3]政治和社会动荡成为考迪罗统治时代的一个明显特征。

考迪罗的统治给拉美地区带来的多是不幸，自由派尽管不断发出改革呼声，但很难奏效，反对这种统治的起义一律遭到血腥镇压。即使武力镇压获得成功，也只是一个考迪罗取代另一个考迪罗。考迪罗的统治之所以能维持半个世纪之久显然有其深刻的社会文化基础。在拉丁美洲，家庭是社会结构中的最小单位，两代人之间通常体现出权威与庇护的关系，父母对子女来说就是绝对权威，下辈已习惯对上辈的服从与依赖。西属美洲的"教父制"在很大程度上就是家庭结构在社会活动中的延伸或扩大。教父通常有权有势，具有很高的社会地位，

---

① Lynch, *Caudillo in Spanish America,1800-1850,* Clarendon Press, 1992, p.3.

② Richard M. Morse, *New World Soundings: Culture and Ideology in the Americas,* The Johns Hopkins University Press, 1989, p.115.

③ 金计初等：《拉丁美洲现代化》，四川人民出版社，1992年，第85页。

履行着平民百姓的"庇护者"的社会功能,两者的关系类似于家庭中父子的关系。①这种状况在拉美摆脱西班牙殖民统治之后并没有改变,庇护和依附的关系在社会经济结构中无处不在,最明显的就是庄园主与庄园雇工的关系。一个大庄园实际就是一个家庭的扩大,同时又是社会的缩影。庄园主在庄园内享有绝对的个人权威,所有人的言行举止都必须符合庄园主的意志。庄园主有责任对雇工提供基本的生活所需和安全保护,作为回报,后者要对前者忠心耿耿、别无二心,无论是在庄园干活,还是参与家庭纷争甚至外出打仗,都须唯庄园主之命是从。庄园主与其雇工的关系又延伸到一个地区势力强大的军事首领与许多庄园主的关系上。这种庇护与依附的关系反映到国家政治结构上时就成为考迪罗的统治形式风行一时的社会基础。显而易见,国家考迪罗的统治模式在很大程度上是家庭结构最大化的延伸,"这一原始的政治结构建立在个人权力基础之上,靠对个人的忠诚树立起来,由庇护者的权威和雇工的依赖性加以巩固,最后建成国家并成为考迪罗制度的模式"②。

考迪罗不可能是广大民众利益的代言人和维护者,但他们的行为举止体现出的价值观却具有普遍性,"下至最卑微的皮匠,上至考迪罗总统,考迪罗的心理或'精神'渗透到拉丁美洲人的身上。……简言之,拉丁美洲男性必然是从事社会活动的人,尽管只有很少人成为政治考迪罗"③。因此,考迪罗的统治形式适应了当时拉美地区的文化氛围。"在人们的眼里,考迪罗灌输了当地、本地区及本国的价值观,即传统的价值观,而大多数人对这种价值观感到容易接受。考迪罗是大多数人的自然的有领袖魅力的领导,这些人把他看作顾问、向导、保护人,以及可将其利益托付于他的家长。他们将权力让与考迪罗,而考迪罗

---

① Lawrence E. Harrison, *Underdevelopment is a State of Mind: the Latin American Case*, Madison Books, 2000, p.143.

② [英]莱斯利·贝瑟尔主编:《剑桥拉丁美洲史》(第二卷),徐守源等译,社会科学出版社,1994年,第649页。

③ Glen Caudill Dealy, *The Latin Americans: Spirit and Ethos*, Westview Press, 1992, pp.58-59.

则成为权威的化身。"①人民也许会因为考迪罗的残暴统治揭竿而起，但很难从根本上破坏产生考迪罗统治形式的社会文化基础。从这个意义上讲，考迪罗的统治形式与这一地区特定时期的文化环境是相一致的，其产生具有历史的必然性。委内瑞拉著名学者阿图罗·乌斯拉尔·彼得里对拉美历史上的考迪罗政权进行了大量的个案研究后得出结论，大考迪罗的形成是对现存环境的自然反应，"德罗萨斯、派斯、波菲里奥·迪亚斯、胡安·比森特·戈梅斯是这块土地的产物，是传统的产物，具有历史的必然性。……历史上的考迪罗是对权力真空的消极反应。拉丁美洲经历了一种社会组织形式的出现，它与欧洲已形成的共和思想格格不入，但却完全适应了美洲的经济和社会结构。……像唐·波菲里奥和德罗萨斯等人的出现是因为他们反映了大多数人的思想、倾向和深刻的情绪；在最完整的意义上来说，他们是民众代言人，是民众的代表，是那个时代居于优势的共同感情的象征"②。彼得里把考迪罗与民众的呼声完全等同起来的观点不见得符合历史事实，但他认为考迪罗与这块土地上的文化传统相一致却是很有道理的。

三、考迪罗统治形式与民主体制

拉美独立运动是一场反对西班牙殖民专制统治的斗争，这场运动的结果一方面要摆脱西班牙的殖民统治，更重要的是要像法国和美国一样建立民主共和制。这种带有"理想化"的设想在诸如玻利瓦尔、米兰达等许多早期革命领袖的身上体现得较为明显。他们中的许多人受到欧洲启蒙思想的影响，目睹了美国革命的成功及其确立的政治体制给这个国家带来的巨大活力，有些人亲自到美国考察，对民主制在社会上的良好运行有了直接的感受。在他们的领导下，西属美洲成功地赢得了独立，也确立了共和制。他们完成了这场运动的直接目

---

① [美]布拉德福德·伯恩斯：《简明拉丁美洲史》，王宁坤译，湖南教育出版社，1989年，第158页。

② Carlos Rangel, *The Latin Americans: Their Love-Hate Relationship with the United States*, Harcourt Brace Jovanovich, 1977, pp. 220-221.

的，但他们在新独立国家实现真正民主自由的理想却很快化为烟云。他们那一代人的自由主义思想尽管没有退出拉美政治舞台，但在积淀数百年抵制变革的保守文化面前显得那么软弱无力。独立后的拉丁美洲并没有像其北部邻邦美国那样进入社会正常发展阶段，而是陷入了秩序不能受程序化制度保证的混乱状态。①独立战争催生的考迪罗趁乱而起，争权夺利，那些具有个人威望和实力的考迪罗在打杀中成为统治一国的首脑。考迪罗的统治形式并没有任何理论为其作注脚，只是作为一种政治统治方式风靡一时。考迪罗的统治没有完全抛弃共和的外衣，然而在本质上却是对民主制的一种反动。许多学者将之称为"独裁时代"，理由的确是很充足的。②其实，民主制只是一种政体形式，其产生、发展与发挥作用必然与一个社会根深蒂固的文化传统与精神保持一致，否则只能是徒有民主的虚名。古巴著名的民族主义者何塞·马蒂指出："政体必须在本国土壤上产生与发展，一种政体的精神必须基于该国的真正本质之上。"③在独立战争之后，拉美的文化并不具备产生真正民主体制的土壤，那些曾对民主共和制充满热情的革命先驱们，面对他们无法突破的文化传统，理想逐渐破灭，带着无尽的遗憾离开了政坛或人世。独立后的拉美各国从形式上确立了共和制，然而受文化传统的制约，这种政体并未自上而下得到有效运行，大考迪罗的崛起实际上填补了国家权力的真空，形成了拉美历史上独裁制的一种特定模式。

---

① 加里·怀尼亚认为,拉美独立运动的领袖们希望建立类似美国的立宪政府形式,然而"独立斗争也许使我们摆脱了西班牙王室,但并没有使我们完全从伊比利亚的价值观和传统制度中解放出来。……由于切断了我们与王室的联系,我们希望为建立基于民众同意基础上的政府打开了大门。然而我们实现的不是民主政府的建立,而只是把民主的表面加在传统的专制政治体制之上,按照这种政体,我们领导人的权威更多地来自他们的社会经济地位和军事力量,而不是来自民众的意愿"。Gary W. Wynia, *The Politics of Latin American Development*, Cambridge University Press, 1978, p.12.

② 詹姆斯·弗雷德·里庇在其1932年出版的专著中将考迪罗时期分两章论述,称其为"独裁者的时代"。James Fred Rippy, *Historical EVolution of Hispanic America*, F. S. Crofts and Co., 1932, pp.182, 214.

③ John D. Martz and Laws Schoultz, eds., *Latin America, the United States and the Inter-American System*, Westview Press, 1980, p.154.

民主思想在西方文化中由来已久，民主制的实践在古希腊城邦时期就已经存在。现代意义上的民主观念是针对中世纪的封建神授君权而言的，诸如约翰·洛克、卢梭等18世纪的欧洲启蒙思想家以其犀利的笔锋向封建神权提出挑战，系统完整的资产阶级民主学说才在这场运动中脱颖而出，成为衡量一种政体是否为民主制的基本原则。伊比利亚文化属于西方文化，但却体现了该文化中最为保守和传统的部分，顽强地抵制着欧洲迈向现代世界的一系列巨大变革。马萨诸塞大学政治学教授霍华德·瓦尔达一针见血地指出，诸如宗教改革、工业革命、启蒙运动和民主革命等产生现代西方文化的重大变革很大程度上绕过了伊比利亚世界。[1]伊比利亚文化失去了播种民主种子的机会，相反却把与现代性相对立的中世纪文化沿袭下来，继续在美洲殖民地发扬光大。在受伊比利亚文化影响的拉美文化中，民主的成分长期难以具有一席之地。因此，建立在这种文化传统之上的共和制显然缺乏有效运行的社会基础，共和制在拉美历史上长期表现为徒有其表，成为一种把独裁权力通过制度合法化的现代装饰。[2]这大概也是国家考迪罗从来没有完全抛弃共和外衣的主要因素之一。

美国的开国者作为置身于拉美文化之外的旁观者，他们也许在与美国进行比较时对拉美文化中与民主不合拍的因素看得更清楚一些。拉美独立战争一爆发，他们就认为，拉丁美洲不会像美国一样得到自由，他们把天主教的迷信、西班牙专制的遗产和种族融合的人口说成是实现自由、进步的严重障碍。如杰斐逊曾直言不讳地宣称，西班牙美洲"处在极其黑暗的愚昧之中，深受偏执和迷信的影响"，因此"就像孩子一样不能自治"。他只是希望"军事独裁"取代

---

① Howard Wiarda, ed., *Politics and Social Change in Latin America: The Distinct Tradition*, University of Massachusetts Press, 1974, p. 6.

② 奥克塔维奥·帕斯指出："在西班牙美洲，自由民主的宪法只是用作延续殖民制度的现代装饰。这种自由的民主意识形态，远远没有表达出我们具体的历史状况，只是把它伪装起来，政治欺骗几乎是按照宪法确立起来的。它造成的道义的破坏是无法计算的。" Octavio Pax, *The Labyrinth of Solitude: Life and Thought in Mexico*, Grove Press, 1961, p.122; Lawrence E. Harrison, *Underdevelopment is a State of Mind: the Latin American Case*, Madison Books, 2000, p.147.

现行的西班牙统治。①约翰·昆西·亚当斯同样认为："我衷心祝愿他们的事业，但是我过去看不到，现在还丝毫看不到他们将建立自由政府制度的前景。……他们没有良好或自由政府的基本要素。军队和牧师的专横铭刻在他们的教育、他们的习惯和他们的制度之上。在他们所有尚处于萌芽状态的原则中充满着内部的纷争。"②不可否认，他们的观点无疑有着明显的盎格鲁-撒克逊白人种族优越的倾向，但他们的观察并非完全是无稽之谈。独立后的拉丁美洲各国并没有走上民主自由的道路，新的独裁主义在共和的外衣下取代了殖民时期的专制统治，除了保留了一纸空文的宪法之外，在政治结构上与殖民时期也无太大的区别。拉美独立运动播下的民主共和的种子在拉美文化的土壤里没有扎下根，更不用说是开花与结果了，倒是在这种文化中滋生出来的考迪罗有了大展宏图的空间。

考迪罗的统治背离了西方民主制的基本原则，但却是拉美社会文化大环境的产物。这里丝毫不是为考迪罗的统治做任何辩护，而是把考迪罗的统治形式置于一种特定的历史时空来考察。我们可以对考迪罗的残暴统治大张挞伐，但决不能由此得出结论，即拉美独立后在政治结构上应该建立卓有成效的民主制，而不是其他。历史是不能假设的，也决不能以今人的标准来衡量历史，否则历史就失去了本来的面目。从历史和现实来看，民主制更能张扬人的个性，提供一种平等竞争的环境，促进社会的进步和发展，而独裁制则相反。

在人类历史发展长河中，对独裁专制而言，民主制的确是国家政治结构在本质上的巨大飞跃，两者不可同日而语。然而民主制并不是对每个社会来说作用和效率都是相同的。欧洲启蒙运动的先驱已经注意到了这一点，他们非常强调民主的"渐进性"，既要注意实行民主的必要条件，还要考虑居民的接受能力和"消化能力"，不能超前强制推行民主。他们比喻说，民主自由是一种可

① Michael H. Hunt, *Ideology and U.S. Foreign Policy*, Yale University Press, 1987, pp.100-101.

② Peter H. Smith, *Talons of the Eagle: Dynamics of U.S.-Latin American Relations*, Oxford University Press, 1996, p.47.

口的但难以消化的食品。虚弱的公民如果不具备消化能力，民主自由如果突如其来而且过分，也会致人于死命。①这些思想大师尽管还是站在西方的角度来看待其他民族对西方民主制的适应能力，但却对研究拉美独立后为什么出现考迪罗的统治形式而不会实行真正的民主深有启迪。墨西哥独裁者波菲里奥·迪亚斯 1908 年 3 月在接受美国记者詹姆斯·克里尔曼采访时说："我认为民主制是一种真正的公正政体原则，虽然实际上它可能仅为高度发达的民族所享有。……在墨西哥，我们具有不同的环境。我在人民四分五裂且并不打算采取极端民主政体原则之际，从一支胜利的军队手中接过了这个政府，立即把政府的全部责任强加给广大群众，将可能会造成怀疑自由政体事业的局势。"②迪亚斯这番话显然是为他在墨西哥实行专制统治进行辩解，但却从另一个角度反映出这一时期墨西哥甚或整个拉美地区并不存在实行西方民主制的文化环境。迪亚斯是否划入考迪罗之列，学术界存在不同的看法，但他的统治方式与在其之前的考迪罗的统治方式并无实质上的区别。到了迪亚斯时期，拉美文化依然对该地区民主化进程产生着巨大的消极作用，而考迪罗或类似迪亚斯这样的铁腕人物却反映了对这一地区文化的适应与时代的现实。

结 语

关于国家考迪罗的统治在拉美地区持续的时间，学术界存在不同的看法，一般把时间段划在 19 世纪期间，更具体地说是从拉美独立之后到 1870 年左右，之后就进入了现代国家的形成时期。作为独裁制的一种形式，考迪罗的统治形式在拉美地区风靡了半个世纪或更长一点时间。考迪罗统治的出现尽管适应这一地区的文化环境，但人们不可能长期认同这种"马背上治天下"的统治方式，一方面它不会带来社会的长期稳定和经济的快速发展，更重要的是，除了极少

---

① 《光明日报》1994 年 10 月 3 日。

② James Creelman, "President Diaz: Hero of the Americas", in Lewis Hanke, ed., *History of Latin American Civilization: Sources and Interpretation*, Vol. 2, Litter, Brown and Company, 1973, pp. 295-296.

数的特权阶级外，包括中等阶级在内的广大民众从考迪罗的统治中遭受的苦难远远大于得到的利益。这些因素决定了随着时间的推移，考迪罗的统治逐渐会失去其赖以存在的社会基础。从拉丁美洲历史进程来看，考迪罗的统治实际开了拉美军人执政或干预政治的先河。这种统治方式尽管在1870年之后就逐渐退出了拉美的政治舞台，但并不意味着产生它的文化土壤已经发生大的变化或消失。①威权主义式的独裁制在很长时期内伴随着拉美跌宕起伏的民主化进程，即便民主化潮流成为拉美政治体制的大势时，考迪罗统治形式的传统并未完全消散，人们依然可以在拉美政治中看到其留下的难以消散的阴霾。秘鲁学者马里奥·巴尔加斯·略萨认为，他们今天生活和工作在其内的"拉美文化既不是自由的，也不是完全民主的。我们有民主政府，但我们的制度、我们的习惯性思维和行动方式，以及我们的思想都与民主相距甚远。它们依然是民粹主义和寡头的，或者是专制主义和集体主义的，或者是教条主义的，有着社会和种族的缺陷，对政治对手极不容忍，致力于对一切最恶劣的垄断"②。作为一个长期生活在拉美文化氛围内的学者，他的这番话应该是来自对现实生活的直接体验。

文化和政治制度之间存在着一种非常密切的联系，"文化为制度之母"是非洲著名学者丹尼尔·埃通加–曼格尔的一个经典说法。③独裁和民主是水火不容的概念，独裁制很难真正促进社会进步是众所周知的常识。所以从拉美独立战争开始，追求一种名副其实的民主体制不仅是那些主张激进改革的自由主义者的呼声，而且也是深受独裁制之苦的广大民众的强烈要求。然而在拉美历史上，民主化进

---

① 本杰明·基恩等人在解释考迪罗概念时指出："因为产生考迪罗的半封建条件仍然残存于拉美地区，所以我们可以说，考迪罗与专制主义依然存在。"Benjamin Keen and Keith Haynes, *A History of Latin America*, Vol.1, Houghton Mifflin, 2000, p.185.

② Claudio Veliz, *The New World of the Gothic Fox: Culture and Economy in English and Spanish America*, University of California Press, 1994, pp.190-191.

③ Daniel Etounga-Manguelle, "Does Africa Need a Cultural Adjustment Program?" in Lawrence E. Harrison and Samuel P. Huntington eds., *Culture Matters: How Values Shape Human Progress*, Basic Books, 2000, p.75.

程显得十分艰难曲折，而各种形式的独裁制总是合法地履行着国家的职能。危地马拉社会学家贝尔纳多·阿雷瓦多佐指出："我们拥有民主的硬件，但我们也有专制主义的软件。"①综观拉美国家政体的历史与现状，这一比喻包含着深刻的哲理。许多拉美国家在政体形式上长期表现为民主其外专制其内，出现这种不和谐状态的因素固然很多，但文化显然起着非常重要的作用。国家可以改朝换代，甚至可以采取完全的民主政体形式，但如果其赖以存在的文化基础没有发生大的变化，民主制由于受与之相悖的文化传统的制约，不仅很难在社会运行中发挥高效率的作用，而且在现实生活中往往受到扭曲而畸形发展。在历史上，许多拉美国家在共和外衣下交替出现各种形式的独裁统治足以证明这一点。

文化的变迁是非常缓慢的，但绝不是静止不动的。导致文化变迁的因素很多，如对外来先进文化有益成分的吸取、国内经济发展带来人的观念的变革等。其实，任何一种文化都在不断地通过调整自身来适应世界发展大势。就民主制而言，新教文化固然提供了其充分发挥效率的基础，但并不意味着其他文化形态就注定与民主制无缘或不合拍。在20世纪五六十年代，欧洲学术界曾就天主教文化圈是否适合建立西方民主制发生过一场争论。一种观点认为，伊比利亚半岛的天主教国家不具备实现民主的能力，它们不可能建立"现代民主国家"。历史证明，这种观点没有经得起实践的检验。如西班牙在强权人物佛朗哥下台之后，就进入了民主制快速发展的时期，成为在天主教伦理占主导地位的国家发展西方民主制非常成功的范例之一。瓦尔达在关于西班牙的一份报告中认为，西班牙是现代化获得较大成功的国家之一，"那些在1970年前熟悉这个国家的人发现，如今它已完全变了。西班牙在各个方面发生了彻底的转变，从第三世界迈入了第一世界。西班牙的政治制度已经民主化，其政治文化已经发生转变，

---

① Lawrence E. Harrison and Samuel P. Huntington eds., *Culture Matters: How Values Shape Human Progress*, Basic Books, 2000, p.xxx.

其社会体系已经现代化"[①]。许多拉美国家目前正在经历着西班牙曾经走过的进程。经济全球化为它们带来与其他文化交流的频繁,与美国等西方发达国家经济联系的日益密切也会改变体现在拉美人身上根深蒂固的、传统保守的文化观念,拉美国家市场的进一步开放与经济改革的深入更是需要相应的民主制度来提供保证。这一切都使拉美文化在吸取外来文化有益成分的同时不断地摒弃自身的不足,逐渐与民主制的有效运行形成相互促进的关系。拉美地区的民主化进程尽管还在不时地受到挑战,但丝毫不会影响人们对拉美民主化未来的信心。拉丁美洲人正在改变着其文化中与民主相悖的传统。这是一个长期的过程,却使民主制在拉美地区的确立具有充满希望的前景。

本文原刊载于《政治学研究》2004年第3期。

作者简介:

王晓德,现任福建师范大学社会历史学院教授、博士生导师,"长江学者"特聘教授,兼任中国拉丁美洲学会会长,曾任南开大学拉丁美洲研究中心主任、中国拉丁美洲史研究会理事长。在《中国社会科学》《历史研究》《世界历史》等核心刊物发表论文百余篇。出版《美国文化与外交》《文化的帝国:20世纪全球"美国化"研究》《文化的他者:欧洲反美主义的历史考察》等学术著作六部,其中两部专著入选《国家哲学社会科学成果文库》,三部获得教育部高等学校人文社会科学奖二等奖,一部入选国家社科基金中华学术外译项目。

---

① Howard J. Wiarda, *Spain 2007: A Normal Country*, released by the European Studies Program at the Center for Strategic and International Studies, June 30, 1999, pp.1-2. http://www.csis.org/europe/pubs/Spain2007.pdf.

美洲国家组织对西半球安全与和平的维护

李巨轸

美洲国家组织（Organization of American States，简称OAS）是全世界最早成立的、现代意义上的区域性政府间国际组织，也是目前西半球最大的国际组织，西半球35个国家均是其成员国，在当前的美洲事务中，它正发挥着越来越大的作用。国内学者对美洲国家组织鲜有研究，本人亦无力逐一补白，下面仅就美洲国家组织当前对西半球安全与和平的维护略作探究。

一、美洲不太平：西半球安全环境面临着严峻的挑战

中东的炮火和非洲的硝烟似乎吸引了人们过多的视线，可是西半球也并非一块截然的净土，而是存在着诸多不安定因素，对美洲地区和平与安全构成了严重的威胁。

美国视拉丁美洲为其"后院"的战略一直没有改变，美国为了保持对拉丁美洲国家事务的最后否决权，始终没有放弃对拉丁美洲国家的直接干涉。美国作为超级大国，历来把自己培植起来的政权视为实现地区战略目标的工具，一旦这个政权不再顺从自己的战略，就会毫不犹豫地抛弃它。这在1986—1994年间美国插手海地的系列事件中体现得十分明显。1986年美国扶植的海地独裁政权小杜瓦利埃被人民起义推翻后，美国立即支持海地陆军参谋长南菲上台，组成军政府。可是1987年11月在"还政于民"大选中，南菲落马，美国对新上台的马尼加十分不满，又支持南菲推翻马尼加政府，使南菲再度成为总统。因重新扶植的南菲未能压得住人民群众的反抗，美国又决定换马，支持阿弗列尔建立军政府。1990年12月美国担心阿弗列尔控制不了局势，令其将政权移

交给神父阿里斯蒂德，此举直接导致了1991年的"一月政变"。同年9月，又发生了太子港坦克营哗变，军队总司令塞德拉斯获权执政。塞德拉斯的桀骜不驯使美国大为光火，美国于1994年9月15日以总数为2万人的作战部队和1600人的后勤部队入侵海地。克林顿9月15日向本国发表电视广播讲话时，甚至称其出兵海地是"对美国国家安全利益的最好保护"①。

西半球唯一的社会主义国家古巴是美国心头"永远的痛"，美国至今仍设置重重障碍而不愿与之恢复外交关系，不愿放弃入侵古巴的军事计划。古巴革命胜利以来，发生了几千次来自美国飞机侵犯领空的事件。这些飞机被用来轰炸城镇、工厂、仓库和其他目标；烧毁甘蔗田、炼油厂、储油罐；向恐怖主义和叛乱集团投送炸药和武器等。②继1985年建立"马蒂电台"后，1990年美国又建立了耗资多达1000万美元的马蒂电视台，马蒂电台和电视台日夜不停地煽动古巴人起来推翻卡斯特罗政府，为了压制古巴方面的电讯干扰，又实施了极高频率播放，其中仅播放设备就达200万美元。③美国一方面向位于古巴的关塔那摩海军基地增兵，炫耀入侵古巴的能力；另一方面重新制造移民问题，企图以此来破坏古巴的社会稳定。从1996年1月开始，美国还加强了支持生活在美国领土上的古巴流亡者组织——"兄弟营救会"入侵古巴领空活动的力度。1996年2月24日，古巴用空对空导弹将入侵古巴领空的两架美国飞机击落，美国国会以此为借口通过了《赫尔姆斯-伯顿法》，企图抑制古巴经济的发展。1997年5月，美国参议院又通过了10条加强对古巴封锁的修正案。

小布什上台后，对古政策与上几任总统相比没有实质性的差别。据悉，布什政府负责拉丁美洲事务的11名高级官员中，有8人是敌视古巴政府的古巴流亡分子，这似乎更能说明某些问题。2002年5月12日美国前总统卡特刚踏上古巴国土

---

① 叶卫平：《美洲经济圈与中国企业》，北京出版社，2001年，第96页。

② ［古巴］何塞·坎东·纳瓦罗：《古巴历史：枷锁与星辰的挑战》，王玫译，当代世界出版社，1999年，第341页。

③ 叶卫平：《美洲经济圈与中国企业》，北京出版社，2001年，第98页。

准备缓和一下美古关系，5月13日美国国务院负责国际安全政策的副国务卿博尔顿称，除了伊朗、伊拉克和朝鲜组成的邪恶轴心外，还有其他流氓国家正在企图获取具大规模杀伤力的武器，尤其是生化武器，他特地点名利比亚、叙利亚和古巴，并把它们也列入"邪恶轴心"国家之列，①使卡特万分尴尬。同年5月20日，美国总统布什选择在古巴独立一百周年纪念日的时候发表演讲指出，除非古巴进行政治和经济改革"结束独裁统治"，否则美国不会改变对古巴的制裁政策，而且会更加严厉。此举更使得前总统卡特在此不久前的访古事件成为一场闹剧。近几年来美国故作姿态要舒缓古美关系，但诚意不大，古美矛盾的尖锐性实际上并未缓和，并且还有扩大的趋势。

此外，哥伦比亚内战不已，恐怖不断，毒品问题复杂严重，成为有害西半球整体和平与安全的又一顽疾。在20世纪80年代拉丁美洲"失去的十年"中，哥伦比亚经济年均增长率居全地区之首，达到了3.7%，可如今它却陷入了60年来最严重的衰退，绵延近40年的内战正在吞噬这个国家的活力。据1998年4月美国军事情报局的一份报告称，哥伦比亚革命武装部队和民族解放军的人数已达2万人，他们已从苏联等国买到了能够运送其指挥员和军火的轻型飞机，还装备了地对空导弹和重型武器；②哥伦比亚政府军12万人，但其中仅有2万人受过反游击战训练并拥有压倒游击队的装备，而正规军至少要10∶1的优势才能击败装备精良的游击队。哥伦比亚革命武装部队和民族解放军等游击队目前已控制了40%以上的国土，他们控制的城镇由10年前的173个增加到700个。这两支游击队在与政府军的周旋中影响渐大，近年来又利用贩毒集团牵制政府，有向周边国家蔓延之势。另外，哥伦比亚国内桀骜不驯的右翼准军事组织也日益壮大，实际上，他们在许多省份和地区已经架空政府机构，自立法律，对游击队及其同情者实行恐怖报复，滥杀无辜。为了躲避战乱和谋杀，一百多万居民背井离

---

① http://www.fsonline.com.cn/news/world/sspl/200205220067.htm.
② 叶卫平：《美洲经济圈与中国企业》，北京出版社，2001年，第96、97页。

乡，涌入大城市或避难邻国，给哥伦比亚的邻国造成巨大的难民压力。更严重的是，游击队和准军事组织的战事常常波及邻国，甚至有意在厄瓜多尔、委内瑞拉、巴拿马等邻国领土内挑起冲突，或进行绑架和骚扰抢掠，使邻国深感不安，哥伦比亚内战"国际化"的危险正在出现。

从 1997 年起，哥伦比亚成了世界上最大的古柯和可卡因生产国，贩运到美国的毒品，几乎有一半以上来自哥伦比亚。迫不得已，哥伦比亚总统帕斯特拉纳接受了克林顿提出的总额 75 亿美元的一揽子援助计划，美国决定向哥伦比亚提供 13 亿美元，以资助一项"哥伦比亚计划"，从而使它成为继以色列、埃及之后世界上第三大美援接受国。除了向哥伦比亚政府提供 60 架武装直升机外，美国还派遣 500 名军事人员到哥伦比亚训练两个特种营。①根据这项计划，这两个美式特种营将深入哥伦比亚南部丛林捣毁由反政府游击队控制的毒品种植园和制毒工厂。

2001 年布什内阁甫一亮相，国务卿鲍威尔就迫不及待地宣布将继续支持上届政府推行的"哥伦比亚计划"，并酝酿使其扩大为囊括安第斯五国的"大安第斯计划"。"9·11"事件后，布什政府将哥伦比亚国内的左翼、右翼军事组织都列入国际恐怖组织黑名单内，并且白宫又表示将考虑增加对哥伦比亚政府的军事援助。据美国媒体透露，"哥伦比亚计划"有一条双边"秘密协议"：如果美国顾问和技术人员被绑架或伤害，美国保留直接报复的权力，这就是说，只要有简单的借口或制造某些事件，美国的武装干涉随时都可能启动。以五角大楼、中情局和共和党为代表的"鹰派"将哥伦比亚定义为"世界上最不稳定、暴力活动最猖獗的国家之一"②，主张对其采取强硬态度。实际上，美国报刊曾多次提及在哥伦比亚军事干涉的可能性。无怪乎委内瑞拉一些媒体警告说，哥伦比亚很可能成为一场"低烈度肮脏战争"的舞台。联想到冷战时期美国的斑斑劣

---

① http://www.nfcmag.com/2002-07-1/article/273.htm.

② http://www.nfcmag.com/2002-07-1/article/273.htm.

迹，许多拉丁美洲国家对"大安第斯计划"更是忧心忡忡，怀疑美国极易公然以军事干预哥伦比亚内部事务并且另有所图，担心此举定会激化哥伦比亚内战，进而战祸殃及邻国。

冷战结束后，美国成为唯一超级大国，但其仍难以实现门罗主义的目标，从而达到主宰所有拉丁美洲国家命运的目的。美国一日不放弃这种赤裸裸的武力干涉政策，拉丁美洲国家就有遭到入侵的可能，这对美洲的整体安全百害而无一利。美国前国防部部长卡斯帕·温伯格于1997年出版了一本名为《下次战争》的书，书中预言，美国在20世纪末、21世纪初可能进行5次大规模战争，其中就有墨西哥左翼人士当选总统，使墨西哥退出北美自由贸易区，从而"迫使"美国对墨西哥发动海陆全面入侵的内容。温伯格的预言多少有些危言耸听，不一定会成为现实，但却表明，当拉丁美洲国家出现不利于美国利益的重大变革或事件时，美国绝不会袖手旁观，必欲干涉，这必然会危及整个美洲的安全环境。

目前，拉丁美洲有十几个国家存在着领土争端，这是可能诱发局部战争的重要因素。19世纪以前，西班牙、葡萄牙、荷兰、英国、法国等列强先后入侵拉丁美洲，把这一地区人为地分割成好几块殖民地，这些殖民地的边界又在宗主国的相互争夺过程中多次改变，为以后的边界纠纷埋下了伏笔。西班牙在其殖民统治期间，将殖民地划分为几个大的总督辖区，但各个行政区之间的地理界限极不明确，也为以后各个民族国家之间的边界纠纷植下了隐患。如厄瓜多尔和秘鲁，19世纪以来多次因边界问题而发生战争，其中以亚马孙河上游森林地区的沿孔多尔山78千米未划定边界段的争端尤为严重。①哥伦比亚与尼加拉瓜关于加勒比海上的圣安德烈斯岛和普罗维登西亚岛的主权争议至今尚未了结，危地马拉和伯利兹的边境冲突持续不下，阿根廷和智利就比格尔海峡归属问题的争执激烈。此外，玻利维亚与秘鲁、巴拉圭也有领土矛盾；哥伦比亚与委内

---

① 叶卫平:《美洲经济圈与中国企业》,北京出版社,2001年,第105页。

瑞拉均宣称拥有瓜希拉的主权；委内瑞拉长期以来与圭亚那就边境的问题展开争执，特别是委内瑞拉对现属圭亚那管理的埃塞奎博地区有主权要求；海地与多米尼加也存在边境争端等。这些领土争端是可能诱发局部战争的星星之火，处理不当，战争旋至。

另外，美洲地区特别是美国还面临着来自外部的威胁和不安全因素，2001年"9·11"恐怖事件的发生，使人们又一次认识到了国际恐怖主义等非传统安全因子的严重危害性。

从以上可以看出，美洲并不太平，危及和平与安全的隐患不少，其中很多问题是单边或双边所不容易解决的，美洲国家组织在调处这些问题方面正发挥着越来越重要的作用。

二、集体安全原则：美洲国家组织维护西半球和平与安全的行动准则

美洲国家组织在维护西半球和平与安全时采用一种集体安全的原则。集体安全，是相对于个体安全而言的。个体安全保障，是指国家凭借本国力量或联合友邦来防御其他国家进攻，以维护自身安全的一种方法。而集体安全，则意味着其基点不在个别国家或某些国家的联合，而是一种"从整体角度防止或控制战争的国际制度"。更确切地说，集体安全是一种在由主权国家组成的国际社会中，用以控制武力的使用、保障和平的组织化措施。就这一制度的法律性质而言，主要表现在"各国共同约定：以暴力改变现状为非法并将受到外交、经济甚至军事等方面的集体制裁"。集体安全的根本意图，在于防止战争，维护和平，因此它试图克服"国际无政府状态"，建立和维持某种秩序。①它与军事同盟有很大的不同，军事同盟是外向性的，总是针对某个共同敌人的，而集体安全则是内向性的，不是针对具体敌人的。军事同盟常常与现实主义联系在

---

① 任晓：《从集体安全到合作安全》，《世界经济与政治》1998年第4期。

一起，而集体安全则似乎更多地与理想主义联系在一起。它的要旨在于，对组织内部所有成员国予以法律约束；它规定，任何侵略者均将被视为公敌，任何受害者均将获得支援；各国相互保证，共同维护世界安全。

关于集体安全，研究国际组织的专家克劳德曾给出过一个十分通俗的定义，他说："集体安全这个观念，可以似是而非地用简单字句来描述：这是国际关系中的一个原则，就是各人都是其兄弟的看护者，也是'人人为我，我为人人'这个口号的国际译本。这就是说，任何一国对他国的侵略及非法用武会受到所有其他国家联合力量的抵抗。"①换句话说，集体安全是一种国际政治制度，在这个制度之下，各国的安全不仅靠它本身的力量，更有整个国际社会的集体力量来保障。

美洲国家组织确定维护西半球的集体安全原则有一个渐进的过程。1936年，面对日益恶化的国际局势，美洲国家组织的前身泛美联盟在阿根廷首都布宜诺斯艾利斯召开了一次旨在维护美洲和平的特别会议，会议通过了一项公约，提出一些集体保护西半球和平的建议。1938年，泛美联盟第8届美洲国家会议在秘鲁首都利马举行，发表了《利马宣言》，要保持美洲国家的团结，以反抗所有外来的干涉和侵略。这次会议还创立了一个新的分支机构——外长协商会议，当发生侵害和威胁西半球和平的事件时，可立即召开会议进行协商应对。

第二次世界大战爆发后，美国为了协调西半球国家的立场，积极策划在其控制的泛美联盟框架内召开美洲国家外长协商会议。第一次外长协商会议于1939年9月23日至10月3日在巴拿马城召开，主要议题是确保西半球的安全，会议通过了《美洲各国团结联合宣言》《美洲各国中立宣言》和《巴拿马宣言》等重要文件。在联合宣言中重申了1938年的《利马宣言》，并表示"他们愿用尽一切适当的、力所能及的精神上和物质上的措施以维持并加强美洲各共和国之

---

① L.S.Finkelstein, *Collective security*, Chandler Publishing, 1966, p.31.

间的和平和协调"①。《巴拿马宣言》决定要在美洲大陆周围建立宽度为300海里的"安全地带",不允许各交战国在上述地带采取军事行动,一旦遭到破坏,大陆各国应采取联合行动。

1940年春,纳粹德国以破竹之势占领了丹麦、挪威、荷兰、比利时和法国。荷兰和法国沦陷后,其在美洲的殖民地大有落入德国手中的危险。为了协调美洲各国的立场,泛美联盟于1940年7月21日至30日在哈瓦那紧急召开第二次外长协商会议,主要讨论欧洲国家在美洲的殖民地问题,该会议通过了《哈瓦那公约》及其补充专约,以及《哈瓦那宣言》等文件。《哈瓦那宣言》即《美洲各国防御互助合作宣言》,主要内容是"一个非美洲国家对一个美洲国家的领土完整和不可侵犯性、主权或政治独立的任何破坏的尝试,应被视为是对本宣言签字各国的侵略行为"②。这里首次提出了美洲国家间互助的原则,为美洲的集体防务打下了基础。

1947年泛美联盟在里约热内卢召开了"美洲国家维持大陆和平和安全会议",会上通过的《泛美互助条约》(即《里约条约》,又称《泛美联防公约》)最终确定了西半球的集体安全原则。《泛美互助条约》包括序言和28条正文,其主要内容是"任何一国对美洲一国的武装攻击应视为对全体美洲国家的武装攻击";"如果任何一个美洲国家的领土的不可侵犯性或完整、或其主权、或政治独立遭到非武装攻击的侵略的影响,或遭受大陆以外或大陆以内的冲突的影响,或遭受可能危及美洲和平的任何其他事件或情势的影响,协商机关应立即召集会议以便商定在侵略状况下必须采取以援助受侵害的被难者的措施,或无论如何,应该商定为大陆的共同防御和维持其和平安全所应采取的措施"③。这些内容可概括为两点:一是反对战争,成员国之间不诉诸武力;二是"任何一国对美洲一国的武装攻击应视为对全体美洲国家的武装攻击",各缔约国应联合采取

---

① 世界知识出版社编:《国际条约集(1934—1944年)》,世界知识出版社,1975年,第237页。
② 世界知识出版社编:《国际条约集(1934—1944年)》,世界知识出版社,1975年,第271页。
③ 世界知识出版社编:《国际条约集(1934—1944年)》,世界知识出版社,1975年,第519、520页。

一致行动。该条约于1948年12月3日生效，为无限期有效。

1948年美洲国家组织成立后，《里约条约》不仅继续有效，而且其主要条款还被《美洲国家组织宪章》（即《波哥大公约》）所吸纳。《美洲国家组织宪章》第二章第1条即表达了各成员国对美洲国家组织维护西半球和平与安全秩序所寄予的希望，"美洲国家以本宪章来建立它们已经发展起来的国际组织，以期获得一种和平与正义的秩序"。第二章第4条规定了美洲国家组织的主要宗旨，共5款，其中就有3款与"和平与安全"有关。即第4条第1款，"加强美洲大陆的和平与安全"；第2款，"防止会员国间所能引起困难的可能原因并保证会员国间可能发生的争端的和平解决"；第3款，"为遭到侵略的那些国家规定共同行动"。[①] 第五章又专门就美洲国家组织的"集体安全原则"作了阐述；第24条规定："一个国家对一个美洲国家的领土完整或领土的不可侵犯性或对其主权或政治独立的任何侵略行为应认为是对其他美洲各国的一种侵略行为"[②]；第25条内容是"如果任何美洲国家的领土不可侵犯性或完整性或政治独立遭受到一种武装攻击或一种非武装攻击的侵略行为，或被一种大陆以外的冲突，或被一种两个或两个以上美洲国家间的冲突，或被任何其他可能危及美洲和平的事实或情势所影响时，则美洲国家为了促进大陆团结原则或集体自卫，应适用为此订立的特别条约所规定的手段及程序"[③]。《美洲国家组织宪章》尽管历经数次修正，对有关集体安全原则的条款内容基本保持不变，现行的1993年文本只是将1948年文本中的"集体安全"部分由第五章变成了第六章，将第24条、第25条内容相应变成第28条、第29条而已。

然而在过去很长一段时间内，这些条约的规定在实践中并没有得到有效地遵循。美国经常纠集少数随从国家以维护集体安全的名义干涉一些拉丁美洲国家的内政，甚至军事入侵拉丁美洲国家。在马岛战争中，美国则全然抛弃了

---

① 世界知识出版社编：《国际条约集（1934—1944年）》，世界知识出版社，1975年，第67页。

② 世界知识出版社编：《国际条约集（1934—1944年）》，世界知识出版社，1975年，第70页。

③ 世界知识出版社编：《国际条约集（1934—1944年）》，世界知识出版社，1975年，第70~71页。

《泛美互助条约》及《美洲国家组织宪章》中规定的集体安全原则，不仅不支持阿根廷，反而支持英国，可以说是美洲国家组织集体安全原则的最大悲哀。

美洲国家组织所施用的集体安全原则仅从内容而言是符合西半球安全利益的，它表达了一种"西半球和平不可分"的思想，各国只有通过共同参与、集体行动才能维护美洲的整体和平，它是其缔约国政府和人民所共享的价值观的重要组成部分。随着拉丁美洲整体实力的不断提升和美洲国家组织的健康发展，西半球的集体安全将会得到更好的维护。

三、"泛美防务委员会"和"西半球安全委员会"美洲国家组织维护西半球和平与安全的主要机构

美洲国家组织最早行使维护西半球和平与安全职能的机构是"泛美防务委员会"（the Inter-American Defense Board，IADB），因其英文缩写形式（I-ADB）与美洲开发银行（the Inter-American Development Bank）的英文缩写完全相同，二者常被人们混淆。"泛美防务委员会"是世界现代意义上历史最为悠久的集体安全组织，始建于1942年3月30日。泛美防务委员会原是泛美联盟的一个主要机构，美洲国家组织成立后，其归属进来，隶属秘书处，既是美洲国家组织的常设军事咨询机构，又是西半球国家间军事、军地协调机构及军事合作意向、协定的执行机构。其宗旨是研究并提出西半球共同防务所必需的措施，并就军事合作问题向各国政府和美洲国家组织协商机构提供咨询和建议。泛美防务委员会的军事专家来自美洲各国陆军、海军、空军及海军陆战队，其主要机构包括：代表理事会即各国将军委员会，由各国将军或者相当于将军级的文职官员组成，是最核心的决策机构，每两个月举行一次例会，检视经由子委员会和临时使团开展的活动，并处理泛美防务委员会的重大事务；国际军事参谋部，是一个技术性机构，负责西半球安全项目规划和实施管理；泛美防务学院及一个专司后勤保障和翻译服务的秘书处。主席一直由美国人担任，总部设在华盛顿，工作语言是西班牙语、葡萄牙语和英语。泛美防务委员会工作时采用少数服从多数

的原则，每个成员国具有一个投票权，任何国家无加票权。该委员会日常地开展着建立西半球国家安全信赖机制的工作，是加强多边军事合作及各国军民关系的一个独特模式。

"西半球安全委员会"（the Committee of Hemisphere Security, CHS）是美洲国家组织维护西半球和平与安全的另一重要机构，是根据美洲国家组织大会第1353号决议和应美洲国家组织常设理事会的要求而在1995年设立的。探其源头，则可追溯到1991年美洲国家组织大会通过的第1123号决议，该决议决定"由常设理事会建立一个工作组，专司西半球安全事务的研究，以为大会和常设理事会提供咨询和解决方案"①。该工作组运作后不久，在1992年以其为基础成立了"西半球特别委员会"。后来，这个委员会在1995年更名为"西半球安全委员会"。该委员会的首任主席是巴西常驻美洲国家组织大使路易斯·阿古斯多·德·阿劳赫·卡斯特罗。

泛美防务委员会与西半球安全委员会虽皆为美洲国家组织的组成单位，但两者在维护西半球安全事务方面是有区别的。首先，泛美防务委员会既是二战中西半球国家因纳粹德国的狂飙行动而产生的集体恐慌并由此滋生集体自卫念头的产物，更是美国强权的产物，自成立之日起就明确规定这个委员会的主席和参谋长必须由美国人担任。至今，虽然它发生了很大的变化，但仍是一个以服从美国利益为主的国际机构，在西半球安防方面受美国的影响比较大。西半球安全委员会的成立是拉丁美洲国家在美洲国家组织中极力斗争的结果，更多地代表了拉丁美洲国家的安全利益。其次，在西半球安全委员会成立以后，泛美防务委员会的职责发生了很大的变化，西半球安全委员会在一定程度上承担了泛美防务委员会原来具有的咨询机构和西半球多边军事合作决策机构的角色，且在这方面取而代之的倾向越来越大。相对而言，泛美防务委员会虽然在有些方面仍具有咨询机构和多边军事合作决策机构的角色，但在多数情况下只是作

---

① 美洲国家组织档案：AG/RES. 1123（XXⅡ—O/91）。

为一个决策和方案的执行机构而存在。

在一个区域性的国际组织中，出现这样两种并立机构共主区域性安全事宜的二元机制是很少见的，可以说是美洲国家组织维护西半球安全事务的特殊格局。

此外，除了这两个日常机制以外，美洲国家组织还有一些应急机制，如外长协商会议是美洲国家组织有关和平与安全问题的一个协商机构，用以紧急处理美洲地区国家之间的突发事件。美洲国家组织正是通过这些职能机构和机制在维护西半球和平与安全方面发挥着应有的作用。

四、措施与绩效：当前美洲国家组织维护西半球和平与安全的基本实践

美洲国家组织在维护美洲和平与安全方面务实地采取了诸多措施，下面仅就四个主要措施及其绩效略作探讨：

（一）争端和平解决措施

前面已经提到，美洲国家之间并非完全和睦相处，而是存在着诸多争端与纠纷，此类问题处理得好，会相安无事，若处理不当，则可能导致兵戎相见。美洲国家组织自成立起，尤其是近二十年以来，一直致力于美洲国家间争端的和平解决，业已形成了一套可行的争端和平解决机制。现行的《美洲国家组织宪章》从第24至27条对争端的和平解决原则进行了细致规范，第24条对和平解决争端作为成员国家应遵循的原则做了明确规定；第25条具体规定了争端和平解决的方法，包括"谈判、调查、调停与斡旋、和解、仲裁和司法解决，以及当事国在适合的时期所同意的其他方式"；后面紧承的第26条、第27条对第25条中所指的"其他方式"做了补充规定，第26条规定，"如果两个或两个以上的美洲国家之间发生争端，而照当事国之一的意见，认为通过通常外交途径不能解决时，当事国应同意用某些其他和平程序，以使问题得到解决"；第27条规定，"一种特别条约应建立和平解决争端的适当程序并决定应用这些程序的适当

手段，务使美洲国家之间任一争端不致在一个合理时期中不能得到解决"。①后两条简而言之就是当成员国之间争端采用通常方式不能解决时，美洲国家组织应召集相关国家签订一种使用特别的和平程序来解决争端的条约，以求解决之。美洲国家组织在西半球行使争端和平解决的职能是符合《联合国宪章》精神的，《联合国宪章》第52条第2款即鼓励各会员国利用区域组织使其区域争端在提交安理会之前先行就地解决。

迄今，美洲国家组织已成功调解了众多美洲国家间的争端，仅2000年初，美洲国家组织就和平调处了多起冲突，如1999年洪都拉斯和尼加拉瓜就海岸线归属问题发生冲突，在美洲国家组织的斡旋下，促成双方在2000年3月签署了旨在确保和平共处的一揽子协议和详解备忘录，两国决定在军事方面保持对话，摒弃对抗，禁止在边界搞军事行动，在加勒比海域实行联合巡逻等。此外，还调处了伯利兹与危地马拉之间的边界纠纷，使哥斯达黎加与尼加拉瓜就圣胡安河航行权问题打破僵局，重启对话。长期以来，美洲国家组织高效、可行的争端和平解决机制的运用，有效地避免了成员国之间重大冲突、战事的发生，为西半球的稳定做出了很大的贡献。尤其是近些年来对美洲国家间争端的调处，对美洲自由贸易区的谈判进程产生了重大的影响，使得美洲各国的代表得以专注地坐到谈判桌前就美洲自由贸易区的有关问题进行商讨。

（二）实施扫雷工程

西半球区域贸易自由化已经是一种不可逆转的趋势。然而仅靠破旧不堪的泛美公路是不可能承载区域化自由贸易的物流配送的，随着美洲国家间开放程度的提升和开放格局的扩大，美洲国家之间的边界也必将走向开放。可由于战争等因素的影响，有些拉丁美洲国家的边界地区至今仍是一片片"雷区"，地雷

---

① 《美洲国家组织宪章》(Charter of the Organization of American States)，第24、26、27条，见美洲国家组织档案 OEA/Ser .A/STI/1。

数目极其惊人，特别是反人道主义地雷，令人不敢越雷池半步。据不完全统计，秘鲁和厄瓜多尔边界就有三万多枚反人道主义地雷。还有些国家，由于战乱频仍，其境内的地雷数也十分惊人，如尼加拉瓜境内的地雷数达11.6万枚之多。[1]这些地雷危害甚大，据尼加拉瓜全国扫雷委员会公布的数字，从1990年到2003年2月25日，共有80名尼加拉瓜人因触雷而死亡，另有500多人因触雷而致残。据哥伦比亚官方统计，在全国32个省中，竟有30个省埋有反步兵地雷，总数高达10万枚。从1990年至今，这些地雷造成了1747起人员伤亡的惨剧，其中四分之一是儿童，给当地人民的生命安全造成了严重威胁。[2]为了彻底清除这些不安全因素，美洲国家组织出台了一个"扫雷工程"，向那些地雷隐患较大的国家提供专家、技术和资金支持。如在2001年，美洲国家组织就为尼加拉瓜提供350万美元的扫雷资助，为危地马拉提供了90万美元的资助，洪都拉斯为50万美元，哥斯达黎加为30万美元，为秘鲁和厄瓜多尔提供的边界扫雷资助为250万美元。[3]不仅如此，这个工程还包括更多的内容，如在相关国家教百姓防止地雷袭击的知识，帮助受地雷侵害者恢复身心健康，帮助扫雷区发展社会经济，建立一个反人道主义地雷行动的数据库等。而且，美洲国家组织还规定了这些国家扫雷的完成期限，如洪都拉斯和哥斯达黎加是2001年、尼加拉瓜是2004年、危地马拉是2005年。目前，扫雷工作进展顺利，洪都拉斯已按期完成任务，在尼加拉瓜已扫除9000枚，在哥斯达黎加、危地马拉已扫除3000枚。[4]据悉，在美洲国家组织和相关各国的努力下，中美洲将很快成为世界上第一个"无雷区"，之后经过努力，整个美洲也将步入"无雷区"的行列，这对西半球许多共同事业来说无疑是一个福音。

---

① http://www.upd.oas.org/demining.html.

② 新华社波哥大2003年4月16日电。

③ 主要数据来自美洲国家组织档案：OEG/SER.G-CP/CAJP-1693/00-REV.3。

④ Laxness Larry, "Change Roles for the Military", *Américas*, December 2001.

（三）反对恐怖主义

恐怖主义是一种很严重的犯罪行为，美洲地区面临着国内恐怖主义和国际恐怖主义的双重威胁，其对西半球的和平与安全有着十分不利的影响。美洲国家组织很早就同恐怖主义展开了斗争，早在1970年6月25日至7月8日的美洲国家组织华盛顿大会上就讨论过防止恐怖和绑架活动，并通过了谴责恐怖活动的决议。1971年，在美洲国家组织第一次大会上又专门讨论了关于防止和惩办恐怖主义行动协约。1995年至1997年召开的第25届到27届美洲国家组织大会上，均把反恐作为主要议题之一。特别是在1999年，为了加强反恐统一行动，还专门成立了泛美反恐委员会。

2001年，"9·11"事件发生后，美洲国家组织各部门几乎所有官员都对这一恶劣行径进行了强烈谴责。秘书长加维里亚愤恨地指出："这些卑劣的犯罪分子给我们的集体安全造成了最大的威胁……我们应该把恐怖主义从地球上根除，我们必须团结一致地采取统一行动。我们团结起来消灭恐怖主义再也刻不容缓了。"①反恐成为美洲国家组织现阶段的核心任务之一。

"9·11"事件后，美洲国家组织启动了处理安全问题的紧急协商机制，经过10天的紧张筹备，外长协商会议在9月21日召开，会上，各国外长纷纷声讨恐怖主义行径，加拿大外长约翰·曼雷指出："'9·11'事件发生在美国领空和领土，但却是对我们所有美洲国家的攻击。"②圭亚那外长沃汀·伊萨玛埃尔指出："针对'9·11'恐怖事件，西半球各国应加强打击恐怖主义的力度。各种形式的恐怖主义都是对国际和平与安全的威胁。"③美国国务卿鲍威尔发言时首先对秘书长和各国外长、大使们的支持表示感谢，他指出："'9·11'事件是对我们半球和人类的侵犯，这不仅仅只是意味着灾难，同时还将使我们这个美洲大家庭

---

① http://www.oas.org/en/pinfo/sg/speechool/092101e.htm.

② http://www.oas.org/oaspage/crisis/canada-en-htm.

③ http://www.oas.org/oaspage/crisis/Guyana-en.htm.

更加团结起来……我们尤其要加强泛美反恐委员会,我们拥有这个利器,我们需要这个利器,我们必须运用这个利器。"①最后,大会通过了一个关于加强西半球合作以预防、打击和根除恐怖主义的决议。其主要内容是要严惩恐怖主义犯罪分子,同时对恐怖主义活动的组织者、发起者、提供资助支持者、为恐怖主义犯罪分子提供匿藏场所者一律以共犯论处;在对其追击、抓捕、起诉、引渡等方面密切合作;加强泛美反恐委员会和西半球安全委员会、泛美防务委员会的工作等。②另外,会议还决定由常设理事会准备一个"美洲反恐公约"草案,以备向下一届美洲国家组织大会提交。

(四)"信任与安全"机制建设

这是美洲国家组织为了西半球的和平与安全正大力推进的一项新事宜。其缘起于美洲国家组织第21次大会,在会上,各国代表团团长一致认为考虑到新的世界变化和地区实际,应建立一种利于巩固西半球安全的磋商机制。1995年,美洲国家组织召开首次"信任与安全问题"会议,就促进本地区相互信任、安全等问题进行了讨论,并发表了《关于促进相互信任与安全措施的圣地亚哥声明》,其中务实地制定了13条具体可行的措施,如军事演习前事先向成员国通知,军事演习时邀请成员国派出观察员观察,相互交流军费、防务、武器装备等情报信息,建立邻国之间必要的军民通信联系以加强灾救等。③这些措施为各成员国之间消除不信任状况,增进友谊和了解,巩固地区和平与安全起到积极作用。

从以上提及的一些主要措施及其绩效可以看出以下三点:一是美洲国家组织在维护西半球和平与安全方面是比较务实的,针对危及西半球安全的主要问题如成员国之间的争端、边界地雷等问题实实在在地开展着工作。二是工作效

---

① http://www.oas.org/oaspage/crisis/Powell-en.htm.

② 见美洲国家组织档案:Rc.23/RES.1/01。

③ 见美洲国家组织档案:OEA/ser.k/XXXX2。

率比较高，这从美洲国家组织于2000年在很短时间内就成功调处了洪都拉斯和尼加拉瓜之间的海岸线争端与在中美洲各国扫雷的进度中可以找到答案。三是措施较富于远见，有建设性，如美洲国家组织实施的"信任与安全"机制建设，表明美洲国家组织已经认识到成员国间的诚信对西半球和平与安全的重要性，这是一个远见之举。美洲国家组织的这种较为务实、高效和富于远见的工作风格，必将对整个西半球的和平与安全的维护起到越来越大的正向作用，从而更好地对其他西半球事务产生更大的影响。

本文原刊载于世界南开大学近现代史研究中心：《世界近现代史研究》（第一辑），社会科学文献出版社，2004年。

作者简介：

李巨轸，男，1978年1月生，湖北潜江人。历史学博士。现任福建师范大学研究生院副院长、副教授，兼任中国拉丁美洲史研究会副理事长。曾任职于南开大学拉丁美洲研究中心和南开大学世界近现代史研究中心，主要研究方向为拉美国际关系史，主持多项国家社科基金青年项目、教育部人文社科基金项目等研究课题。

哥伦比亚咖啡经济与早期工业化

王　萍

　　拉丁美洲国家现代工业的缘起与其独立后的初级产品出口经济的发展息息相关，目前国内外拉美学界对此逐步取得共识。[①]但是由于拉美地区涵盖的国家众多、内外条件和发展模式变化较大等因素，我国学者对此问题的研究仍局限于从地区角度作概括性的描述和分析，进行国别分析研究的著述则凤毛麟角、寥寥可数。[②]就哥伦比亚而言，我国学者目前尚无人在此问题上展开学术性探讨，而国外拉美学者则从20世纪六七十年代开始间接地阐述哥伦比亚工业化这个主题。[③]本文试图通过梳理独立后的哥伦比亚发展进程，探寻初级产品出

---

① 长期以来，国外学术界关于拉美国家的工业化起源一直支持结构主义学派的观点，认为工业化起步于20世纪30年代，即在主要资本主义国家工业经济经受了一场严重的经济危机后才能实现。这一观点主要反映在安德烈·冈德·弗兰克的《拉丁美洲的资本主义与不发达：对智利与巴西的历史研究》(Andre G. Frank, *Capitalism and Underdevelopment in Latin America: Historical Studies of Chile and Brazil*, New York, 1967.)；西罗·F.S.卡多索、埃克托尔·佩雷斯·布里诺利的《拉丁美洲经济史》(Ciro·F. S.Cardoso y Héctor Pérez Brignoli, *Historia Económica de América Latina*, Barcelona, 1983.)等研究成果中；但是基于古典经济学和现代化理论的学者却提出工业化的前提，在1914年第一次世界大战以前，甚至早在1870年就已经具备，并开始启动工业化进程。这种观点以享有国际权威的莱斯利·贝瑟尔主编的多卷本《剑桥拉丁美洲史》(中译本)为代表，强调"拉丁美洲的现代制造业应从出口导向经济增长时期算起"，并把具体时间界定为19世纪70年代。我国学术界对此问题的看法也经历了和国外学术界大体相同的认识过程，从最初把拉美工业化界定在1930年代世界经济大萧条以后，逐渐到现在大多数国内学者接受并认同国外学者上述后者的观点，苏振兴主编的《拉美国家的现代化进程研究》(社会科学文献出版社，2006年)，可以说是国内研究拉美国家工业化、现代化的最有价值和影响力的著作。

②目前国内学者对拉美国别现代化进行研究的专著有张宝宇的《巴西现代化研究》(世界知识出版社，2002年)、吴洪英的《巴西现代化进程透视》(时事出版社，2001年)，以及周世秀的《巴西历史和现代化》(河北人民出版社，2001年)。有关方面的专题论文也并不多见。

③国外学者的相关论著，笔者在文中以注释体现出来。

135 ◀◀

口经济与哥伦比亚工业化发展之间的关系。

一、矿业繁荣与哥伦比亚咖啡经济的形成

19世纪是拉丁美洲经济发展史上的关键时期，拉美各个新独立的国家都艰难地探寻建立一条稳固的初级产品出口部门的途径，而此时的北美国家却早已进入如火如荼的工业化进程。在这一点上，哥伦比亚具有一定的代表性。与巴西、墨西哥和南美其他国家相比，哥伦比亚是出口经济部门发展相对缓慢的国家。自殖民时期以来，哥伦比亚一直是西属美洲的矿产品殖民地，独立后，依旧保留这一殖民地的特点，出口本地特有的金银矿产品。尽管金银矿产品的出口一直是哥伦比亚的主要出口产品，但出口量不大，国家财政收入有限，难以满足人们不断增长的需求。哥伦比亚政府力图打破这一发展困境，为寻找一种稳定的出口产品做出了种种努力，因而在哥伦比亚发展进程中曾先后出现了各种经济周期，如奎宁经济周期、烟草经济周期和棉花经济周期等。这些经济周期持续的时间异常短暂，它们随着国际市场需求的剧烈变化而相继衰落，[①]致使国家陷入一个又一个的危机。直到19世纪八九十年代，先是黄金，[②]随后是咖啡，逐渐显示出可持续发展的潜力，前者长期以来主要在安蒂奥基亚省经济中发挥主导作用，到19世纪末发展成为哥伦比亚的现代经济部门之一。矿业的发展和繁荣对咖啡经济的形成产生了重要影响，黄金出口为咖啡经济的形成积累了雄厚的资金，营造了良好的经济环境，促使19世纪末咖啡种植区域迅速扩大，到20世纪初出现咖啡经济的繁荣，咖啡最终成为哥伦比亚稳定的主要出口产品之一，其出口收入长期以来占国家出

---

① 关于奎宁经济、烟草经济的兴衰，参见 Frank Safford and Marco Palacios：*Colombia: Fragmented Land, Divided Society*, London, 2002, pp.193-197；[英]莱斯利·贝瑟尔主编：《剑桥拉丁美洲史》（第五卷），胡毓鼎等译，社会科学文献出版社，1992年，第664~665页。

② Frank Safford and Marco Palacios, *Colombia: Fragmented Land, Divided Society*, London, 2002, pp. 164-165.

口总收入的3/4，[1]打破了哥伦比亚历史上没有建立一种稳定的出口产品的困难局面，形成了以咖啡为主体的经济社会结构。

安蒂奥基亚省是哥伦比亚黄金生产和出口的重镇。哥伦比亚独立后，饱受战争创伤的哥伦比亚经济百废待兴，但安蒂奥基亚省却依靠黄金一枝独秀，通过出口黄金，不仅扩大了进口、与欧洲供应商建立了直接的联系，而且矿业开采出现了向现代工业演变的趋势。安蒂奥基亚省依据其矿业资源优势，采用资本主义的生产经营方式，吸引资金、技术和劳动力，出现了向现代矿业演变的趋势，黄金产量迅速提高，占哥伦比亚总产量的一半以上，确立了该省及其矿业在哥伦比亚经济中的主导地位。一方面，矿业本身的高风险、高利润吸引了众多社会上层以股东形式参与黄金开采，使安蒂奥基亚省吸纳了较多的资金，这在封建制度盛行的时代，显然超前于其他地区。因为那时上层社会的财富往往与土地密切联系在一起，但是安蒂奥基亚省的上流社会利用手中的资金进行投资以创造更高的利润。这样，在银行体系尚未建立的情况下，资金成为一种可流动的财富，这不仅有利于资本流动，也有益于资本主义经济的发展。与此同时，安蒂奥基亚省还注意吸收外国先进技术，19世纪20年代，法国、英国，以及瑞典矿业工程师和公司涉足哥伦比亚黄金开采业，并注重黄金开采的技术改进和创新，1850年以后，随着外国资本的投入，该省在矿产品开采和加工中已经开始使用现代技术手段。比较具有代表性的例子是，1858年，雷斯特雷波（Restrepo）兄弟在麦德林建立了首家实验室，此后，又在该地相继建立了3个类似的实验室，这些实验室的职能主要是为矿主提供矿物品质的鉴定，鉴定黄金的纯度和预测其按照英镑计算的价值，并在出具的证书上加盖实验室的印章，以显示其技术的权威性。把矿物送到实验室进行鉴定，再把经过鉴定的矿物出口到海外市场，显然对出口商十分有利。在实验室未建立前，出口商在黄金尚

---

① Jose Antonio Ocampo and Maria Mercedes Botero, "Coffee and the Origins of Modern Economic Development in Colombia", Enrique Cardenas,Jose Antonio Ocampo and Rosemary Throp,ed., *An Eco - nomic History of Twentieth Century Latin America*, Vol. 1, New York, 2000.

未经鉴定、加工的情况下出口到欧洲，要冒很大的风险，因为一旦到了欧洲才知道是劣质矿，出口商必定遭受重大经济损失，但为时已晚。劳动力是安蒂奥基亚省金银生产的另一重要生产要素，安蒂奥基亚省的劳动力主要依靠自由工人，奴隶只占很小的比例，全省只有占人口总数2.2%的奴隶人口，而后两个省的奴隶人口却是安蒂奥基亚省奴隶人口的6~7倍。[1]由于奴隶占劳动力比例小，安蒂奥基亚省的矿业不仅未受到废除奴隶制的影响，相反还吸引了那些希望逃脱旧体制控制的人们前来寻找参加自由劳动市场的机会。另一方面，安蒂奥基亚省围绕黄金开采，开展了与矿业生产和出口有关的商业活动，如买卖黄金的商人、贸易公司和银行随之发展起来，麦德林成了19世纪末哥伦比亚最重要的商业和金融中心。上述各种因素为安蒂奥基亚省提供了矿业发展的资本主义土壤，使安蒂奥基亚省的黄金产量远远超过原来占哥伦比亚半壁江山的其他两个地区——乔科和太平洋沿岸的矿区。在安蒂奥基亚省的带动下，矿产品成为19世纪哥伦比亚无可替代的主要出口产品。

矿业繁荣的积极意义并非只限于矿业自身的发展，更重要的是为咖啡经济的形成提供了必要的资金、基础设施和良好的经济环境。尽管哥伦比亚早在18世纪就引入咖啡树种，但是长期以来由于诸种因素咖啡未能作为一种商品得到开发和推广。18世纪初咖啡树最先被引入苏里南，然后逐步蔓延，向西到达圭亚那和委内瑞拉，向南到巴西。18世纪中期，盛产咖啡的锡兰和荷兰统治下的印度遭受病虫害的影响使得世界咖啡生产中心向拉美地区的巴西、委内瑞拉和哥斯达黎加，以及委内瑞拉和哥伦比亚的边境地区转移。此后一直到19世纪60年代的约100年间，由于咖啡种植需要大量的资金投入，[2]以及从种植咖啡树到收获咖啡豆需要5年左右的周期，致使咖啡生产在哥伦比亚长期以来发展滞后，

---

[1] Frank Safford and Marco Palacios, *Colombia: Fragmented Land, Divided Society*, London, 2002, p.171.

[2] Marco Palacios, *Coffee in Colombia, 1850-1970: An Economic, Social, and Political History*, London, 1980, pp.33-42.

只属于对外贸易的小宗项目，占贸易总量的4%。

直到19世纪末期，咖啡才作为哥伦比亚的主要出口商品得到发展，[①]改变了19世纪以来出口部门变化无常、不稳定的局面，成为当时哥伦比亚除矿产品外，稳定的、具有国际竞争力的出口部门。从那时开始到19世纪末咖啡生产逐渐得到人们的重视，产量不断提高。19世纪60年代，哥伦比亚咖啡出口达到10万袋，但是咖啡生产只限于桑坦德北部以及与委内瑞拉接壤的边境地区。70年代，咖啡生产不仅限于量的变化，而且出现了生产区域自边疆向内地的扩张。除了桑坦德北部地区扩大咖啡的种植面积，提高了年产咖啡的数量以外；咖啡产区开始向桑坦德其他地区和昆迪纳马卡地区推进，使咖啡出口从10万袋提高到20万袋。19世纪末期，哥伦比亚咖啡生产数量猛增，咖啡产量上升到60万袋。尽管当时哥伦比亚生产的咖啡仍只占世界咖啡产量的很小比例，但咖啡几乎占了哥伦比亚出口总值的一半。直到20世纪初，随着矿业繁荣的到来，出现了哥伦比亚自引进咖啡树种以来的高速增长（表1）。这是因为矿业经济所创造的收益要么直接流入咖啡生产，用于种植更多的咖啡树；要么通过围绕矿业经济发展起来的基础设施建设、商业、畜牧饲养业、交通运输业和金融业的建立，间接地惠及咖啡生产，构成了有利于哥伦比亚咖啡经济形成的必要条件。除了兴建国家级的商业公司外，哥伦比亚各州及省府也建立了商业公司和银行。仅在1870—1883年间就建立了三家国有银行和七家私人银行。畜牧饲养业和交通运输业也随着矿业经济的繁荣而获得迅速发展，矿业吸引了大量劳动力，矿工对肉类的需求则使畜牧业得到发展。同样，为了矿业发展的需要，哥伦比亚政府对内陆交通系统进行了一定改善，最显著的是在马格达莱纳河使用蒸汽船，加强了海上运输能力，并且在19世纪后期兴建了铁路、公路和港口，大大降低了运输成本。此外，哥伦比亚政府还颁布了相关政策和法规。以安蒂奥基亚省为

---

① Frank Safford and Marco Palacios, *Colombia: Fragmented Land, Divided Society*, London, 2002, p.230.

例，该省政府颁布法令，并实行一系列发展矿业的措施，包括：改善和发展当地的运输网络、建立麦德林与矿区的电报系统以便于中心地区与矿区之间的联系、兴建技术培训学校等。矿业在经济各领域产生的联动效应，不仅促进了矿业的发展，同时也有助于咖啡的生产和出口，促使咖啡经济的形成。

咖啡经济的形成除了受到矿业繁荣产生的"溢出"影响外，它之所以能够在沉寂100多年后的19世纪末、20世纪初得到发展，并成为哥伦比亚稳定、持续的出口经济部门。究其原因，还应该包括这样两个方面：一是国内的政治因素。内战结束，国内政治趋于稳定，国家秩序得到恢复，为咖啡经济的形成提供了稳定的政治环境。同时，不论是代表商人利益的自由党还是代表地主利益的保守党，在保留矿业经济的同时，一致主张发展咖啡出口部门。[1]二是外部的刺激因素。19世纪末20世纪初恰逢国际咖啡价格上升，国际银价大幅下降的时候。实际上，国际市场的这种变化意味着咖啡生产成本的降低和利润的上升。追求利润是吸引哥伦比亚扩大咖啡种植和发展咖啡经济的重要推动力，这就为处于上升态势的咖啡生产注入了新的动力。同时，外国贸易公司也为咖啡生产商提供宽松的贷款条件，使咖啡种植者能够获得更多的投资资金。在上述国内外有利因素的刺激下，"咖啡种植吸引了越来越多以前从事其他经济活动的人们，也吸引了兼营农业的商人参与进来"[2]。哥伦比亚咖啡经济从而得到了前所未有的发展空间，咖啡产区从边疆地区向昆迪纳马卡以西和托利马的周边地区扩展，一直延伸到首都波哥大，形成了日趋扩大的咖啡生产地带。值得关注的是，长期以来盛产黄金的安蒂奥基亚省在发展矿业经济的同时，19世纪末也被咖啡经济可能带来的较多利润所吸引，开始在省内种植咖啡，并凭借其矿业经济创造的雄厚资金，逐步扩大咖啡的种植面积，到1920年安蒂奥基亚省生产的

---

① Nola Reinhardt, "The Consolidation of the Import-Export Economy in Nineteenth-Century Colombia: A Politica-Economic Analysis", *Latin American Perspectives*, Vol.13, No.1, winter 1986.

② [英]莱斯利·贝瑟尔主编：《剑桥拉丁美洲史》（第五卷），胡毓鼎等译，社会科学文献出版社，1992年，第666页。

咖啡占哥伦比亚出口总额的1/4以上。[①]因此，安蒂奥基亚省咖啡生产的后发优势也从一个侧面反映出矿业繁荣与咖啡经济之间的密切关系。

表1　1860—1932年哥伦比亚各省的咖啡产量

（单位：60公斤一袋，千袋）

省份	1860年	1874年	1890年	1900年	1913年	1932年
安蒂奥基亚	—	1	6	90	185	618
卡尔达斯	—	—	—	—	199	1004
昆迪纳马卡	3	3	40	200	200	406
北桑坦德	11	95	120	150	200	270
桑坦德	11	10	60	120	105	150
托利马	—	—	—	—	60	448
考卡山谷	—	1	4	20	50	354
其他	—	—	—	—	70	204
总计	14	110	230	580	1069	3454

资料来源：Marco Palacios, *Coffee in Colombia, 1850-1970: An Economic, Social, and Political History*, London, 1980, p.21; Jose Antonio Ocampo and Maria Mercedes Botero, "Coffee and the Origins of Modern Economic Development in Colombia", Enrique Cardenas, Jose Antonio Ocampo and Rosemary Throp, ed., *An Economic History of Twentieth Century Latin America*, Vol. 1, New York, 2000, p.60.

二、哥伦比亚咖啡经济的发展与繁荣

进入20世纪以来，在国内外一系列有利因素的推动下，咖啡经济稳步发展，咖啡产量迅速增加，20世纪20年代出现了前所未有的咖啡经济繁荣，从此确保了咖啡在哥伦比亚经济中的主导地位。

咖啡经济的发展首先得益于1904年保守党拉法埃尔·雷耶斯（Rafael Reys）执政时期实行的一系列政治和经济改革。出生于博亚卡省东部地区上流社会的

---

① [英]莱斯利·贝瑟尔主编:《剑桥拉丁美洲史》(第四卷),涂光楠等译,社会科学文献出版社,1991年,第252页。

雷耶斯，在1885年和1895年的内战中作为一位著名的军队指挥官代表保守党而战，但是他本人却对政党政治和党派之争并不感兴趣，相反却主张哥伦比亚有必要从独立以来两党之间长期的争权夺利的争斗纠缠中摆脱出来，追求并实现哥伦比亚的物质进步。他曾在一次热情洋溢的演讲中充分表达了这一理想，他指出："过去是十字架、利剑和书籍塑造了文明征服的历史，现在则是犹如火山爆发一般的，沿着铁路线飞驰的强有力的火车头创造历史，它唤醒人们要进步、要幸福、要自由。"①怀着这一理想，在其就任总统伊始，就着手实行政治改革，主张实行少数代表制。他先任命了2位自由党人为其政府内阁成员，打破了5人内阁全部由执政党成员构成的一党执政的一贯做法，并把少数代表制的原则引入上至国会下到市议会的政府部门。与此同时为平衡两党在政府各部门中的力量，又进行了军队改革：一方面将军队从武装力量角色改造为一个超政党的、单纯的职业机构，起到既保卫国家领土不受外来侵略，又维护国内秩序的作用；另一方面鼓励自由党人把自己的子女送到军校，使政府部门中的政党力量更加均衡。在经济上，他提出了加强中央对宏观经济干预的思想，但是雷耶斯的主张遭到了来自军官和国会中文人政治家的反对。为了实现上述构想，1905年雷耶斯召开由各省行政长官组成的国民大会，旨在修改宪法和赋予总统更多权力，通过这次会议雷耶斯不仅成功地将自由党纳入哥伦比亚政治生活的主流，而且成了墨西哥迪亚斯式的人物。

排除政治隐患后，雷耶斯实行了各种新经济政策。主要包括：第一，抓住基础设施建设，解决影响哥伦比亚发展的顽疾——交通运输问题。在原有的铁路线基础上进一步扩建铁路，形成四通八达的铁路网。铁路线从1904年的565千米延长到1909年的901千米。②建成三大铁路网络，即波哥大铁路线、安蒂奥基亚铁路线和太平洋铁路线，最终将哥伦比亚三大城市（首都波哥大、麦德林

---

① David Bushnell, *The Making of Modern Colombia: A Nation in Spite of Itself*, Berkeley, 1993, p. 156.

② David Bushnell, *The Making of Modern Colombia: A Nation in Spite of Itself*, Berkeley, 1993, p. 159.

和卡利）通过铁路线与马格达莱纳河以及太平洋港口布埃纳本图拉连接起来；改善马格达莱纳河的航运设施，弥补国家不完备的道路系统。铁路网络和航道运输系统的贯通，将哥伦比亚内陆与沿海地区连成一片。第二，实行货币改革，发行新货币，简化商业交易程序，以增强人们对比索价值的信心。第三，采取新的税收制度。在拉法埃尔·努涅斯执政时期税收制度的基础上，进一步对出口农业和各种制造业部门实行补贴和税收优惠政策。尽管雷耶斯政府只为哥伦比亚创造了年均大约1600万比索，人均不足4美元的财政收入，但是"他所创造的政治和平环境却对经济发展的意义及其后世的影响非同一般"①。

雷耶斯政府的上述政治、经济改革政策无疑扫除了制约哥伦比亚咖啡经济发展的重重障碍，通过政治改革实现了国家和平，保障了国家秩序的稳定。而其经济政策对推动咖啡经济的发展更是意义非凡，特别是在基础设施的建设上。因为没有一个国家具有哥伦比亚如此复杂的地理环境——地形复杂、相互隔绝，从该国一个地区输入到另一个地区的产品要比从国外进口产品的成本还高，甚至到19世纪末20世纪初，"在该国旅行仍然是一件十分困难的事"。骡马不仅依旧是哥伦比亚的主要交通工具，还是运输进口机械设备的主要工具。因此，不解决现代交通设施的局限问题，必将会严重影响咖啡经济的扩张。较其他出口产品而言，现代交通对于咖啡生产者来说更为重要。其原因很简单，一吨重的咖啡要比同等重量的其他出口品，如烟草、奎宁、贵重金属（金、银）的价值低廉得多，但却要付出同等价值的运费，这就意味着咖啡的成本要比其他出口商品的成本高出很多。海路和陆路运输网络的交叉便于国内统一市场的形成，也有助于哥伦比亚融入世界。显然，其他经济政策也是基于支持咖啡经济的发展而推行的，为咖啡经济的进一步发展铺平了道路。

后雷耶斯时期的各届政府延续了雷耶斯的执政理念发展哥伦比亚的政治经

---

① Charles W. Bergquist, *Coffee and Conflict in Colombia, An Economic, Social, and Political History*, London, 1980, p.242.

济。如佩德罗·内尔·奥斯皮纳（Pedro Nel Ospina）政府，也热衷于国家经济的基础建设，在其执政期间，铁路网络进一步扩大，铁路线总长度从1922年的1481千米增加到1929年的2434千米，并且在各条铁路线之间修建了公路。到20世纪30年代，哥伦比亚的铁路线已经达到3262千米，是19世纪末期铁路线长度的6倍。①不仅如此，还开始了美洲国家航空运输的首次尝试。1919年在巴兰基亚成立了哥伦比亚航空公司（Colombo-German Society of Air Transport，简称为SCADTA，二战时期改名为Avianca）。现代运输体系的完善，不仅把咖啡产区与沿海地区连接起来，便于融合到国内统一市场之中，而且咖啡生产也直接影响了那些不生产咖啡的地区。更重要的是，通过这些运输体系将哥伦比亚各地区与外部世界联系了起来，成为世界经济体系的一部分。与此同时，奥斯皮纳政府还倾注资金和力量加强金融体系的建设。1923年成立的共和国银行，行使现代中央银行的职能，负责货币供应和汇率的制定，从而加强了国家作用，推动了咖啡经济的飞速发展，形成了哥伦比亚历史上的"咖啡共和国"时期（1903—1946年）。②

在雷耶斯及其以后历届政府的努力下，哥伦比亚咖啡经济得到进一步发展。表现在与上述铁路扩建的轨迹相一致的咖啡种植从东向西的扩张。哥伦比亚东部，主要包括桑坦德、北桑坦德地区一向是咖啡生产的传统区域，但是受到"千日战争"和世纪之交国际咖啡价格下跌的影响，导致这一地区的咖啡经济增长缓慢。但是相形之下，哥伦比亚西部地区及安第斯山脉中部富有适宜咖啡种植的火山土壤地区，包括今天的安蒂奥基亚省、昆迪纳马卡省、卡尔达斯省和考卡山谷省的咖啡生产和出口的增长速度很快，1895—1900年，昆迪纳马卡省和安蒂奥基亚省年均增长率分别为21.6%和20.4%，而桑坦德地区的增长率却只

---

① David Bushnell, *The Making of Modern Colombia: A Nation in Spite of Itself*, Berkeley, 1993, p.165.

② Frank Safford and Marco Palacios, *Colombia: Fragmented Land, Divided Society*, London, 2002, p. 266.

有5%。①关于哥伦比亚咖啡生产重心从东向西转移的原因，国外学者们意见不一，有的学者认为东部地区属于封建主义的或者前资本主义的性质，咖啡生产方式较为陈旧、落后，②有的学者则强调西部地区咖啡种植园主具有资本主义开拓精神，认为正是东、西部地区种植园生产方式的不同导致咖啡生产重心从东部向西部地区转移和扩张。③

从各种资料来看，上述学者的观点都有一定的道理，西部大量肥沃的适宜咖啡种植的火山土壤，吸引了大批渴望获得土地的人们向这一地区迁移，国内人口的大量迁移为这一地区咖啡经济的发展提供了充足的劳动力，形成了诸多的中小咖啡种植小自耕农阶层。A.马查多在他对1923—1932年的咖啡经营者情况所做的调查中发现，1923年咖啡主要由占有较多土地的种植园主生产，而到了1932年，情况却发生了变化，占有土地越多的种植园主生产的咖啡数量却越来越少，与1923年相比，咖啡产量下降了5.3%。④相反，小土地所有者的咖啡产量却稳步上升，西部的咖啡种植业在中小种植园主的积极推动下得到了迅速发展。到20世纪这里成为哥伦比亚咖啡经济的中心，1932年哥伦比亚西部的三个咖啡主要产区安蒂奥基亚省、卡尔达斯省和考卡山谷省的咖啡产量就已占哥伦比亚全国咖啡产量的57%，被人们称为"新世纪的金三角"，即由波哥大、卡利和麦德林组成的咖啡经济的三角地带。

① Marco Palacios, *Coffee in Colombia,1850 - 1970: An Economic,Social,and Political History*, London, 1980, p.20.

② Michael F.Jimenez, "Traveling Far in the Grandfather's Car: The Life Cycle of Central Colombian Coffee Estates.The Case of Viota,Cundinamarca(1900 - 1930)", *The Hispanic American Historical Review*, Vol. 69, No. 2, May 1959.

③ Keith H·Christie: "Antioquenos Colonization in Western Colombia: A Reappraisal", *The Hispanic American Historical Review*, Vol. 58, No. 2, May 1978; Marco Palacios, *Coffee in Colombia, 1850 - 1970: An Economic, Social, and Political History*, London, 1980, p.22.

④ Jose Antonio Ocampo and Maria Mercedes Botero, "Coffee and the Origins of Modern Economic Development in Colombia", Enrique Cardenas,Jose Antonio Ocampo and Rosemary Throp,ed., *An Economic History of Twentieth Century Latin America*, Vol. 1, New York, 2000.

但是哥伦比亚咖啡经济的发展与繁荣并不能简单地用社会理论来说明，除了上述论及的国家作用、基础设施的建设，还与生产工具的变革有关。20世纪初期，咖啡业中两大生产工具的发明和使用极大地提高了咖啡生产效率，为咖啡经济的繁荣提供了有利条件：一是20世纪初发明的手工制浆机，二是广泛推广和使用咖啡脱壳机。哥伦比亚的咖啡豆在成熟采摘下来后通常要储藏在比较凉爽的地方或者放在水里2至3天，然后需要冲洗、制浆、去壳、烘干等几道加工工序。制浆是加工过程中的一个重要程序，手工制浆机的引进提高了生产效率。制浆加工主要通过手工操作来完成，把咖啡豆放在两个轮子中间，使咖啡豆外面的浆裂开，以便里面的果核分离出来，在这个过程中持续用水冲洗咖啡豆，咖啡豆被浸泡1至2天以后，果浆和内核之间的黏性物质就被泡软，然后再冲洗。这样就完成了咖啡豆浆和咖啡豆的分离程序，同时，在这一过程中哥伦比亚农民也学会了充分利用分离出来的果浆当作种植咖啡树的肥料，这一做法在哥伦比亚各地得到了推广，并得到了此后建立的国家咖啡种植者联合会（Federación Nacional de Cafeteros）的认证。[1]但是在手工制浆机和脱壳机推广之前，只有大庄园、咖啡加工厂和商业中心才拥有咖啡加工的设备，具备咖啡加工的能力。1915年，安蒂奥基亚省70%的咖啡种植场使用了这些机器，到1922年，这一比例更上升到97%。[2]手工制浆机的发明和脱壳机的广泛使用，使广大的咖啡种植小自耕农阶层摆脱了对大庄园和加工厂的依赖，自己解决加工问题，同时也便利了咖啡种植小自耕农直接与城市贸易商联系，而无须大庄园、加工厂和出口代理商充当中介，他们直接参与市场交易，减少了交易成本。因此，激发了小自耕农种植咖啡的积极性，推动了咖啡经济的发展。

20世纪20年代哥伦比亚咖啡经济的发展和繁荣也与当时有利的外部环境

---

① Pat M. Holt, *Colombia Today and Tomorrow*, New York, 1964, p.105.

② Jose Antonio Ocampo and Maria Mercedes Botero, "Coffee and the Origins of Modern Economic Development in Colombia", Enrique Cardenas,Jose Antonio Ocampo and Rosemary Throp, ed., *An Eco-nomic History of Twentieth Century Latin America*, Vol. 1, New York, 2000.

密切相关。一方面反映在世界市场的旺盛需求上。咖啡最早在欧洲和美国是属于富人享用的奢侈品，到19世纪末20世纪初，咖啡变为欧美市场的大众消费品，特别是在美国，20世纪初期，美国取代欧洲成为哥伦比亚咖啡出口的主要市场，此后美国在哥伦比亚咖啡经济中的重要性不断增强。[1]咖啡逐渐成为美国普通民众的日常饮品，喝咖啡成了人们的生活习惯。这样，由于咖啡与出口的紧密关系，使得咖啡成为吸引投资，具有高额利润回报的生产领域，促使很多贸易公司在美国纽约开设贸易分公司，或者参与到和咖啡经济有关的运输及加工等领域，将越来越多的人吸引到咖啡经济中来。另一方面哥伦比亚充分抓住了咖啡经济发展的有利时机。巴西作为世界咖啡产量和出口量最大的国家，为了控制国际咖啡价格，1906年颁布《咖啡价格补贴计划》，旨在通过自我控制产量，抑制国际市场上的咖啡过剩，维持国际市场上的咖啡价格稳定，这为世界咖啡生产国家之一，特别是"软性咖啡"生产国的哥伦比亚，趁机加大咖啡产量，发展咖啡经济提供了绝妙的机会。由于巴西咖啡产量的减少，致使国际咖啡价格上升，从而为哥伦比亚创造了高额的出口盈余。

在上述国内外有利条件刺激下，哥伦比亚咖啡经济获得了飞跃性的发展，出现了20世纪20年代的咖啡繁荣，并一跃成为仅次于巴西的世界第二大咖啡生产国。咖啡经济的增长势头一直持续到1929年世界经济危机爆发前。据统计，1910—1920年出口以年均10%的增长率高速增长，即使在1905—1909年、1925—1929年，这两个时期也保持了年均7%的出口增长率，其中，咖啡是出口增长最快的基础产品，年均增长率为7.3%。[2]如表2所示，在18与19世纪之交，哥伦比亚的出口产品基本上还呈多样化趋势，即咖啡、矿产品和热带水果三分天下，1878年咖啡出口只占哥伦比亚出口总额的13.5%，但是自雷耶斯执政后出口结构开始发生巨大变化，咖啡出口超过传统的出口产品——矿产品，成为

---

① Marco Palacios, *Coffee in Colombia,1850 - 1970: An Economic,Social,and Political History*, London, 1980, p.212.

② David Bushnell, *The Making of Modern Colombia: A Nation in Spite of Itself*, Berkeley, 1993, p.169.

哥伦比亚具有强劲增长潜力的产品。到雷耶斯结束任期时，咖啡在出口产品中一跃成为哥伦比亚出口贸易的领头羊。第一次世界大战后，咖啡的出口已经大大超过矿产品和热带产品出口的总和。1924年，咖啡出口已经占哥伦比亚出口总额的80%，咖啡成为左右哥伦比亚经济的重要产品。[①]正如美国贸易专员 P. L. 贝尔所指出的那样："如果没有咖啡，这个国家将丧失国外购买力，与此有关的进口将相应下降。整个国家的经济状况围绕着咖啡生产和咖啡价格旋转，甚至直接影响着那些不生产咖啡的地区。"[②]这不仅标志着哥伦比亚咖啡经济繁荣时代的到来，也意味着咖啡已经确立并巩固了在哥伦比亚经济中的主导地位，同样，也促使哥伦比亚完全融入世界市场。

表2 1900—1929年哥伦比亚进出口贸易情况

时间	咖啡出口（千袋）	出口量（1925-29=100）	出口购买力（1924-29=100）	出口结构（以当时美元计算）			进口量（1925-29=100）	机械进口（1925-29=100）
				咖啡	矿产品	其他		
1900—1904	542	—	—	—	—	—	—	—
1905—1909	604	25.7	—	39.0	19.7	41.3	—	—
1910—1914	837	37.3	38.4	47.4	16.3	36.3	29.0	—
1915—1919	1244	50.2	39.9	55.1	7.9	37.1	25.4	6.8
1920—1924	1906	74.3	52.8	75.5	5.6	8.9	41.1	26.4
1925—1929	2451	100	100	67.7	17.9	14.3	100	100

资料来源：Jose Antonio Ocampo and Maria Mercedes Botero，"Coffee and the Origins of Modern Economic Development in Colombia"，Enrique Cardenas，Jose Antonio Ocampo and Rosemary Throp，ed.，*An Economic History of Twentieth Century Latin America*，Vol. 1, p. 68.

咖啡经济的发展与繁荣，增强了哥伦比亚的进口能力，提高了其国际储备，

[①] Harvey F. Kline, *Colombia: Portrait of Unity and Diversity*, Colorado, 1983, p.103.

[②] ［英］莱斯利·贝瑟尔主编：《剑桥拉丁美洲史》（第五卷），胡毓鼎等译，社会科学文献出版社，1992年，第667页。

加大了投资，带动了城市的迅速发展，[1]推动了早期工业化的启动。1912—1938年期间，哥伦比亚12个主要城市的人口以年均3.9%的速度增长，伴随着城市人口的扩张，城市的经济活动也发生了变化，现代化进程不断推进，出现了包括制造业、商业、银行业、建筑业和政府服务业等新兴的现代经济部门。

三、咖啡经济与早期工业化的启动

咖啡经济的发展既反映了哥伦比亚对外贸易数量的增长，也标志着哥伦比亚发展道路的质的飞跃。20世纪初期，咖啡经济的繁荣使咖啡业成为影响哥伦比亚绝大多数人的经济活动，据19世纪90年代末在国会中自封为咖啡业代表的拉斐尔·乌里韦估计，其比例高达1/4。[2]咖啡不仅为哥伦比亚创造了大量的外汇收入，引起了一些经济领域的变化，更重要的是，它刺激了哥伦比亚早期工业的兴起，使工业化成为与咖啡经济如影随形的共生现象。

咖啡经济的发展与工业化的起源一直以来是哥伦比亚经济史学家热衷探讨的话题，最流行的观点是强调西部地区的中小咖啡生产者对现代工业的发展起到了重要的推动作用。[3]此种观点认为，咖啡生产从大种植园向小农经济的扩张产生了咖啡收益向农民阶层倾斜的效应，促使农民保持了对工业品市场的需求，进而推动了工业的发展。诚然，上述观点从推、拉两个角度阐释了咖啡经济与工业发展之间的某些关系，但是咖啡繁荣并不是仅仅通过农村市场对工业品的需求来推动早期工业化的，而是咖啡经济发展形成的一系列宏观经济的联系和反应所产生的结果，包括资本积累、城市化、政府的政策、现代运输体系的发

---

[1] Frank Safford and Marco Palacios, *Colombia: Fragmented Land, Divided Society*, London, 2002, pp.260-261.

[2] ［英］莱斯利·贝瑟尔主编:《剑桥拉丁美洲史》(第五卷)，胡毓鼎等译，社会科学文献出版社，1992年，第667页。

[3] Jose Antonio Ocampo and Maria Mercedes Botero, "Coffee and the Origins of Modern Economic Development in Colombia", Enrique Cardenas,Jose Antonio Ocampo and Rosemary Throp,ed., *An Economic History of Twentieth Century Latin America*, Vol. 1, New York, 2000.

展和各种外部条件。

首先，咖啡经济的扩张所创造的大量原始资本积累，可以为早期工业的建立提供必要的资金保障。哥伦比亚独立后曾有人尝试建立早期工业，例如1823年在帕丘建立了第一家钢铁厂，此后又相继建立了瓷器厂、造纸厂和棉纺织厂等，但是上述制造业的发展规模和竞争力十分有限。到19世纪40—70年代，又有人进行早期工业的尝试，主要是在首都波哥大及周边地区建立了一些小型工厂，涉及多种行业，如纺织、陶瓷、玻璃、造纸和钢铁。然而这些小工厂都因为缺少资金、原料、技术和市场而先后倒闭。显然，国家经济发展缓慢，财政收入难以为继。在独立后的一段时间里，由于缺乏资金、技术，那些怀着理想主义思想的人无用武之地。随着19世纪后期咖啡经济的迅速发展，咖啡生产和出口数量的激增表明收入的增加，意味着可以更多地投资到咖啡生产领域、咖啡加工领域，以及与咖啡经济有关的其他经济活动，也可以用于与咖啡经济无关的新兴工业。当时哥伦比亚几个主要城市兴建了生产轻工业品的工厂，如纺织厂、食品加工厂和啤酒厂，较为著名的是1889年由德裔移民在波哥大建立的啤酒厂和制瓶厂。这些企业主要集中在波哥大、麦德林和巴兰基亚，其中有些企业开始向现代工业转型。毫无疑问，这些工厂的建立与前几十年哥伦比亚咖啡经济的扩张密切相关，虽然它们会得到地方政府的资助，有时也会获得外国资本的支持，但总的来说，处于世纪之交的这些早期工业企业绝大部分规模不大、机械化程度不高。

其次，咖啡经济的发展刺激了哥伦比亚现代交通运输体系的建立，为早期工业提供了必不可少的条件。美国经济学家威廉·麦克格威认为："哥伦比亚的铁路对其本国的发展至关重要，就如同北美铁路对美国很重要一样。"[1]由此可见，铁路对一个国家经济发展的重要性。在哥伦比亚独立初期，由于铁路建造

---

[1] Hernan Horna: "Transportation modernization and Entrepreneurship in Nineteenth Century Colombia", *Journal of Latin American Studies*, Vol. 14, No. 1, May 1982.

需要大量投资，而国家却因战后资金严重匮乏无力修建铁路，于是多是由私人承担起建造铁路的责任，他们大多出于个人的某种需要，在获得国家特许权后，自己投资兴建，而且这样的私人铁路大多是一段，并非构成相互联结的网络。直到19世纪末20世纪初，随着哥伦比亚咖啡经济的发展与繁荣，政府才从咖啡出口的盈余中获得财力来控制铁路的融资、建造和管理。考察哥伦比亚的经济发展史不难发现哥伦比亚咖啡经济的发展与铁路的建设和扩建具有相互促进、共同发展的特点。

再次，哥伦比亚政府实行的政治政策，为早期工业的建立和发展起到了重要作用。19世纪40—70年代，当拉美国家盛行自由主义经济的时候，哥伦比亚政府就曾多次采取保护主义的关税政策，如1847年、1861年、1870年和1873年先后实行关税改革，提高对进口产品征收的关税税率，意在增加国家的财政收入。总的来看，关税没有降低，反而提升，19世纪80年代关税上升到19世纪以来的最高点。[1]由于进口产品的价格提高，刺激了人们自己尝试生产原来需要进口的日常生活用品。到20世纪初，雷耶斯执政才意味着哥伦比亚真正意义上的工业化正式启动。[2]他在推动咖啡经济发展的同时，充分利用咖啡经济营造的大好形势，通过实行保护主义关税政策，保护原来的民族工业，建立现代的新兴工业。1905年，雷耶斯实行关税改革，一方面提高了对进口纺织品的征税额度，另一方面却减少了进口纱线和纤维的关税。对成品和半成品征收不同关税的原因在于：美国密西西比生产的棉花跨过大西洋出口到英国，被纺成纱线后再经大西洋输送到哥伦比亚，哥伦比亚人则完成纺织的最后一个过程，把纱线织成布。提高成品关税，减少原料关税是出于保护哥伦比亚原有的纺织业，并鼓励

---

① Jose Antonio Ocampo and Maria Mercedes Botero, "Coffee and the Origins of Modern Economic Development in Colombia", Enrique Cardenas, Jose Antonio Ocampo and Rosemary Throp, ed., *An Economic History of Twentieth Century Latin America*, Vol. 1, New York, 2000.

② David Bushnell, *The Making of Modern Colombia: A Nation in Spite of Itself*, Berkeley, 1993, p. 174.

哥伦比亚人建立现代纺织业，生产纺织品成品。在这一政策的鼓励下，纺织厂如雨后春笋般纷纷建立，尤其在麦德林及周边地区建立了许多纺织厂，其中以总部设在麦德林的科尔德赫尔纺织厂最著名。这种对成品和半成品的不同关税政策不仅体现在纺织业上，同样还表现在磨面行业上。1905年关税政策规定了对进口面粉苛以重税，而对进口小麦只征收普通的关税。由此可见，雷耶斯政府实行保护主义关税政策的目的是鼓励和支持哥伦比亚国民建立本国的现代制造业。其中，纺织业取得了最引人注目的迅速发展，到1915年，纺织业已经占哥伦比亚投资制造业总资本的1/4，70％的资金集中在安蒂奥基亚省的麦德林地区。[①]麦德林之所以会成为哥伦比亚早期工业化启动和发展的主要地区，原因主要有二：一是该地区拥有可以投资于工业的充足的商业资本，这些资金积累一部分来自于传统的黄金矿业，大部分则来源于咖啡经济扩张所创造的大量出口盈余；二是安蒂奥基亚省采取的资本主义生产经营方式，咖啡种植园主给农民发放现金作工钱，在这种雇佣劳动制度中，农民可以使用手中的现金购买所需要的纺织品等其他生活用品。通过这一途径，咖啡收益不仅惠及了农民，而且还流入到其他非咖啡生产领域。

最后，外部条件也是推动哥伦比亚早期工业化发展的催化剂。20世纪20年代，在咖啡经济繁荣时期，第一次世界大战带来的进口品匮乏是促使哥伦比亚建立各种工业部门、自主生产替代产品以满足国内需求的重要因素。咖啡经济的繁荣，刺激了国内市场对工业品的旺盛需求，而雷耶斯政府实行的保护主义贸易政策及随后爆发的第一次世界大战致使从国外进口工业制成品数量的大幅度减少，促使哥伦比亚工业化启动。1945年所做的一项工业统计数字表明，哥伦比亚绝大多数的工业部门和企业是在雷耶斯执政到30年代大萧条时期建立起来的。据1881—1930年工业企业净产值所占的比重统计，如食品工业1881—1900年为1.5，到1921—1930年上升为29.8；纺织品1881—1900年为0，到

---

① David Bushnell, *The Making of Modern Colombia: A Nation in Spite of Itself*, Berkeley, 1993, p. 176.

1921—1930年占到6.1；化学制品1881—1900年为2.3，到1921—1930年上升到6.6；非金属矿业1881—1900年为4.5，到1921—1930年上升到17.3；金属矿业1881—1900年为1.0，到1921—1930年上升为13.6；衣服、皮革1881—1900年为0.2，到1921—1930年上升到6.4，其他方面，如烟草、橡胶等也有不同程度的提高。[1]同时，这些数据还反映出哥伦比亚咖啡经济繁荣时期工业化呈多元化的特点，除纺织业外，石油、烟草和食品加工业也迅速成为世界经济危机爆发前的主要新兴工业部门。

尽管在20世纪前30年哥伦比亚的工业有了较大的发展，但是无论从工业发展规模还是发展水平来看，其仍处于工业化发展的早期阶段。一方面，哥伦比亚工业部门发展规模有限，以1975年价格计算，1925—1929年制造业只占国内生产总值的8%，而农业部门却占国内生产总值的48%，所生产的工业品只达到国内市场需求的1/3，即使是发展迅速的纺织业，也只能满足国内消费市场的不足1/5；另一方面，在现代工业兴起和传统手工业此长彼消的情况下，工业部门提供的就业机会也十分有限。何塞·奥坎波根据1916年哥伦比亚财政部年度报告的统计资料估算，1918年其工业部门只提供了大约2万个就业机会。[2]然而事实也表明哥伦比亚在咖啡经济的带动下，工业化已经进入蓄势待发的阶段，为20世纪30年代以后哥伦比亚实行结构变革，走上进口替代工业化发展道路奠定了基础。

综上所述，咖啡如同连接哥伦比亚传统经济与现代经济的纽带，在哥伦比亚社会经济转型中起到了至关重要的作用，咖啡经济的扩张与繁荣不仅有助于哥伦比亚摆脱殖民时期遗留下来的前资本主义经济发展模式，更重要的

---

[1] Jose Antonio Ocampo and Maria Mercedes Botero, "Coffee and the Origins of Modern Economic Development in Colombia", Enrique Cardenas,Jose Antonio Ocampo and Rosemary Thropl,ed., *An Economic History of Twentieth Century Latin America*, Vol. 1, New York, 2000. p.78.

[2] Jose Antonio Ocampo and Maria Mercedes Botero, "Coffee and the Origins of Modern Economic Development in Colombia", Enrique Cardenas,Jose Antonio Ocampo and Rosemary Throp,ed., *An Economic History of Twentieth Century Latin America*, Vol. 1, New York, 2000, p.79.

是咖啡经济所创造的原始资本积累，以及在咖啡经济带动下出现的城市化和现代交通运输体系的建立，加之政府干预经济活动，采取有利于工业发展的经济政策，对哥伦比亚工业化的启动和发展产生了决定性的影响，并且为20世纪30年代以后哥伦比亚推行工业化战略积累了经验，为经济结构的快速变革奠定了基础。

本文原刊载于《世界历史》2008年第3期，是教育部哲学社会科学研究重大攻关项目《世界现代化进程的不同模式》（项目批准号04JZD0031）的研究成果之一。

作者简介：

王萍，女，1964年7月生，天津人。1987年毕业于南开大学外文系英国语言文学专业，获文学学士学位。1990年和2002年先后获历史学硕士和博士学位。1990年留校工作。1992年调入拉美中心，参与中心筹建工作。现为南开大学历史学院教授、博士生导师，曾任南开大学拉丁美洲研究中心主任，中国拉丁美洲史研究会秘书长、副理事长。主要研究领域是拉丁美洲经济史、拉丁美洲一体化和对外经济关系史。

论拉美结构主义兴起的历史根源

董国辉

拉丁美洲的结构主义发展理论是"第一个产生于第三世界的经济发展理论"①，它"明显是土生土长的，是拉丁美洲对发展理论的独特贡献"②。目前，学术界比较认可的一个观点是，阿根廷经济学家劳尔·普雷维什是拉美结构主义发展理论的创始人和奠基者③，他在20世纪40年代末发表的《拉丁美洲的经济发展及其主要问题》一文，被认为是拉美结构主义诞生的标志。此后，普雷维什团结联合国拉丁美洲经济委员会（以下简称拉美经委会）中的一些经济学家，共同推动了拉美结构主义的发展和应用。在这种意义上说，拉美结构主义是集体创造的成果，并不属于普雷维什一个人。然而考虑到普雷维什在这一理论诞生过程中的突出作用，对结构主义起源问题的探讨仍然要以对普雷维什的

---

① Cristóbal Kay, *Latin American Theories of Development and Underdevelopment*, Routledge, 1989, p.10.

② [英]莱斯利·贝瑟尔主编:《剑桥拉丁美洲史》(第六卷上)，中国社会科学院拉丁美洲研究所译，当代世界出版社，2001年，第395页。

③ 有一件事能充分说明普雷维什在拉美结构主义形成过程中的突出作用。在拉美经委会创立初期，首任执行秘书古斯塔沃·马丁内斯·卡瓦涅斯请普雷维什为《1949年拉丁美洲经济概览》写前言。普雷维什将前言提交后，收到联合国总部的长篇电文，认为这是一份"将引起很大争议的文件"，因为"它论及了发展、工业化、贸易条件和其他拉美经委会不应该处理的问题"。所以普雷维什撰写的内容遭到了美、英等国的反对。在这种压力下，联合国总部希望普雷维什在前言部分签上他的名字，使"引起争议"的责任明确到普雷维什个人身上，而不致殃及拉美经委会。普雷维什欣然接受了签名的要求。但普雷维什在前言中探讨的问题被拉美国家所接受，"拉美各国都洋溢着赞美之辞"。尤为重要的是，拉美经委会在此后几十年间所发表的一系列文献，均延续了普雷维什在这篇前言中建构的理论框架。David Pollock, Daniel Kerner and Joseph Love, "Raúl Prebisch on ECLAC's Achievements and Deficiencies: an Unpublished Interview", *CEPAL Review*, No. 75, December 2001.

研究为核心。

国内学术界对拉美结构主义发展理论的关注始于20世纪70年代末，但对之进行系统研究则迟至90年代。90年代以前，国内学术界对拉美结构主义的研究有两个基本特点：一是普遍使用"发展主义"概念来称谓拉美结构主义；二是以介绍、评价国外研究成果为主。高铦所著《拉丁美洲的"发展主义"经济思潮》（《世界经济》1978年第4期）一文，是已知最早公开发表的成果。这篇文章以及这一时期面世的其他著述，如高君成在《拉丁美洲研究》1985年第2期发表的《评拉美发展主义的经济理论及其实践》、赵长华发表于《外国经济与管理》1987年第9期的《发展主义与拉美现代化进程》和肖枫编著的《西方发展学和拉美的发展理论》（世界知识出版社1990年版）等，也都具有上述特征。

90年代后，国内学术界对拉美结构主义有了更加深入的研究，"结构主义"概念被普遍接受，一批研究成果相继问世。其中主要包括：苏振兴的《拉丁美洲的新结构主义》（《拉丁美洲研究》1991年第2期）、江时学的《拉美结构主义论再认识》（《国外社会科学》1995年第2期）、王萍的《结构主义与拉美的发展》（《拉丁美洲研究》1999年第4期）、董国辉的《"贸易条件恶化论"的论争与发展》（《南开经济研究》2001年第3期）和《经济全球化与"中心-外围"理论》（《拉丁美洲研究》2001年第3期），以及韩琦的《拉美结构主义研究中的几个问题》（《世界历史》2008年第2期）等。这些论著主要侧重于研究拉美结构主义理论的一些主要观点，如"中心-外围"理论、贸易条件恶化理论、进口替代工业化理论等，对于这种理论的来龙去脉缺乏深入研究。鉴于此，本文拟从阿根廷历史文化传统的影响、20世纪前期拉美经济民族主义思潮的盛行，以及普雷维什的个人职业经历三个方面论述拉美结构主义产生的历史根源，以就教于学界同人。

一、阿根廷历史文化传统的延续

劳尔·普雷维什于1901年4月17日出生于阿根廷，1918年进入布宜诺斯艾利斯大学经济系，1923年获得经济学博士学位并留校任教。[①]在毕业的前一年，普雷维什进入阿根廷著名的经济学家亚历杭德罗·E.本赫所领导的社会成本和货币购买力研究所，担任本赫的研究助理。本赫被广泛认为是那个时代"阿根廷最著名的工业化倡导者"，对普雷维什思想的影响非常大。[②]普雷维什在后来的回忆中也肯定了这种影响，他说："本赫注意到我对经济事务有一定的兴趣，他便开始激励我，使我的兴趣转化成真正的热情。"[③]

本赫对普雷维什的影响，不仅可以从他们的师生关系上来判断，更重要的是可以从该二人前后连贯一致的经济观点来判断。对于本赫的经济思想，有学者这样描述："本赫在德国接受的教育，在20世纪20年代中期成为阿根廷的首席经济学家，他对共和国经济的依附性进行了有力的批判。他也许是拉丁美洲第一位根据对发达国家过分的结构依赖来系统地分析经济不发达问题的经济学家。……本赫悲叹，阿根廷成了工业化国家的'卫星'。因此，他积极倡导保护性关税，积极倡导政府计划来刺激国内发展，积极倡导扩张矿业和石油生产。"[④]

不过，本赫的经济思想同样也是阿根廷历史传统的产物，它是阿根廷历史上的洛佩斯-佩列格里尼学派的历史延续。该学派形成于19世纪70年代，主要代表人物有维森特·菲德尔·洛佩斯、卡洛斯·佩列格里尼等人。这个学派的

---

① 关于普雷维什早年的资料甚少，他本人也很少对外界透露。1985年5月，加拿大学者戴维·波洛克曾经对普雷维什作了一个系列采访，录下了8盘磁带（David Pollock's Interview with Raúl Prebisch, Washington, D. C., May 1985）。关于其早年生活的情况，可参考这次访问录音的第1盘。这里要感谢美国伊利诺伊大学(厄巴纳-香槟)历史系的约瑟夫·洛夫教授，他提供了上述访问的完整记录。

② Jose Luis de Imaz, Alejandro E. Bunge, Economista y Sociologo(1880-1943), *Desarrollo Economico*, Vol. 14, No. 55, octubre-deciembre de 1974, pp.548-549.

③ Raúl Prebisch, "Anotaciones a la Estadistica Nacional", *Revista de Economia Argentina*, no. 86, agosto de 1925.

④ Carl E. Solberg, *Oil and Nationalism in Argentina: A History*, Stanford University Press, 1979, p.30.

下述两个相互联系的观点对阿根廷经济发展思想传统的形成起到了非常重要的作用:

第一,强调阿根廷必须实现一定程度的工业化,而不能单纯地发展农牧业。该学派的主要代表洛佩斯认为,阿根廷单纯发展初级产品的经济结构造成了其对英国的严重依赖,不可避免地导致了不断出现的债务危机和面对变幻莫测的世界市场的脆弱性。该学派的另一个代表佩列格里尼也指出:"在阿根廷存在两种趋势……一个趋势就是,宣布同所有的保护为敌……希望绝对的贸易自由;另一个则需要保护作为民族工业发展的先决条件。……这两种利益,它们不是对立的,它们就是商业的利益和工业的利益;商业和工业是互相补充的……它们是支持和推动国家进步的双翼和双轮……但是这两种利益之间肯定是有先有后,有主有次的。我的理解是,工业的利益是优先的和主要的。"[1]

第二,批判自由贸易的原则,强调对"幼稚工业"予以适当的保护。洛佩斯-佩列格里尼学派的经济学家们深受德国历史学派,特别是弗雷德里希·李斯特的影响,强调对刚刚建立的工业给予适当的保护。洛佩斯认为:"自由贸易是强国统治弱国的一种阴谋"[2],正是因为自由贸易的原则,阿根廷的生产活动和社会进步才出现了衰退。他说:"如果我们考虑我们国内生产和国民生产的历史,我们将看到,自从1810年革命——它开始对自由的对外贸易开放我们的市场——以来,我们开始失去我们生产的原材料……我们可以称之为幼小工业中心区的地方……今天却完全消失了,并不断地朝着毁灭之路走下去。"[3]为了避免出现上述情况,一个有效的解决办法就是对新兴的工业实施保护主义政策。为此,必须充分发挥国家在经济事务中的干预作用。佩列格里尼在论及政府在

[1] Argentina. Congreso de la Nación, *Carlos Pellegrini: Intervención en la Sesión Ordinaria del 28 de Septiembre de 1895 en la Cámara de Senadores*, Buenos Aires, 1895, p. 505.

[2] David Rock, *Argentina 1516-1982: From Spanish Colonization to the Falklands War*, University of California Press, 1985, p.150.

[3] Argentina. Congreso de la Nación, *Diario de Sesiones de la Cámara de Diputados, 27 June 1873*, Buenos Aires, 1873, p.262.

促进经济发展的作用时指出，政府必须采取切实可行的措施，找到恰当的方法，"划定国家发展应当遵循的主线，通过工业与商业的联合行动，提供手段来消除妨碍自由交易的壁垒"①。

洛佩斯–佩列格里尼学派在阿根廷历史上的影响较大，从19世纪70年代起，阿根廷即开始寻求贸易保护、发展民族工业。1877年，尼古拉斯·阿维利亚内达政府颁布新的《海关法》，宣布对阿根廷国内生产可以自给自足的面粉和蔗糖等产品实行保护，由此开创了保护"幼稚工业"在阿根廷历史上的先河。不过，洛佩斯–佩列格里尼学派对后世的经济理论所产生的影响则重要得多，这种影响在亚历杭德罗·本赫和劳尔·普雷维什的身上得到了充分的体现。对此，波佩斯库评论说："形成普雷维什理论的根本观点是"中心–外围"概念，这一概念是弗雷德里希·李斯特在1848年的著作中开创的，在阿根廷是由1874—1876年担任政治经济学教授的维森特·菲德尔·洛佩斯和1918年创办《经济学杂志》的亚历杭德罗·本赫所普及推广的。"②正是在这种意义上可以说，普雷维什发展思想的形成，在阿根廷是有土壤的，是阿根廷历史文化传统的一种延续。

二、拉美经济民族主义思潮的影响

就整个拉美地区而言，结构主义发展理论也是拉美历史进程的一种延续，是拉美地区在20世纪前期盛行的经济民族主义思潮迅速传播的结果。

事实上，关于经济民族主义，学术界历来就存在不同的释义。美国学者肖夏娜·坦塞认为，经济民族主义"是指一个国家的这样一种愿望：在世界经济体制范围内掌握本国的经济命运，以及在本国领土范围内行使主权，决定谁可以开发自然资源，谁可以参与各经济部门的活动"③。另外一名美国学者罗伯特·吉尔

---

① Fernando Demaría, *El Pensamiento Económico del Dr. Carlos Pellegrini*, Buenos Aires, 1966, p.18.
② Oreste Popescu, *Studies in the History of Latin American Economic Thought*, Routledge, 1997, p.270.
③ [美]肖夏娜·坦塞：《拉丁美洲的经济民族主义——对经济独立的探求》，涂光楠等译，商务印书馆，1980年，第27页。

平则从政治经济学的角度来定义经济民族主义，他说："用高度概括的话来说，经济民族主义（或如最初所称的重商主义）是由近代政治家的社会实践发展而来的，主张政治是重于经济的第一位因素，经济民族主义是国家建设的最基本信条，它主张市场要服从国家利益，政治因素确定（或至少应该决定）经济关系。"①而在19世纪德国历史学派和20世纪美国制度学派的理论中，"经济民族主义"概念主要用以强调国家干预经济的重要性，主张国家应保护民族经济，实行适度的贸易保护主义。本文对经济民族主义的理解更接近这两个学派的解释。

经济民族主义在拉丁美洲的出现最早可以追溯到19世纪70年代，前文所提的洛佩斯-佩列格里尼学派就具有一定的经济民族主义倾向。不过，现代经济民族主义的迅速发展和壮大，则与第一次世界大战的爆发密切相关。一战爆发后，拉丁美洲的许多国家都陷入了经济危机之中：一方面，由于欧洲国家陷入战争，传统的初级产品出口部门因市场受阻而困难重重；另一方面，来自于欧洲国家的进口工业品因战争的影响而出现中断。面对这种局面，许多有识之士开始反思和批判初级产品出口战略。对危机的反思和批判，推动了拉美经济民族主义的发展。以阿根廷为例，有学者这样描述："战时危机……激起了一小部分有影响的阿根廷知识分子对国家经济结构的反思。他们对传统的出口导向经济的合理性提出了挑战，他们对20世纪阿根廷经济思想的发展产生了深远的影响。他们提倡发展工业和渴求经济独立，成为现代阿根廷经济民族主义的思想先驱。"②

20世纪30年代的经济大萧条对拉丁美洲产生了重大影响，它一方面"使得在一个几乎被欧美银行家和商人企业家完全支配的地区失去了外资和商品出口"，拉丁美洲地区的出口额由1928—1929年的50亿美元下降到1933年的15亿美元。③另一方面，西方工业国家由于危机缠身，几乎中断了对拉美国家的工业

---

① [美]罗伯特·吉尔平：《国际关系政治经济学》，杨宇光等译，经济科学出版社，1989年，第34页。

② Carl E. Solberg, *Oil and Nationalism in Argentina: A History*, Stanford University Press, 1979, p.29.

③ 苏振兴、徐文渊主编：《拉丁美洲国家经济发展战略研究》，北京大学出版社，1987年，第3页。

品出口。上述两方面的打击使拉美国家的初级产品出口战略走进了死胡同。

大萧条带来的危机使经济民族主义思潮在拉美地区进一步发展和扩散。对于这种情况，美国学者伯恩斯指出："1929年和1930年国际经济的崩溃以及随之而来的长期经济大萧条，促使人们将注意力转向民族主义的另一种形式：经济民族主义或发展民族主义。困难的年代再次向拉丁美洲人强调了依附性和他们经济的脆弱性。……民族主义者要求采取措施，增加民族经济的生存力……他们制定了增加经济多样化和促进工业化的计划。工业化既是常识的要求，又是引以为荣的东西。首先，工业化可望使经济多样化；其次，它防止外汇花费在本国可以制造的进口项目上。"①

在阿根廷，经济民族主义主要由于阿根廷与英国之间不平等的《罗加-伦西曼条约》的签订而迅速发展②。在该条约签订后的次年，伊拉苏斯特拉兄弟出版了一本名为《阿根廷和英帝国：链条上的环节，1806—1933年》的著作，对阿根廷统治阶级在条约中做出的过多让步进行了分析和批判，得到许多阿根廷知识分子的认同。该书在当时的影响很大，甚至有学者认为它的出版使民族主义成为"一支主要的思想力量"③。

普雷维什的经济思想实际上就是这种思潮进一步发展的结果，中国学者林被甸对此评价说："民族主义的有关主张和实践，最终为在拉美创立关于发展的新理论打下了基础，这就是40年代末50年代初由劳尔·普雷维什提出的拉美结构主义发展理论（也被称为'拉美发展主义'）。因此可以说，拉美结构主义的产生，是民族主义向经济领域发展的结果，是经济民族主义的一种表现，它的

---

① [美]布拉德福德·伯恩斯：《简明拉丁美洲史》，王宁坤译，湖南教育出版社，1989年，第257~258页。

② 关于该条约的具体内容和影响，本文下一节将作比较详细的分析。

③ [英]莱斯利·贝瑟尔主编：《剑桥拉丁美洲史》（第八卷），中国社会科学院拉丁美洲研究所译，当代世界出版社，1998年，第32页。

出现并不是偶然的。"①这种民族主义的情绪在思想意识上就表现为对"思想独立性"和"创造性"的追求。对于前者，凯伊这样描述道："拉丁美洲的民族主义热情主要集中于反对美国资本对本地区国内事务在经济上和政治上的操纵。这种对真正民族独立性的追求也表达了拉丁美洲知识分子的愿望，他们希望通过建构一些可以取代居于统治地位的中心正统理论的理论来实现'社会科学的非殖民化'。"②对于后者，有学者指出："新一代知识分子不仅宣传创造的重要性，而且认为拉美民族有充分发扬创造性的天然条件。这种条件就是拉美历史上形成的种族融合。"③

普雷维什作为这些知识分子中的一员，难免不受影响，我们从他在20世纪40年代后期的一些言行中便可体会出民族主义的影响。1949年，普雷维什向联合国秘书长特里格夫·赖伊的代表大卫·欧文提出了进入拉美经委会的三个条件，其中第一条就是强调该组织的"思想独立性"。1950年，在美国驻美洲国家组织大使向普雷维什提出将拉美经委会与美洲国家组织合二为一，并提议普雷维什为合并后的新组织领导人候选人的计划后，普雷维什说："大使先生，我完全理解您的立场。但我必须坦率地对您说，我们这个新的组织拉丁美洲经济委员会的基础是思想独立性。这是我们拉美人第一次有机会用我们自己的理论来思考经济问题。在此之前，我们一直都没有这种机会……所以非常抱歉地对您说，我不能接受（您的提议）。"④

总之，拉美结构主义理论"继承和发展了拉丁美洲在战前几十年间出现的

① 林被甸的《对20世纪中叶拉美社会变革的思考》，是提交给2003年10月13—17日在中国庐山举行的"20世纪拉丁美洲变革与发展"学术讨论会的论文。

② Cristóbal Kay, *Latin American Theories of Development and Underdevelopment*, Stanford University Press, 1989, p.14.

③ 索萨：《拉丁美洲思想史述略》，云南人民出版社，2003年，第185~186页。

④ Pollock, Kerner and Love, "Raúl Prebisch on ECLAC's Achievements and Deficiencies: an Unpublished Interview", *CEPAL Review*, No. 75, Dec. 2001.

现代化思潮，是发展理论与民族主义相结合的产物"①。

三、普雷维什个人经历的影响

拉美结构主义发展理论的形成，还与普雷维什早年的职业生涯息息相关。1923年博士毕业后，普雷维什在布宜诺斯艾利斯大学任教的同时，还先后在阿根廷农业协会、国家统计部和国家银行经济研究部等机构任职，积累了比较丰富的理论基础和实践经验。1930—1943年，普雷维什先后担任阿根廷财政部副部长、农业部经济顾问和中央银行行长，进入了阿根廷政府经济事务的决策阶层，直接参与和领导了这一时期阿根廷经济政策的制定和执行，这种经历对其经济发展思想的形成起到了促进作用。

普雷维什进入阿根廷决策阶层之时，正值大萧条肆虐之际。这场危机不仅对阿根廷经济造成了严重的影响，也大大地影响了阿根廷与英国的经贸关系。

大萧条以前，英国是阿根廷的主要贸易伙伴，阿根廷主要向英国出口肉类和谷类，对英出口约占其出口总额的40%；同时进口英国的工业品，约占其进口总额的20%。②而且，在两国的贸易中，阿根廷长期处于较为有利的顺差地位。在经济繁荣时期，英国尚能够从其他国家的贸易中弥补其对阿根廷贸易的逆差，但是随着大萧条的爆发，以及英联邦其他国家不断施加压力，英国在1932年的渥太华英联邦会议上，决定对英联邦成员国实行贸易优惠，以换取英国商品进入各联邦成员国市场的优惠待遇，即"帝国优惠制"。这种贸易安排直接威胁到阿根廷向英国的出口份额，尤其是它的肉类出口份额，因为对英国的肉类出口占阿根廷出口总值的16%。③

为了减少英联邦的帝国优惠制可能给阿根廷造成的损失，阿根廷政府派副

---

① 李春辉、苏振兴、徐世澄主编：《拉丁美洲史稿》（第3卷），商务印书馆，1993年，第14页。

② Joseph L. Love, "Raúl Prebisch and The Origins of the Doctrine of Unequal Exchange", *Latin American Research Review*, Vol. 45, No. 3, 1980, p.49.

③ Arthur P. Whitaker, *Argentina*, Prentice Hall, 1964, p.93.

总统胡里奥·A.罗加赴伦敦与英国政府的代表、英国商会主席沃尔特·伦西曼进行谈判。经过讨论，两国于1933年5月达成了一份贸易条约，即《罗加-伦西曼条约》。该条约的主要条款包括：英国将不减少对阿根廷冷冻牛肉的进口，进口数量维持在1931年7月到1932年6月期间的进口水平；阿根廷对英国出口所赚取的外汇必须予以保留，汇回英国，阿根廷偿还其他国家的公共债务可能要扣除的有限数额除外；在条约签署时仍然被管制的英国资金将被转换成一种利息为4%的英镑贷款，偿还期20年，等等。①

从上述条款的内容来看，《罗加-伦西曼条约》是不平等的。一方面，它激起了多方面的批判，"受到了阿根廷保守派以外几乎所有人的攻击"②。例如，1933年7月，阿根廷国会围绕该条约展开了激烈的辩论，阿根廷进步主义领袖利桑德罗·德·拉·托雷严厉批评了条约对阿根廷出口配额的限制。他说："英国的每一个自治领都有一定的配额，并有权加以管理。……阿根廷是唯一不能管理自己配额的国家。新西兰可以自己管理，加拿大和澳大利亚也可以自己管理，甚至南非也是如此。英格兰对于其国际人格都受到限制的帝国成员的尊重显然要胜于对阿根廷的尊重。"③

另一方面，《罗加-伦西曼条约》的不平等刺激了阿根廷经济试图摆脱对英国依赖、寻求发展工业化的努力，为普雷维什发展思想的逐渐形成提供了一个生动的反面教材。普雷维什在1933年参加世界经济会议后，曾经亲赴伦敦，担任了《罗加-伦西曼条约》谈判的技术顾问。作为一个亲历者，普雷维什切身体会到弱国与强国谈判时的被动地位，深切认识到了阿根廷在对英国贸易中的不利境况，因而更多地关注初级产品贸易条件的问题，开始寻求在阿根廷实施新

---

① Ovidio Mauro Pipino, *Tratado Roca-Runciman y el desarrollo industrial en la decada del trienta*, Editorial Galerna, 1988, pp. 45-53.

② George Pendle, *Argentina*, Oxford University Press, 1963, 3rd Edition, p. 79.

③ Julio Notta, *Crisis y solución del comercio exterior Argentino*, Editoriales Problemas Nacionales, 1962, p. 158.

的经济政策。

1934年7月，普雷维什发表《经院哲学式的通货膨胀和阿根廷的货币》一文。他在文中指出，由于"农业价格的下降幅度远远大于制成品价格的下降幅度"，1933年与大萧条以前相比，为了获得相同数量的制成品进口，阿根廷必须多出口73%的初级产品，阿根廷必须支付两倍的黄金才能履行与1928年一样的固定外债义务，这必然对该国的贸易条件产生不利影响。[①]在这篇文章中，我们已经开始看到拉美结构主义理论的初步萌芽。

1937年，普雷维什在《经济评论》杂志上撰文再次提出农产品和工业品价格变化的不同特点，以及对于工业国和农业国的不同影响。同时，普雷维什还观察到阿根廷工业发展与它同世界经济联系程度之间的反比关系，即当它与世界经济联系紧密时，其工业化的动力就受到抑制；相反，当阿根廷与世界经济相对缺少联系时，工业发展就更为迅速。由此，普雷维什得出了一个初步的结论：一味地依赖初级产品出口，已不再是经济发展的有效途径了。

1939年，在普雷维什的主持下，阿根廷中央银行发布了1938年的年度报告，进一步指出，阿根廷这样的初级产品出口国的贸易周期主要是其工业化的贸易伙伴国贸易周期的一种反映。在阿根廷中央银行的1942年年度报告中，普雷维什开始明确提出通过工业化来克服阿根廷经济的对外脆弱性。该报告认为，出口和发展工业并不是不相容的，问题在于将进口品的构成由消费品改成资本品而已。在这里，我们可以看到拉美结构主义发展思想的大致轮廓。

1943年6月4日，阿根廷军人发动军事政变，推翻了卡斯蒂略政府。政变后，普雷维什辞去阿根廷中央银行行长的职务，重新回到布宜诺斯艾利斯大学经济系，再次开始了执教和研究的生涯。在此期间，普雷维什系统地思考了"为什么我必须突然抛弃已经根深蒂固的信仰呢？为什么国家必须在发展中发挥

---

① Raúl Prebisch, "La inflación escolástica y la moneda argentina", *Revista de Economia Argentina*, no.193-194, julio-agosto de 1934, pp.11-12；G. Weinberg et. al., *Raúl Prebisch: Obras 1919-1948*, Tomo 2, Fundacion Raúl Prebisch, 1991, pp.341-342.

积极的作用呢？为什么中心制定的政策不能适用于外围呢？"等一系列理论问题，这为其经济发展思想的形成"铺平了道路"。①

根据有关资料的记载，早在1944年，普雷维什就在布宜诺斯艾利斯大学的课堂上第一次提及"中心-外围"的概念。②到1946年8月，普雷维什应邀出席了在墨西哥城举行的"美洲大陆中央银行问题技术大会"，即西半球中央银行家会议，在会上他第一次用书面形式提出了"中心-外围"的概念和理论。他指出，美国是当今世界的"中心"，而拉美则是"经济体系的外围"，整个世界的贸易周期都是依照美国经济的周期而设定的，"美国的财政和货币政策可以追求一种不用造成货币不稳定而实现充分就业的政策"，而"外围国家则不可能适用与中心一样的货币工具"。③对于这种状况，普雷维什认为传统的经济学理论已经失去了效用，转而求助于其他方面的理论。

英国经济学家凯恩斯的理论吸引了普雷维什的注意。他开始系统地研究和宣传凯恩斯的经济理论，并于1947年2月在墨西哥城出版了《凯恩斯简介》一书，同时还发表了《凯恩斯勋爵的经济理论和古典主义理论》《凯恩斯理论中的资本和利率》《凯恩斯的消费倾向理论和乘数理论》和《凯恩斯的理论体系及其经济和社会计划》等一系列文章。此外，我们从普雷维什这一时期在大学课堂的讲稿中，也可以非常清晰地看到凯恩斯经济理论对他的影响。对于凯恩斯理论对普雷维什和拉美结构主义的影响，有学者这样评价说："尽管拉美经委会的理论显然可以在古典经济思想和马克思主义中找到根源，但它们却渗透了凯恩

---

① Raúl Prebisch, "Cinco etapas de mi pensamiento sobre el desarrollo", in CEPAL, *Raúl Prebisch: Un Aporte al Estudio de su Pensamiento*, Santiago de Chile, 1987, p. 14.

② 普雷维什在1944—1948年的全部讲稿均收录于拉美经委会出版的缩微资料《劳尔·普雷维什博士论著档案(1920—1986)》(CEPAL, *Archivo de Trabajo de Dr. Raul Prebisch, 1920 - 1986*)第2卷，第35-61号。该缩微资料共计8卷，收藏于美国伊利诺伊大学(厄巴纳-香槟)图书馆。

③ Joseph Love, "Raúl Prebisch and The Origins of the Doctrine of Unequal Exchange", *Latin American Research Review*, Vol. 45, No. 3, 1980.

斯主义的语言。"①还有学者说："如果普雷维什有一种意识形态的话，它也许可以用一个简单的称号来概括：浪漫的凯恩斯主义。"②

1948年2月，在拉美各国的积极努力下，联合国拉美经委会正式成立，从而为普雷维什提供了一个经济理论研究的合适舞台，他对拉美经济发展问题的关心与日俱增。1949年5月，被誉为"拉美经委会宣言"③的《拉丁美洲的经济发展及其主要问题》一文问世。普雷维什在文中系统地提出了"中心-外围"范式和贸易条件恶化理论，并以此为基础论证了外围国家进行进口替代工业化的必要性和紧迫性。至此，拉美结构主义发展理论瓜熟蒂落，水到渠成了。因此，在某种程度上可以说，《拉丁美洲的经济发展及其主要问题》的问世，标志着拉美结构主义发展理论的正式诞生。

结 语

拉美结构主义的诞生，在拉美和第三世界的现代化进程中具有重大影响，它标志着第三世界国家开始寻求一条有别于发达国家历史进程的、适合发展中国家实际情况的现代化道路。事实上，在拉美结构主义诞生的同时，发达国家中的许多学者对发展中国家如何实现现代化的问题也在研究，他们提出了正统的"现代化理论"。这种理论是在西方结构功能主义对社会变迁问题的研究及其互容性原则的研究方法的影响下出现的一种理论思潮。它的着眼点在于总结西方社会在近现代时期的发展历程，建构一种能够普遍适用的现代化范式。诚如

---

① Fernando Henrique Cardoso, "The Originality of The Copy: CEPAL and the Idea of Development", *CEPAL Review*, Second Half of 1977. Reprinted in Albert O. Hirschman, ed., *Toward a New Strategy for Development: A Rothko Chapel Colloquium*, Pergamon Press, 1979, p.70.

② Frederick F. Clairmonte, "Prebisch and UNCTAD: The Banality of Compromise", *Journal of Contemporary Asia*, Vol. 16, No. 4, 1986.

③ 这一说法最早是由美国著名经济学家艾伯特·赫希曼提出来的，后来成了国际学术界普遍接受的术语。Albert O. Hirschman, "Ideologies of Economic Development in Latin America", A. O. Hirschman, ed., *Latin American Issues*: Essays and Comments, Twentieth Century Fund, 1961, p.13.

该理论的代表人物S. N.艾森斯塔特所说："就历史的观点而言，现代化是社会、经济、政治体制向现代类型变迁的过程。它从17世纪至19世纪形成于西欧和北美，而后扩及其他欧洲国家，并在19世纪和20世纪传入南美、亚洲和非洲大陆。"[1]也就是说，发展中国家实现现代化的过程就要像西方国家那样，实现从传统社会向具有经济富裕、工业发达、政治稳定、社会流动等特征的社会逐步过渡的过程。而实现这样的过渡需要价值观、体制、组织和个人伦理观等方面的变革。概言之，现代化过程就是西方工业文明向全世界扩展的过程。以这种理论为指导，西方正统经济学家们提出了一系列所谓的增长模式，以及实现这些模式的政策主张。

以普雷维什为代表的拉美经济学家们指出，上述正统理论和政策所能解决的"只是一些非常特殊的个案"，没有考虑发展中国家的特殊性，"从好处上说推迟了第三世界的发展，从坏处上讲则使第三世界的不发达永久化"，因此迫切"需要新的理论来解释这些国家不同的结构、动力和现实"。[2]拉美结构主义理论便是在这样的背景下诞生的，它反映了普雷维什等拉美学者在探索符合拉美国家国情的现代化道路上的理论追求。也正是基于这样的考虑，拉美结构主义提出了一些与西方正统理论截然不同的观点，如中心-外围理论、贸易条件恶化论、进口替代工业化理论、结构主义通货膨胀理论等，同时也逐步提出了一系列与这些理论相适应的政策措施。

拉美结构主义理论及其相关政策，对二战后前三十多年间拉美的现代化进程，产生了深远的影响。对于这一点，国内外学者大多持肯定意见。例如有学者认为："拉美结构主义思想在（20世纪）50和60年代对于拉美国家经济发展模式及发展政策的选择都产生了很大的影响。"[3]还有学者说："在50和60年代

---

① ［以色列］S.N.艾森斯塔特：《现代化：抗拒与变迁》，张旅平等译，中国人民大学出版社，1988年，第1页。

② Cristóbal Kay, *Latin American Theories of Development and Underdevelopment*, Arnold, 1999, p. 4.

③ 苏振兴主编：《拉丁美洲的经济发展》，经济管理出版社，2000年，第121页。

期间……这个理论以强有力的方式抓住了拉丁美洲及加勒比地区各国的社会群体、阶级和部门。这些社会群体原来就在寻求某种发展模型，而现在人们在拉美经委会的学院中找到了它。因此，这一理论就深深地影响着和鼓舞着集体的想象和舆论，指引着社会实践。在这二三十年中，拉美的人们经历了一场'发展的狂欢节'。"①从这些言论可以看出，国内外学术界基本上都肯定结构主义在50年代和60年代期间对拉美现代化进程的影响。

结构主义的影响大多是通过拉美经委会施加的，这一点也得到了学术界的广泛认同。②一般说来，拉美经委会对拉美国家施加影响的渠道大体有这样四种：

一是通过培训各国的学者和官员，来扩大其理论和政策在各国的影响和应用。1962年成立的拉美经济和社会计划研究所就是拉美经委会下属的这类专门机构。根据有关统计，1952—1974年，拉美经委会关于计划与发展问题的基础课程培训班共在拉美各国招收了770名学者或官员。③

二是在帮助拉美国家建立相关机构、准备社会和经济发展计划方面提供咨询服务，甚至直接提出政策建议。例如，普雷维什在1955年向阿根廷的隆纳尔迪政府拟订了经济调整与改革的详尽计划，史称"普雷维什计划"④。

三是通过那些在拉美各国政府担任较高职务，同时在拉美经委会中也身居要职的学者或官员的桥梁作用，扩大拉美经委会思想的影响。有学者说："几乎每一个拉美国家的政府都有一名官员曾经是拉美经委会的工作人员或者参加过拉美经委会的培训计划，有的还是内阁级官员。拉美经委会为这些官员提供了

---

① ［委内瑞拉］海因茨·R.松塔格，《发展的际遇》，《国际社会科学杂志》（中文版）1995年第2期。

② David C. Bruce, "The Impact of the United Nations Economic Commission for Latin America: Technocrats as Channels of Influence", *Inter-American Economic Affairs*, Vol. 33, No. 4, Spring 1980; Fernando Cardoso, "The Originality of a Copy: CEPAL and the Idea of Development", *CEPAL Review*, Second Half of 1977, pp.7-40; Kay, *Latin American Theories of Development and Underdevelopment*, Arnold, 1999.

③ David C. Bruce, "The Impact of the United Nations Economic Commission for Latin America: Technocrats as Channels of Influence", *Inter-American Economic Affairs*, Vol. 33, No. 4, Spring 1980, p.9.

④ Arturo Jauretche, *El Plan Prebisch: Retorno al Coloniaje*. Buenos Aires, 1973.

他们在自己国家通常不会得到的职业经历。由于与拉美经委会的关系如此密切，再加上拉美经委会进行了大量的研究和建议，拉美经委会的思想在本地区的许多政府官员中有很大的影响。"①

四是通过发布年度经济报告以及其他有关文件来评估拉美各国的经济发展情况，提出拉美经委会的政策建议，扩大其思想的影响。

然而拉美经委会作为联合国下属的一个地区经济组织，在多大程度上能够影响到各个国家的决策阶层，这本身就是一个需要深入研究的问题，而且拉美经委会在拉美各国中的影响程度也是不同的。例如，在普雷维什的祖国阿根廷，拉美经委会的影响就较小，尤其是在庇隆执政时期（1946—1955年）。所以结构主义发展理论对拉美国家的影响是不平衡的。不过，思想的影响是不分国界的，而且具有潜移默化的渗透力，再加之拉美经委会的大力推广，拉美国家在20世纪50—70年代都会不同程度地受到结构主义发展理论的影响，这一点是毋庸置疑的。至于这种理论在80年代以来是否仍然发挥效用的问题，学术界则存在一定的分歧：一种观点认为，在新自由主义的冲击下，拉美结构主义理论基本上退出了历史舞台；另一种观点强调，拉美结构主义理论仍然通过拉美经委会的努力而对该地区各国的现代化进程产生着影响。

关于拉美结构主义的影响问题，作者将另文专论，不再赘述。之所以提出这个问题，主要是为了说明这种发展理论在拉美现代化进程中的重要性，并因此凸显研究该问题的重要性。在这种意义上说，以下面一段话来结束本文，或许能聊表作者的一点心迹。

"全球化日益加速的时代理应意味着结构主义和依附论之有效，因为它们都是从全球的视角来看待发达与不发达问题的。……中心国家（或称发达国家）与外围国家（或称欠发达国家）之间的经济鸿沟和收入差距在不断扩大，这恰

---

① David C. Bruce, "The Impact of the United Nations Economic Commission for Latin America: Technocrats as Channels of Influence", *Inter-American Economic Affairs*, Vol. 33, No. 4, Spring 1980.

好证明了结构主义与依附论的预言，而与新古典理论和新自由主义的趋同论背道而驰。"①

本文原刊载于《世界历史》2008年第6期，收入本书时略作修改。

作者简介：

董国辉，男，1968年5月生，湖北省武汉市人。1986年考入南开大学历史系世界史专业，先后获得历史学学士、硕士和博士学位。现为南开大学拉丁美洲研究中心主任，南开大学历史学院教授、博士生导师，兼任中国拉丁美洲史研究会理事长、中国拉丁美洲学会副秘书长、中国人权研究会第四届全国理事会理事。主要研究领域是拉丁美洲史、拉美经济思想史、拉美国际关系史。

---

① Robert N. Gwynne and Cristobal Kay, "Latin America Transformed: Changing Paradigms, Debates and Alternatives", in Gwynne and Kay, eds., *Latin America Transformed: Globalization and Modernity*, Arnold, 1999.

中国史待然独特 全球史功能无比：

全球史中的中国史

张伟伟

中国史是全球史的一部分。这一点似乎毫无疑问。但是在我国，由于中国史和世界史泾渭分明的传统学科划分，学者鲜有真正把中国史当成全球史的一部分来深入研究。囿于学术训练和知识结构，研究中国史的学者往往把中国与外部世界的交往看成对外交流，尽管对这方面的研究越来越重视、越深入，但大都仍停留在具体交流和比较的层面。而研究"世界史"的学者关注外国，对中国的研究不够并对中国在全球史中的地位往往也重视不够。尽管在我国，学者编写的世界史中都有中国部分，但这一部分一般比较简单，主要侧重在中外关系和对外交流方面：古代时期强调中国文明的对外影响，近现代时期突出外国对中国的入侵和影响导致的反抗斗争以及中国对外来文化的引进与排斥等。这种情况使全球史中的中国史在我国处于"鸡肋"般尴尬的境地：中国史和世界史的学者都重视不够。

这种情况的出现有其历史和现实的复杂原因，可以理解。但问题是：不加强全球史中的中国史研究，既不利于中国史研究也不利于我国全球史的研究。笔者认为现在该重视这个问题了。现在，我们也有更有利的条件做到把中国史作为全球史的一部分来进行研究。我们不仅有这种需要，而且也有这种可能。因为只有这样，我们才能更好地与国际学术界平等交流，共同创建新的全球史并深化中国史研究。

一、中心论与中国

中心论是个历史现象，是人的区域性和认知局限的结果，于是出现了以

"地中海"为中心的"欧洲中心论"，以"中原"为中心的"中国中心论"，或以其他文明为中心的中心论。正像历史上关于宇宙到底是"地球中心论"还是"太阳中心论"之类的争论一样，人们现在终于知道宇宙是无中心的了，太阳系也只不过是茫茫宇宙中之浮尘而已。

由于世界史是欧洲人创建的，所以"欧洲中心论"一直占主导地位。彼得·格兰指出："欧洲中心论是撰写世界史的基础的说法不难从历史研究和史学理论中看出。欧洲人，特别是日耳曼人，开创了现代历史学。他们把历史学划分为不同的研究领域，世界史便是其中之一。"[①] 罗荣渠也认为："19世纪以来盛行的以希腊、罗马为古代世界的中心、以基督教文明为世界文明的主体的观点，是狭隘的欧洲中心主义的世界观的反映。这是不符合世界历史的实际的。"[②] 不过，在"欧洲中心论"的世界史中，似乎不争的是中国古代的"先进"和近现代的"落后"，特别是与欧洲相比较而言。但到底中国的"先进"保持到什么时候和中国何时开始"落后"或"衰落"却见仁见智，争论颇大了。

《国富国穷》的作者戴维·S.兰德斯认为："中国在一千年以前是世界的中心，是地球上最富庶、人口最多的帝国，约300年前仍是人们赞叹的目标，此后却没落到受人讥笑与怜悯的境地。"[③] 他又说："直到最近为止，在一千余年的被多数人视为进步的这一过程之中，关键的因素——推动力——是西方文明及其传播，其中包括知识、技术以及政治和社会意识形态，其中好坏都有。这一传播部分来自西方的支配地位，因为知识等于力量；一部分来自西方的传授；一部分来自模仿，散布是不均衡的，而且西方许多榜样遭到拒绝，被视为侵略。"[④] 在沃勒斯坦"核心-边缘"模式的现代资本主义世界体系中"……16世纪

---

① Peter Gran, Beyond Eurocentrism: *A New View of Modern World History*, Syracuse University Press, 1996, p.2.

② 罗荣渠：《有关开创世界史研究新局面的几个问题》，北京大学历史学系世界史专业编：《北京大学百年校庆世界史文集》，北京大学出版社，1998年，第203页。

③ ［美］戴维·S.兰德斯：《国富国穷》，门洪华等译，新华出版社，2001年，第486页。

④ ［美］戴维·S.兰德斯：《国富国穷》，门洪华等译，新华出版社，2001年，第728页。

出现了欧洲世界经济"①，而中国在那时甚至连"边缘"都算不上了。

与沃勒斯坦等人的"欧洲中心论"分庭抗礼，安德烈·冈德·弗兰克在《东方新视野：亚洲时代的全球经济》②中认为，1400—1800 年"整个世界经济体系实际上是以中国为中心"③，这是"一种各种中心的等级制，位于顶端的可能是中国"④。罗伯特·B.马克斯也认为："最重要的是：驱动导致思想、新食品作物以及工业品交流的全球贸易的经济发动机在亚洲。可能早在 1000 年，中国的经济和人口增长就刺激了整个欧亚大陆，另一次高潮大约在 1400 年开始并一直持续到 1800 年左右。亚洲是用以保障中国和印度经济发展的白银的巨大需求地，也是世界上工业品（特别是纺织品和瓷器）和香料的最大产地。"⑤ "可以坦言，要是没有中国对白银的需求，欧洲人在世界经济中的作用肯定会大打折扣。结果是，中国对白银的需求和美洲的白银供给使欧洲人得以靠亚洲商品和贸易网络而发财致富。"⑥ 而且中国"将世界各地的白银收罗到中国并用中国的工业品充斥世界市场"⑦。所以"1750 或 1800 年以前亚洲在人口、工业和农

---

① Immanuel Wallerstein, *The Modern World-System: Capitalist Agriculture and the Origins of the Eu - ropean World-Economy in the Sixteenth Century*, Academic Press, 1974, p. 301.

② Andre Gunder Frank, ReORIENT：*Global Economy in the Asian Age*, University of California Press, 1998. 弗兰克在 20 世纪 80 年代的论著中改变了自己的观点，开始抨击欧洲中心论。该书中文版书名被译为《白银资本：重视经济全球化中的东方》，笔者认为该译文不能贴切表达作者使用寓意深刻的双关语"ReORIENT"一词的良苦用心和"Global Economy in the Asian Age""亚洲时代的全球经济"的准确含义，故按自己的理解译出。

③ Andre Gunder Frank, ReORIENT: *Global Economy in the Asian Age,* University of California Press, 1998, p. 117.

④ Andre Gunder Frank, ReORIENT: *Global Economy in the Asian Age,* University of California Press, 1998, p. 328.

⑤ Robert B. Marks, *The Origins of the Modern World: A Global and Ecological NarrativeLanham,* Rowman & Littlefield, 2002, pp.10-11.

⑥ Robert B. Marks, *The Origins of the Modern World: A Global and Ecological NarrativeLanham,* Rowman & Littlefield, 2002, p.127.

⑦ Robert B. Marks, *The Origins of the Modern World: A Global and Ecological NarrativeLanham,* Rowman & Littlefield, 2002, p.16.

业生产力上都雄踞世界中心"①。霍华德·斯波戴克也指出："1550—1800年墨西哥和南美洲生产了世界80%以上的白银和70%以上的黄金。……1527—1821年美洲生产的全部白银中有三分之一至一半流入中国。墨西哥比索在中国成为一种合法货币。"②

在2001年弗兰克写给笔者的信中，他说："我现已着手写前一本书的19世纪续集了。我眼下从1816年开始写，但可能要再次回到1750年。而且不错，我越来越发现你所说的情况（我在给他的信中让他考虑一下亚洲国家的'衰落'是否比他在《东方新视野》一书中所估计的还要晚一些——笔者），特别是就中国而言，我现在觉得'衰落'可能直到1860年左右才开始，而且鸦片战争一直误导我们——以及许多中国人，但很高兴你不在其中！（我在给他的信中指出：鸦片战争中中国的军事失败造成了其综合国力不如欧洲国家的假象——笔者）——使我们认为衰落比实际上开始的时间要早得多。"③

如此看来，中国在全球史中的地位要么被贬低，要么被夸大，双方的倾向性十分明显，都要争一争世界经济的发动机到底在哪里。难怪对于20世纪80年代以来抨击欧洲中心论的论著，兰德斯抱怨说："在谈论相对价值观和道义平等的世界，只要一提到以西方为中心（欧洲中心论）的全球史的想法，就会被谴责为傲慢和压迫性的言论。"④他认为："反欧洲中心论的这种想法是根本反理智的，而且也违背事实。"⑤笔者2002年通过电子邮件问弗兰克，为什么他和马克斯要贬低欧洲人在全球史（不只是经济）中的作用并试图用"中国-亚洲中心论"去挑战"欧洲中心论"时，弗兰克说："因为在我的书之前，其他所有人都坚持另一个更没有道理的极端。或许我过分强调先前完全被否定的事实是有点

---

① Robert B. Marks, *The Origins of the Modern World: A Global and Ecological Narrative*Lanham, Rowman & Littlefield, 2002, p.7.

② Howard Spodek, *The World's History*, Prentice Hall, 2001, pp.413-414.

③ 弗兰克2001年5月对笔者2001年3月23日写给他的信的复信。

④ [美]戴维·S.兰德斯：《国富国穷》，门洪华等译，新华出版社，2001年，第728~729页。

⑤ [美]戴维·S.兰德斯：《国富国穷》，门洪华等译，新华出版社，2001年，第729页。

不对头。"①我想他们是有点矫枉过正了，弗兰克充分意识到了这个偏颇，多次在论著和与笔者的交谈及电子邮件来往中强调他是"无中心论"。看来，他只是情不自禁而已。

心理上，人以自我为中心，egoism、egotism、self-centered，民族也是如此。中国"史官"写"中国–汉族中心论"（Sino-centrism）中国历史，西方历史学家写历史"欧洲中心论"（Euro-centrism）或"西方中心论"（West-centrism）世界历史都有其道理。这正是主观历史学是扭曲客观历史的"哈哈镜"（Distorting Mirror），充满民族主义的傲慢与偏见的根源所在。

宇宙没有中心，自然界没有中心、有机体没有中心，几乎所有整体的东西都没有中心，都是各部分共存互动，相辅相成。人体的"中心"在哪里？人类社会也没有中心，所有的"中心论"都是一厢情愿的"自恋"（narcissism），扩大为"民族自恋"（national narcissism）和"文化自恋"（cultural narcissism）。

"中心论"害人不浅。笔者认为："全球史没有中心，是人类多样统一的整体发展。"②驱动世界贸易的经济发动机既不是"亚洲的"，也不是"欧洲的"，而是"全球"互动的。所以笔者认为无中心是取代任何中心论的合理选择，只有从无中心的角度才能中肯地评价不同地区作为功能体或"历史的不自觉的工具"③在全球史中的地位和作用。

二、中西比较与可比性

中西比较一直是热门研究，或是中国与欧洲（西欧）比，或是中国与某个欧洲国家（如英国）比，或是中国的一个地区（如长江三角洲）与欧洲的一个国家或地区比，或是就某个领域比（气候、农作物、技术、政治体制、经济结构等）。

---

① 弗兰克2002年12月13日致笔者的电子邮件。

② 张伟伟：《论全球史整体研究》，《世界近现代史研究》（第一辑），中国社会科学出版社，2004年，第4页。

③ 马克思：《不列颠在印度的统治》，《马克思恩格斯选集》（第一卷），人民出版社，1995年，第766页。

这些比较的确显现出了许多相似性和许多差异性，加深了人们对两个个体分别的认识，但往往越比较越惘然，如同走进了怪圈或死胡同，反倒比较出了更多说不清楚的问题。如《中西500年比较》一书的作者和编者们认为："当15、16世纪到来之际，当古老的中国向着中世纪做最后冲刺的时候，西方却迎头赶上，悄悄来到我们的身旁，同我们站到了同一起跑线上。"①真的是在"同一起跑线上"吗？笔者对此实在不敢苟同。

笔者并非一概反对比较研究，而是认为正像在自然科学实验中一样，恰当的比较研究可以加深对事物的共性与个性的认识。但是笔者反对简单表象的不恰当比较，特别是在整体研究中对两个没有可比性的部分进行教条地机械比较。比较研究中比较对象的可比性是一个非常复杂的问题，应当审慎确定比较对象和比较的内容，万万不可随意比较。比较研究有一种未言或心理上或潜意识的推测：如果二者相似，那么发展就应当大体一样，否则便肯定有所差异或差异性超过相似性，而正是这些特性上的差异使二者的发展方向和性质变化不同。比较研究一般是采用逆推法，从结果追溯原因，所以总是把两个最初看似相同而后来迥然相异的事物拿来比较研究。

中西比较中有个难结：比较单位/对象。历史上，欧洲长期分裂，小国寡民，与统一为主的人口大国中国的确不在一个级别上。此外，不仅欧洲自身各部分（王国、公国、城邦等）之间的差异就已经大得很可以了，而且中国不同地区之间的结构性差异和分工也颇大，真难形成两个相当的比较对象。再者，人们习惯于以形成很晚的现代民族国家作为比较单位，这与历史上分合缩扩不断的帝国或王国概念相去甚远。所以中西比较的单位看上去"清楚"，实际上非常模糊（地理上、政治上、经济上、文化上、生态上、心理上等）。此外，中国人概念中的欧洲，实际上是"西欧"（即便是"西欧"，实际上也是不同时期西欧不同的部分地区），西方学者也大体如此，中欧、东欧、北欧和俄罗斯基本上不在与

---

① 毛磊等主编：《中西500年比较》，中国工人出版社，1991年，第1页。

中国比较之列，而西方人心中的中国是"中原"加"江南"，不把西部、北部、西南部等地区考虑进来。所以沃勒斯坦认为："欧洲和中国之间还有第二个重要差别。中国是个辽阔的帝国，就像当时的土耳其-伊斯兰世界一样。欧洲却不然。欧洲是个新生的世界经济体，由许多小帝国、民族国家和城邦组成。这个差别在许多方面都很重要。"[1]

难怪，波梅兰茨在《分道扬镳：欧洲、中国与现代世界经济的形成》[2]一书中进行中西比较研究时，对研究单位就颇费了一番心思，最后确定："像长江三角洲（1750年左右人口为3100万~3700万）那样的一个地区确实大得足以与18世纪欧洲各国相比；而散布在旧大陆各地的长江三角洲、关东平原、不列颠和尼德兰，以及古吉拉特等核心地区彼此享有与其周边大陆或次大陆其他地区不同的某些重要特点（即比较自由的市场，众多的手工业和高度商业化的农业）。因此……为什么不直接比较这些地区呢？此外，如果这些分散的核心真的有很多共同之处，而且我们可以允许某些待然与合然变化，那么有理由使我们对它们的比较真正彼此相当：即寻找使英格兰没有走上长江三角洲或古吉拉特式道路的那些缺失、偶然和障碍并用较传统的方法找出使各非欧洲地区无法直接走上正常化欧洲道路的各种障碍。"[3]在其书遭遇众多批评之后，他进一步强调说："……有必要注意到……江南与英格兰的比较是以对这些发达地区所在的更大政治经济单位——欧洲和中国——的比较相衬托的。……江南与英格兰比较以中国与欧洲比较相伴的另一个重要原因是有助于确定这两个地区之间的某个具体差异到底应当只是被看成一个程度问题还是被当成将二者划入性质根本不同类

---

[1] Immanuel Wallerstein, *The Modern World-System: Capitalist Agriculture and the Origins of the European World-Economy in the Sixteenth Century,* Academic Press, 1974, pp. 43-44.

[2] Kenneth Pomeranz, *The Great Divergence: Europe, China, and the Making of the Modern World Economy*, Princeton University Press, 2000.

[3] Kenneth Pomeranz, *The Great Divergence: Europe, China, and the Making of the Modern World Economy*, Princeton University Press, 2000, pp.7-8.

型的依据。"①

美国"加州学派"领跑的这场国际中西比较大论战通过尖锐的批评讨论中西异同，特别是英格兰与江南乃至欧洲与中国的异同见仁见智，比较的方面越来越多、越来越细，对立的观点和批评也越来越多。这的确是学术界的幸事，对我国学者颇有启迪，我们应当积极参与对话。但是正如沃勒斯坦在20世纪70年代所说的那样："人们怀疑15世纪的欧洲和中国在人口、面积、技术状况（农业技术和航海工程）等基本点上存在着重大差别。而所存在的某些差别的程度很难说明是未来几个世纪发展差别如此悬殊的原因。"②目前看来，讨论的结论似乎依然难以令人满意，与其说是解决了问题不如说是引发了更多的问题。例如，罗伯特·布伦纳和克里斯托弗·艾斯特在批评波梅兰茨过分强调英国有美洲土地和煤和假定在1800年左右英国和长江三角洲大体上处在相似的轨道上并达到或多或少相同的生产力和生活水平的同时指出："为解释1600至1850年间英国经济与长江三角洲经济的差异，我们分析了英国极为独特的社会财产关系结构，它不仅与长江三角洲，而且也与中世纪的英国和1500—1750/1800年长时段中欧洲大部分地区都不相同。因此，我们的论点是：在长江三角洲，正像在中世纪英格兰和近代初期欧洲大部分地区一样，经济走上了马尔萨斯道路……英国经济，实际上在欧洲独一无二，当然也与长江三角洲迥然不同，取得了日益增长的农业生产率和17世纪初至19世纪50年代的长时段中和此后不断上升的人均国内生产总值。"③他们的争论引发我们更多地思考和质疑。英国和长江三角洲的技术、生产力、生活水平等曾经达到过相近的水平

---

① Kenneth Pomeranz, "Beyond the East-West Binary: Resituating Development Paths in the Eighteenth-Century World", *The Journal of Asian Studies*, Vol. 2, no. 61, May 2002.

② Immanuel Wallerstein,*The Modern World-System: Capitalist Agriculture and the Origins of the European World–Economy in the Sixteenth Century*, Academic Press, 1974, p.49.

③ Robert Brenner &Christopher Isett, "England's Divergence from China's Yangzi Delta: Property Relations, Microecnomics, and Patterns of Development", *The Journal of Asian Studies*, Vol. 2, no.61, May 2002.

吗？这个问题可与我国一些学者关于中西曾在"同一起跑线上"一起讨论。按布伦纳和艾斯特的说法，近代英国不仅与长江三角洲而且与中世纪英国和欧洲其他地区都"分道扬镳"了，这到底原因何在？换言之，英国为何能够独辟蹊径，率先走上工业化道路？我们似乎仍在原地踏步或绕圈，比较的细节越多就难免又回到最初的问题上来。

笔者认为：在发展道路问题上，中西没有可比性。这场争论的死结是试图比较全球整体中两个彼此没有可比性的地区。无论是英国还是江南都只是全球经济的不同组成部分，彼此在所属地区（如英国在欧洲/西方，江南在中国/东方）和全球经济中按自身的状况所处的社会分工发挥着"功能体"的作用。这些作用就像大象的象牙、鼻子、耳朵、腿一样彼此不可比较。首先，英国或江南不仅由于各自所处的区域历史、地理、文化、政治、经济、社会、生态等的众多不同而在其中的功能作用必然不同，而且各自所处的地区（欧洲和中国）在全球史中的功能在不同时期也有所不同。简单地比较二者的异同结果必然是表面相似性和差异性的条目单子可能越拉越长，但依然不得要领，说不清为什么二者后来不同了。其实，二者本来就是不同的，认为二者形似便必然质似的假定前提就是错的。这恐怕正是这场旷日持久的争论至今劳而无果的症结所在。其次，在全球史中，英国—欧洲—西方和江南—中国—东方一样都是整体中的不同部分，分工不同，功能也不同，二者同其他部分（美洲、非洲、亚洲其他地区、大洋洲以及"西欧"以外的欧洲其他地区）的相互作用所形成的合力既推动着全球史也塑造了各自不同的历史轨迹，其发展道路必然是不同的，而且这些不同的道路都是正常的，并不存在一条标准的所谓正常化道路，因为每条道路都是有待而然，因而必定是独特的。人们在假设一条正常发展道路的前提下，荒谬地把其他道路都看成"不正常"或"畸形"的了。这反映的只是认知的局限和僵化。

在全球史中，"东方"和"西方"不是两个可以比较的文明，而仅仅是多样统一全球史中功能不同的两个部分/功能体。因为全球史中各部分的变迁恰如

《庄子》书中罔两与景的对话中所暗示的那样："罔两问景曰：'曩子行，今子止，曩子坐，今子起。何其无特操与？'景曰：'吾有待而然者邪？吾所待又有待而然者邪？吾待蛇蚹蜩翼邪？恶识所以然？恶识所以不然？'"首先，"有待而然"是全球史不同部分发展的基础：一个部分的发展变化要取决于其他部分和整体的发展变化。① 如同自然科学家重视的物理学"场"概念，人类历史的整体和个体发展是处在"势"之中的。"势"，趋势、大势或潮流，是有待而然的各种力量汇聚而成的"合力"，笔者称之为"全球失衡"和"全球均衡"。俗话说，大势所趋，大势使然，势不可当，大势已去，顺势而行。在全球史中，一个地区或国家的发展和历史也是有待而然或大势使然。

例如，在英国与中国、欧洲其他地区和世界其他地区的"分道扬镳"中，在中世纪历经黑死病蹂躏和英法百年战争劫难后的柔弱英格兰就处于全球失衡的大势之中，身不由己，受其左右。中国和印度等东方国家和地区起着"拉"的作用，吸引英国崇尚东方文明从东方进口工业品（丝绸、棉布、瓷器、工艺品等）并导致英国巨大的贸易逆差使英国想到从事亚洲贸易和在印度种鸦片走私到中国来弥补贸易差额，当然也刺激了印度沿海的棉纺织业和中国江南的手工业和出口贸易。亚洲的伊斯兰国家的扩张和起到"推"的作用。这一切形成合力，促使一些基督教国家下海寻求通往东方的新航路并顺便"发现"了美洲和澳洲又开发了非洲沿海。美洲、非洲和后来的澳洲不仅给英国带来殖民地的物产（如美洲的金银、烟草、染料、蔗糖、甜酒和后来的棉花，非洲的象牙、钻石和黑人奴隶等，以及澳洲的羊毛和黄金等）而且"逼"英国去加工殖民地原料、提供工业品并从事遍及全球的三角或多角贸易。欧洲的政治经济分裂格局对英国起到"压"的作用，压迫英国去同西班牙、荷兰、法国等宿敌争斗竞争以求生存。英国有待而然的"分道扬镳"实际上是建立在全球互动"推、拉、

---

① 张伟伟：《论全球史整体研究》，《世界近现代史研究》（第一辑），中国社会科学出版社，2004年，第8~9页。

逼、压"等形成的合力之上的。英国处在全球失衡下全球供需关系链条中的最薄弱环节的地位，在合力作用下英国的传统轨迹断裂，从圈地养羊开始重塑发展道路：实行重商主义、发展工商业、进行海外扩张掠夺、重组社会关系、更新观念、改革政治体制、改革农业、发展新兴棉纺织业生产进口替代产品，从而推倒了技术革新多米诺骨牌，导致了整体结构性变革的"产业革命"。当时，这条路的确是独一无二的，因为英国恰恰处在那样独一无二的地位，其在全球史中的功能自然也发生相应变化。怎么可以用英国与在全球史中处于完全不同地位和功能的江南或中国去比较呢？二者并不在"同一起跑线上"，而是在全球失衡的"势"中各安其位、各司其职。因而，中西比较的不可比性不是比较单位的大小是否相称，或表面特征是否相近（如工商业发展、农业水平、生活水平等），而是在全球史中的地位、分工和功能完全不同。

再进一步，英国与江南、中国、欧洲、世界其他地区的"分道扬镳"只是一种表象，是全球史内部有机运作的一个部分，没有其他部分的变化和作用，英国的这个变化从何而来？从上面的简单勾勒不难看出"分道扬镳"的英国尽管"形"与江南–中国、亚洲其他地区、欧洲大陆、美洲、非洲和大洋洲相异，但"质"却是同属一个整体，联系和依存更密切了。因而我们应当研究的不是英国同中国的"分道扬镳"或"大分流"，而是全球史上的互动合力导致的大混合或大合流，以及这种大混合对全球史整体和部分（民族国家）历史的意义。

三、"'东方衰落'先于'西方崛起'"

国际学术界一直争论的"'东方衰落'先于'西方崛起'这个现象"[1]，是种看法，反映了西方人眼中中国–东方在全球史中地位的变化。

---

[1] Janet L. Abu-Lughod, *Before European Hegemony: The World System A.D. 1250-1350*, Oxford University Press, 1989, p.361.

从逻辑上看，东方似乎要先"衰落"西方才有可能"崛起"，即"东方衰落"是"西方崛起"的前提。这个看法在东方和西方得到了相当的认同，一般认为1500年左右的地理大发现是一个转折点。例如，我国一些学者认为："15、16世纪，尽管我国社会生产和技术与西欧相比在量上和达到的程度上基本是在同一水平线上，但是在发展速度和趋势上，西欧已出现了明显优势。因此，这个时期，中西方社会生产力发展的前途必然是西欧先冲破封建社会生产关系的束缚，走向一个新的社会，而我国社会生产力的发展则只能是在封建主义的轨道上徘徊或挣扎。"①而兰德斯则根据一些技术上的简单比较得出了过于武断的结论："这些事例清楚地表明，在地理大发现（15世纪始）和大对抗之前，其他社会已经落后于欧洲。"②那么东方是否在西方崛起之前就"衰落"了，或开始走"下坡路"了呢？这与其说是一个"理论–假说"问题，不如说是一个"实际–史实"问题。

历史常识告诉我们，无论在相对（与"西方"相比）还是在绝对（与自身和其他所有文明比）意义上，都没有理由说"东方"在1500年已经或开始"衰落"了。相反，16世纪以来东方主要国家和地区都在相对和绝对地"上升"进入各自的"盛世"。例如，靠西方最近的奥斯曼帝国正处在扩张期，1453年占领君士坦丁堡之后迅速扩展为一个地跨欧亚非的大帝国并在1529年和1683年两度兵临维也纳城下，尽管没能攻入该城，但伊斯兰世界的扩张威逼的确令基督教世界收缩，欧洲人心寒色变。尽管经历多次俄土战争的打击，但这个伊斯兰帝国一直到19世纪中叶还没有完全衰竭。蒙古人统治后分裂的波斯在萨非王朝（1502—1736年）实现统一和繁荣，经济和外贸在阿拔斯一世（1587—1629年）时期大有发展。帖木儿征服后分裂割据的印度在巴布尔统一下建立了莫卧儿帝国（1526—1707年），社会经济进一步发展并一直是西方商人向往的富地，西方

---

① 毛磊等主编：《中西500年比较》，中国工人出版社，1991年，第13~14页。

② ［美］戴维·S.兰德斯：《国富国穷》，门洪华等译，新华出版社，2001年，第70页。

商人特别是英国东印度公司的到来反而刺激了印度沿海地区手工业和对外贸易的发展，特别是棉纺织品生产和出口，使印度长期保持对西方的贸易顺差。在某种程度上，可以说印度是帮助英国崛起的因素之一。直到19世纪中叶英国征服整个印度，从社会经济发展的角度看印度仍在发展。

中国的情况更为明显。明清两朝是中国历史上的鼎盛时期之一。麦克尼尔指出："用任何传统标准衡量，18世纪都是中国最辉煌的时期之一。国内政局稳定，帝国边疆拓展，导致农业、贸易和人口的惊人增长。和平与繁荣促进了广泛的学术和艺术成就从而加深了欧洲人之类边远蛮夷对中国辉煌文化的印象。只有汉帝国和唐帝国可与满族人的成就相媲美。"[①]汤因比也认为："1644—1839年，中国与西方的贸易额，不仅在绝对数量上，而且相对于中国的财富和人口来说，也超过了日本。尽管如此，中国在那一时期却不像日本那样需要保持与西方的商务关系。"[②]马可·波罗在欧洲掀起的中国-东方热及伏尔泰、孟德斯鸠等18世纪欧洲启蒙学者对东方精神和物质文化的扬褒等都是最好的印证。简单地说，只要看一下19世纪中叶以前西方同东方之间贸易和文化的流向和内容，想想当时欧洲人对丝绸、瓷器、茶叶等中国物质文明的渴望，对古代中国科技成果的吸收和改进，对东方古典文化的欣赏和崇尚，对康熙、乾隆等皇帝治国之道的崇拜叹服和启蒙时代欧洲"开明专制"的效法，对科举取士的人才选拔机制和稳定政治体制的感叹等，"东方衰落"的说法便不攻自破了。

鸦片战争的失败造成了中国"衰落"的假象。人们往往简单地以战争的胜负来衡量"国力"，而忽视了一个普通的历史现象：发达富有的文明更容易受到贫穷落后文明为攫取财富而进行的入侵。尽管在西方和我国的学术界，近代的英国早早被插上了"先进"的标签，罩上了"传播先进文明"的圣光，但在对

---

① William Hardy McNeill, *The Rise of the West: A History of the Human Community*, University of Chicago Press, 1963, p.710.

② Arnold Toynbee , *Mankind and Mother Earth: A Narrative History of the World*, Oxford University Press, 1976, p.557.

中国的贸易和入侵上，相当长的时间很难说是"先进"与"落后"的关系，这只要看看英国与中国长期的贸易逆差和鸦片贸易的由来就一目了然了。英国学者拉尔夫·戴维斯在《产业革命与英国海外贸易》一书中详细列举了英国对外贸易的统计数字，尽管有相当的估计成分，但反映了大体的状况。按他引用的"官方"数字，1854—1856年，英国对华出口年平均贸易额为110万英镑，而从中国进口额则为906.3万英镑。[1] 这当然不包括非法的鸦片贸易和其他走私贸易。所以中英实际贸易的数额应当更大一些，逆差可能会更小一些，因为主要是英国向中国走私。面对如此巨大的贸易逆差，英国只有靠把在印度种植的鸦片走私贩卖到中国来弥补亏空了。马克思在1858年指出："自从1842年的条约使它开放以来，中国出产的茶叶和丝向英国的出口一直不断增长，而英国工业品输入中国的数额，整个说来停滞不变。……1842年以前，中国对英国的出口总值约为700万英镑，1856年达到约950万英镑。输入英国的茶叶数量，在1842年以前从来没有超过5000万磅，而在1856年就增加到约9000万磅。……我们仔细考察了中国贸易的历史以后感觉到，一般说来，人们过高地估计了中国人的消费能力和支付能力。在以小农经济和家庭手工业为核心的当前中国社会经济结构中，根本谈不上大宗进口外国货。虽然如此，只要取消鸦片贸易，中国还可以逐渐地再多吸收一些英美商品，数额可达800万英镑——粗略算来这也就是中国对英美贸易总顺差的数目。这个结论是从分析下面这个简单事实而自然得出的，尽管有着贸易顺差，中国的财政和货币流通却由于总额约达700万英镑的鸦片进口而陷于严重的混乱。"[2] 在同年早几天发表的《鸦片贸易史》一文中，马克思指出："英国政府在印度的财政，实际上不仅要依靠对中国的鸦片贸易，而且还要依靠这种贸易的不合法性。如果中国政府使鸦片贸易合法化，同时允许在中国种植罂粟，英国政府的国库会遭受严重的损失。英国

---

[1] Ralph Davis, *The Industrial Revolution and British Overseas Trade*, Humanities Press, 1979, pp.88-93.
[2]《英中条约》,《马克思恩格斯选集》(第一卷),人民出版社,1995年,第723~726页。

政府公开宣传毒品的自由贸易，暗中却保持自己对毒品生产的垄断。任何时候我们只要仔细地研究一下英国的自由贸易的性质，我们大都会发现：它的'自由'说到底就是垄断。"①

鸦片贸易暴露的正是当时"先进"的英国对中国表现出的实力不足。换句话说，中国的发达和富有成全了英国，使之有足够的中国产品可以进口，有足够的中国购买力吸收走私的鸦片（而这是当时在其他国家和地区，如印度、奥斯曼帝国、美洲或非洲所找不到的）。当时的1800多万英镑（英中贸易总额加上鸦片贸易额）可是个不小的数额。当然，正如英国的鸦片贸易冲击了中国社会经济和政治稳定一样，英国的合法对华贸易对中国的发展也有一份贡献。我认为，鸦片战争发生的原因是中国的富强和英国的劣势。中国不是因为"落后"才挨打的，而是因为先进、强大和富有才挨打的。我们不应把战争的军事失败等同于政治经济的衰败和综合国力的弱小。处于扩张期的英国和处于稳定发展期的中国对军事技术和力量乃至对国际力量联合的重视和运用程度不同是决定战争结局的关键。当然，战争失败导致政治经济和社会乃至心理上的冲击和负面效应与相对"衰落"也是客观的。鸦片战争给内部矛盾重重的中国以沉重的打击，清朝的统治开始衰落。但从社会发展看，中国在全球史中的地位和作用改变了，但社会发展并没有停滞，而是加快了。此后，中国的社会变革、经济发展、技术进步、观念更新、文化融合乃至社会主义在中国的确立和当今中国全球地位的重塑便是最好的证明。在全球史大势之中，鸦片战争以来的一百多年是中国社会变革和发展的空前增速期，切莫为相对发展缓慢和受制于人的"衰落"所迷惑。

不难看出，由于种族和政治的偏见，学术界自觉不自觉地放大了西方的"先进"，也放大了东方的"衰落"，给"西方崛起"编造了一个合理的前提和解释——"东方衰落"。而这种比较是用西方的"强项"去比东方的"弱项"，而不

---

① 《鸦片贸易史》，《马克思恩格斯选集》（第一卷），人民出版社，1995年，第719~720页。

是全面地、历史地、中肯地评价各自的发展水平及其相互关系。从全球史发展的整体看，正是东方的发达和发展刺激和扶植了"西方崛起"，并同欧洲、美洲、非洲和大洋洲一起促成了"全球－人类崛起"。"西方崛起"是客观事实，当我们更好地了解了"西方崛起"的全部，我们就不再会把西方的"崛起"简单地看成是"欧洲奇迹"[①]和"例外"了，而会客观地把这个现象看作全球失衡的结果和全球史共同发展的一个部分，对世界其他地区在全球失衡中地位和作用的发挥和变化也会有更客观的历史认识。在"西方崛起"的同时，"东方"、美洲、非洲、大洋洲也在崛起和发展，只是相对速度慢些，而这一切都是全球失衡有待而然的结果。

四、"李约瑟之谜"

英国著名科学家李约瑟提出一个疑问：为什么古代科技成就辉煌的中国没有率先进行产业革命？[②]

"李约瑟之谜"，迷在一个潜意识的假设上：古代科技先进发达，近代似乎就应当继续先进发达，而中国没有，所以令人费解。于是，人们从各方面找原因，要么关注中国的"内部"原因并把中国同英国－欧洲比较来彰显中国的"弱点"，要么强调外部因素的不利和干扰。从全球史来看，这个假设未必成立，不是"谜"，倒是很普遍的正常现象。各个古代文明都有各自的发明创造，相互交流启发，混合、改进、完善并成为后来欧洲新发明创造的基础。而且，由于这些古老科技大国在近现代都表现不佳，中国也非独家落伍。所以我们倒是应当更好地去认识全球史上科技发展的规律。首先，科技发展只是社会经济发展的一个方面，有赖更大的（国家、区域或全球的）社会进步及其需求而产生并促

---

① E. L. Jones, *The European Miracle: Environments, Economies and Geopolitics in the History of Europe and Asia*, Cambridge University Press, 1987.

② "Industrial Revolution"一般被译成"工业革命"，以区别于"农业革命""商业革命"，强调"工业"领域的变革。笔者认为英文 industrial 有"行业"的含义，而且 18—19 世纪全球失衡中发生在英国的那场经济变革虽然从"工业"开始但并不仅仅是"工业的"，交通运输、采矿采煤、房地产、金融、商业、农业等各行各业都卷入其中，是一场全方位的经济变革，因而倾向于译为"产业革命"。

进社会进步与需求。其次，科技发展没有国界，是人类共同知识积累和智慧的结晶并为人类共享，不应仅从科技发现和发明的"产地"或"国籍"看问题。最后，科技发明创造有其自身的规律和条件，我们应当加以认识，研究科技本身和之外的复杂情况。在"李约瑟之谜"问题上，应当研究的不是中国为什么没有率先进行产业革命，而应当从全球整体变化中思考导致这场技术和产业变革的原因。这个问题弄清楚了，产业革命为何最先发生在古代科学技术不发达的英国的原因也就找到了，中国没能继续领先的原因也就不言自明了。我认为，"李约瑟之谜"是个伪命题（false proposition），不具有客观性和科学性。

中国无缘产业革命的原因，兰德斯认为："16世纪的中国认为自己居于世界的中央，它的成就是其他国家无法比较的。正是这样一种文化的优越感，加上狭隘的自上而下的专制，使中国成为一个不图改进、怠于学习的国家，在工业化时代落后了。"[①]他又进行比较后指出："起初，当中国和别的国家领先于世界时，几乎所有的知识传播都是单向的，即从欧洲之外传到欧洲。这是欧洲了不起的优点：与中国不同，欧洲是学习者，并且的确从早期中国的发明和发现中受益匪浅。当然，后来情况就变了：一旦欧洲创立了现代科学，知识之流掉头回流，但不是没有遇到抵抗。在这一点上，一种新说法暗示各种文明对共同财富所做的一种平等的、无差别的贡献，这也是误导。现代科学的绝大部分，尤其是17、18世纪人们所称的科学革命所带来的突破，是欧洲创造的。非西方科学几乎毫无贡献（尽管欧洲人知道的东西并非全部），而且在当时没有能力参与进来，远远落后或转错了弯。这根本不是共同的河流。"[②]兰德斯关于"知识传播都是单向的"和现代科学突破"是欧洲创造的"两种说法不符合历史事实。交流从来都是双向并刺激双方的使用和发展，如丝绸之路（一个美丽但十分误导的名字）上的多角交流和"哥伦布交流"。科技传播，如轮子、风车、水车、

[①]［美］戴维·S.兰德斯：《国富国穷》，门洪华等译，新华出版社，2001年，第471页。
[②]［美］戴维·S.兰德斯：《国富国穷》，门洪华等译，新华出版社，2001年，第489页。

指南针、火药、火器、船帆、尾舵、挽具、纺织机、造纸术、印刷术、钟表发条等都是先从发明地向周遍传播，再辗转流传历经因地制宜而改造完善。从短时段看，都是"单向的"，但从长时段，从该技术发明的使用和完善看，恐怕就不是单向而是双向或多向的了。而且，"欧洲创造的"现代科学突破不仅是建立在吸收发展古代其他文明发明创造的基础上，而且是受其他文明的刺激和启迪而产生的。例如，华裔美籍科学家李耀滋①认为："我觉得，发明创新之所以能成为社会成长的因素，不仅要靠发明家的聪明才智，再加上自由乃能起步。此后还需要从其他有关人士得到启发，才能发挥。在自由与启发之外，更重要的则是必须得到许多其他外在的因素的支持，才能成功。中国未能产生工业革命乃是因为缺乏那些外在的因素。"②而且"人类的第一次工业革命没有在中国产生的原因……中国的自然环境远比不上欧洲……"③李耀滋对外因的重视有道理，但对中国和欧洲自然条件的因素强调得有点过。至少最近五千年中，中国和欧洲的自然环境并没有发生多大的变化，可科学技术发展的情况却发生变化了。所以，以"国家"为单位，无论是重视"内部"因素，还是归罪"外部"因素，似乎都不能全面理解这个"谜"。

换个思路，不从中国或英国的内外因看，而从导致这场变革的全球失衡去思考，把中国、印度和亚洲其他地区、英国和欧洲大陆、美洲、非洲、大洋洲置于全球史的相互作用合力中去认识各自的地位和功能以及全球失衡对各个部分的冲击与重塑。整体研究是解决这个"谜"的合理方法。汤因比强调："我们必须把人类事务当作一个整体，而不是当作一堆混乱的游戏棒子来加以研究。"④笔者认为："全球失衡产生于生态、经济、政治、军事、社会、文化、宗教、心理等各种

---

① 李耀滋，1914年生于北京，美国麻省理工大学教授、发明家、企业家、美国工程院院士，曾任全美华人协会会长。

② ［美］李耀滋：《有启发而自由》，中国青年出版社，2003年，第363页。

③ ［美］李耀滋：《有启发而自由》，中国青年出版社，2003年，第369页。

④ ［英］汤因比：《汤因比论汤因比——汤因比与厄本对话录》，王少如等译，上海三联书店，1989年，第40~41页。

发挥作用或不发挥作用的力量相互作用形成的合力。"①

具体到导致产业革命的合力，笔者的解释是13—14世纪"蒙古人统治的和平时期""硬性调整"的强制均衡结束后欧亚非大陆出现了大区域失衡，基督教世界和伊斯兰世界之间的不相融加剧，以及东西方文明交流加强促使西方走向海洋寻求通往东方的新航路，待然"发现了"美洲和大洋洲并开发了非洲沿海，形成了全球交往新格局下的全球失衡，其中经济上则表现为全球供需失衡。

暂时剔除其他因素，从经济交往的角度看，全球供需关系发生了巨大的变化。主要传统工业品基地的产品，如印度的棉纺织品，中国的丝绸、瓷器和棉布，英吉利海峡两岸地区的呢绒等，需要满足美洲、非洲（撒哈拉沙漠以南东西海岸）和大洋洲加入后骤然增大的全球市场。传统欧亚非大陆奢侈品（丝绸、棉布和瓷器等虽然在亚洲产地属日用品，其中高档者为奢侈品，但到了欧洲便成了昂贵的奢侈品）的供需关系是产品从东方流向西方。欧洲国家是"需方"，结果导致外贸逆差而不得不采用"重商主义"政策：一方面主张少进口，如英国多次禁止或限制进口印度棉布和中国的丝绸、瓷器等；另一方面鼓励发展工商业，即发展新的棉纺织业生产进口替代品，发展海外贸易获取原料和商业利润等。所以欧洲"先进的""重商主义"实践和政策的产生并非源于欧洲国家的"先进"，而是反映了一个尴尬的历史事实：工商业的不发展和严重的外贸逆差，所以需要"重商"。

重商主义的推行给欧洲一些国家带来了更大的经济压力，英国首当其冲，成为全球供需失衡链条中受力最大的薄弱环节。英国经济要面对巨额东方贸易逆差、重商主义限制下的北美殖民地市场、非洲殖民地和奴隶贸易（换取黑人奴隶的武器和服饰等产品和贩卖奴隶的铁镣手铐等）和澳大利亚开发等对工业品的需求。16—17世纪靠呢绒工业带动的英国工业原本不很发达，其呢绒等产品在东方市场上也没有销路，根本无力靠出口抵消对亚洲贸易逆差，所以唯一

---

① 张伟伟：《论全球史整体研究》，《世界近现代史研究》（第一辑），中国社会科学出版社，2004年，第4页。

的出路就是发展新的进口替代产业——棉纺织业。英国乃至欧洲原来既不生产棉花也没有棉纺织业，因此新兴的棉纺织业当然也没有传统行会的束缚。这些力量加上来自国际贸易获得的商业利润和殖民地收入，使英国具备了发展新产业的全部要素——庞大的国内外市场、国际贸易获取的资本、外来技术（印度传统纺织技术和经过改造的荷兰移民棉纺织技术）、圈地运动造就的产业后备军，以及减少进口的巨大压力等。英国总人口有限，面对庞大的国际市场，英国本土劳动力资源有限和劳动生产率不高就成为棉纺织业发展的瓶颈。

与劳动力资源丰富的东方大国不同，英国提高劳动生产率的唯一办法就是开发省劳力技术。在市场诱惑和政府鼓励的推动下，从传统纺纱和织布两个关键部门的简单技术改造开始，到使用水力和蒸汽动力，从而带动了采矿、采煤、冶金、机器制造、运河、公路、铁路、房地产、商业、金融、农业和服务业等一系列相关产业的发明创造和发展。所以波梅兰茨将英国与中国相比较后说："更重要的是，西欧到18世纪在使用省劳力技术方面超过了世界其他地区。然而由于西欧依然在各种省土地技术方面落后，人口的迅速增长和资源需求可能由于缺乏海外资源而迫使其返回到更加劳动密集型的发展道路上去。在那种情况下，西欧的发展道路就有可能与中国和日本的不会有太大的差异。因而，本书强调海外统治的收益来解释欧洲发展与我们在欧亚大陆某些其他地区（主要是中国和日本）看到的情况之间的差异……"①由此看来，英国走开发省劳力技术的道路实乃在全球失衡中不得已而为之。导致英国率先走上机器生产道路的原因显然不是"英国的"而是"全球的"，是应全球供需失衡矛盾而生的。马克思认为："尽管产业革命开始在英国（而且就是在那里，也只是一部分地区），那并不是由于英国人的大智大勇、善于创新和经营有道，相反却是印度、中国和新大陆殖民地等全球发展的结果。换言之，产业革命是全球各种力量待然的历

---

① Kenneth Pomeranz, *The Great Divergence: Europe, China, and the Making of the Modern World Economy*, Princeton University Press, 2000, p.4.

史产物。"①他的看法后半部分不错，但前半部分对英国人不公正。英国人在全球供需失衡之中焕发出的大智大勇、善于创新和经营有道功不可没。当然，产业革命中英国人的发明创造才华与其说是与生俱来不如说是被"逼"无奈。需求是发明之父，实践是发明之母！

再将视角返回中国。当时的中国在全球供需失衡中的地位和功能与英国完全不同，也根本不在"同一起跑线上"。中国是欧亚非大陆传统贸易的"供方"之一，处于明显的"优势"地位。中国幅员辽阔、资源丰富、人口众多、产业结构完整、行政体制严密、农业和手工业技术成熟、地区和全国商业网络发达，以及贸易顺差等欧洲小国所不具备的优势，使中国在全球经济中尚没有竞争对手，成为重要的稳定因素，其功能是为欧洲提供奢侈工业品和加工过的农副产品（如茶叶等），诱惑欧洲人对财富和文明的欲望，从而刺激欧洲小国发展经济，并在文化和政治上影响西方。

特别是，中国处于发达农业社会阶段，其主要收入来自农业贡赋和税收，其政策必然要保证农业的稳定。中国重农抑商政策产生于各邦国之间商业交往繁荣的春秋战国时期说明了统治阶级的矛盾心态：尝到工商业的甜头，又担心工商业以"利"伤农。同时，"重农抑商"或"重本抑末"的政策反映了一个矛盾的历史事实：需要"抑商"说明工商业发展到了一定的程度，导致"轻农"，伤害了统治阶级的主要财源——农业，从而威胁了政治稳定，即政权的稳固，乃至不得不"抑商"而"重农"。中国历代统治阶级在建立稳定的政治权力之后，对经济发展的关注都远不如对政治动乱的恐惧。一切为了政权的稳固。实行发展经济的政策只是手段，目的是政治稳定，抑制经济发展从而防止可能导致的社会和政治动乱也是为了政治稳定。因而，"重农抑商"适合中国这个"不患寡而患不均"的小农社会的国情，其作用和意义就是把商业的经济地位适时适度地控制在辅助和有利于保持这个小农社会中政治、思想、经济和社会的稳

---

① 《现代世界的起源》，《马克思恩格斯选集》（第一卷），人民出版社，1995年，第15页。

定。故而，统治阶级并不把对外贸易的收入作为主要财源加以开发利用，而是让与外国人作为扩大其政治和文化影响的手段。

而且，在全球供需失衡中，中国是链条中最结实的一环，不仅拉不断，而且由于外贸扩大和美洲金银的流入而获益匪浅、不断加强。江南手工业的发展也与英国处在完全不同的区域或全球地位中，不仅有庞大的国内市场，而且有巨大的海外市场，可以进退自如。中国的棉纺织业历经长期改进和完善，在手工技术、纺织机械、劳动分工、市场供需，以及与区域产业结构的和谐等方面已经达到高水平平衡，不是"不图改进、怠于学习"，而是的确没有失衡性压力而不需要改进，也没有学习的可能性（在英国不得不改进技术之前没有更高的技术）和必要性（缺乏竞争压力）。在农业和家庭手工业结合的自然经济状态下，市场需求增长的矛盾也可以通过增加劳动力扩大生产规模的传统方式解决。人口众多使中国没有必要发展省劳力技术，依靠劳动密集型生产就能满足市场。在人口密度大的中原和江南，农业重视发展省地技术并取得了多季高产的成就，这一点和棉纺织大国印度相似。产业革命没有率先在中国爆发的根本原因是中国在全球供需失衡中的地位与英国恰恰相反。当然，中国是促进英国进行技术革新的重要力量，不可或缺。

综上所述，我们不应当把"东方"和"西方"或"中国"和"英国"对立起来，比较其兴其衰，孰快孰慢，而应当把它们和世界其他部分都看成全球史中功能不同的功能体。它们虽功能不同、发展各异，但并非兰德斯所说"不是共同的河流"或波梅兰茨的"分道扬镳"，而是全球失衡的大势使然，百川归海，形成合力，共创全球历史。从个体，我们看到的只是表象结果，从整体，我们才能看到事物发展变化的真正原因和有机联系的本质。

五、结语

从全球史整体研究的视角认识和解释作为全球史一部分的中国史，或许会对中国史及其在全球史中的地位和功能有更中肯的认识。但这的确是一项庞大艰巨的系统工程，需要众多"世界史"学者和"中国史"学者长期艰苦的合作和学术争鸣。不过，尽管看上去全球史跨越了两个传统分开的二级学科，但不能说这项研究是"跨学科"研究，因为全球史是不可分割的整体，中国史是全球史整体中的一部分。

这项研究需要宏观史学与微观史学相结合，即宏观研究指导下的微观研究，或微观研究支持下的宏观研究。宏观和微观都是相对的，取决于研究者的界定和聚焦。全球史研究的宏观是全球失衡和全球均衡的形成和转化。其微观是具体到对某个时期某个局部地区在全球史中的功能或某个具有全球史意义的事件和人物等的研究和分析。无论是宏观还是微观研究的方法都应当是合力研究，即分析哪些力量的相互作用导致全球失衡或某一部分的变化。与传统国别史的"内因"和"外因"研究不同，在研究全球史中的中国史合力研究时，各种力量都是"内部的"相互作用的力量，只是其作用方向和力量不同而已，即在全球史内部各种力量如何把中国历史推向某个方向或"道路"。例如，研究中国近代史中各种重大历史事件力量的来源、构成、方向、力度，以及如何交互作用等会使我们不把这些事件简单地归罪或归功于某些个人或力量，而是从合力研究中认清其必然性和当时的历史合理性。罗荣渠认为："马克思主义的世界史研究的基本方法本来就是宏观的方法，它不是以某个国家或某一个地区为中心来观察世界，而是从人类历史共同规律和总发展趋势来观察世界及其各个国家。"[1]这种方法可能会得出与传统方法不同的结论。

这项研究的方法应当是"综合研究法"，即将传统的历史学、哲学、人类学、考古学、经济学、政治学、社会学、地理学、生态学、心理学等专业学科的研究方法有机地融为一体，也可以称为"大文科研究法"，"真正多学科和整

---

[1] 罗荣渠：《有关开创世界史研究新局面的几个问题》，北京大学历史学系世界史专业编：《北京大学百年校庆世界史文集》，北京大学出版社，1998年，第209页。

体的研究方法"（very multidisciplinary and holistic approach）①，或"一体化学科的研究方法"（unidisciplinary approach）②。文科原本是不分科的，古代东西方的学者都将其融会贯通。可惜，现代学者们将其分而又分，各立山头，圈地设障，自成体系，弄得彼此不相往来了。结果，画地为牢，自我束缚。这种研究方法对学者是挑战，要求他们不断拓宽思路和知识领域，结合研究的需要继续学习，充实自我。这大概是这项研究的另一个难点。

最后但并非最不重要的是：我们应当从"全球人"（glober）的立场和观点去研究全球史中的中国史。人的隶属性决定了他看问题的立场和观点。由于我们是从全球史来看中国史，所以我们应当站在"全球人"的立场，而不是"东方人""西方人""中国人"的立场。当局者迷，难免失之偏狭。旁观者清，可以从不同角度全面审视，提出更为中肯的看法。这并不容易做到。汤因比指出："历史学家可能不会意识到他的最根本的偏见。……如果历史学家是诚实的、具有自我批评精神的，并且很擅长反省艺术和心理分析，那么他肯定将尽最大努力去撰写一部没有偏见的历史；但即使如此，我相信，他的成功最多只能是局部的。"③所以我们只有体悟到各个民族共享共同的历史并摆脱种族、社会制度、民族自卑感和优越感才能从整体观点认识全球史中的中国史。人是有民族性和阶级性的，但这些不应当妨碍我们采取"全球人"的超然观点科学地认识自己的历史。因为，科学应当是超然的。

本文原刊载于《世界近现代史研究》第八辑，社会科学文献出版社，2011年。

---

① Andre Gunder Frank and Barry K. Gills eds., *The World System: Five Hundred Years or Five Thousand?*, Routledge, 1993, p.36.

②［美］伊曼纽尔·沃勒斯坦:《现代世界体系》,尤来寅等译,高等教育出版社,1998年,第11页。

③［英］汤因比:《汤因比论汤因比——汤因比与厄本对话录》,王少如等译,上海三联书店,1989年,第17~18页。

作者简介：

张伟伟，男，1952年生，博士，副教授。1972年，就读于南开大学历史系，1975年留校。天津市高等学校"教学楷模"。1987年，获首届"中英友好奖学金"，赴伦敦大学历史研究所留学。2002年，赴美国路易斯维尔大学教学。2007年，获得"美国世界历史学会"首届"学者旅行奖"。2008—2015年，参与共建"亚洲全球史学会"，担任"世界全球史学会"理事。2010年，参加第21届国际历史科学大会。2014—2018年，担任 *World History Studies* 顾问。

对阿根廷考迪罗的文化解析

——以胡安·曼努埃尔·德·罗萨斯为例

潘　芳

在阿根廷历史上，胡安·曼努埃尔·德·罗萨斯不仅是一位考迪罗，更重要的是，他还代表了阿根廷发展的一个历史阶段。无论是作为个人还是一个时代的代表，罗萨斯一直没有走出阿根廷历史。在阿根廷发展的几个重要时期，罗萨斯总是作为人们品评社会的参照物。直到1989年，时任阿根廷总统的梅内姆依然在说："到了阿根廷人原谅和忘记对罗萨斯仇恨的时候了，政府愿意不计任何代价帮助人们遗忘那段愤恨的历史。"[1]学术界对罗萨斯的关注也从来没有消退过。总体上说，在第一次世界大战之前，对罗萨斯的评价更多是从消极的角度看待的，将罗萨斯评价为"血腥镇压的凶手""阿根廷人民的痛苦记忆"，罗萨斯时代是"阿根廷的黑色历史"等。一战之后，学术界对罗萨斯的认识逐渐出现新的声音，即从维护国家主权和民族独立的角度给予罗萨斯肯定，将罗萨斯评价为"阿根廷的民族英雄"。总之，学术界对罗萨斯的研究在不断深入。目前，从政治、经济、外交等方面对罗萨斯及其时代进行的研究较为细致，从文化角度开展的研究显得十分薄弱。笔者至今没有看到此方面的研究专著。在论文方面，就此课题的研究成果也不多，只是散见于一些相关论文中。

根据对爱德华·泰勒的《原始文化》的理解，文化"一是从历史上得到并选择的思想，一是与之有关的价值。这样一旦某种文化形成，那么它便表现为这种文化下的民族所共同具有的模式化的思维方式与价值观念，即他们的生存

---

① Shirley Christian, "Argentines Hohor a Warlord of old", *The New York Times*, 1989.

方式"①。1952年，美国文化学家克罗伯和克拉克洪发表的《文化：概念和定义的批评考察》中给文化下的综合定义，指出文化的核心部分是传统的（即历史的获得和选择的）观念，尤其是它们所带来的价值；文化体系一方面可以是活动的产物，另一方面又是进一步活动的决定因素。②据此可理解为，文化不仅是历史的选择，更重要的是未来发展的基石，影响着社会发展的轨迹。作为历史中形成的思维方式和价值观念，一种文化一旦形成，其改变是缓慢的，受文化影响的生存方式的改变则更是一个漫长的历史过程。但是作为一种对未来活动起决定因素的有生力量，文化又处于动态之中，会不断地自我调整以适应社会的新需求。

阿根廷文化也毫不例外。阿根廷文化是这个国家历史发展的选择，同时随着阿根廷社会的每一次变革发生调整与改变。对于罗萨斯其人和考迪罗文化，阿根廷人一方面不愿意提及罗萨斯和那个时代，另一方面又不自觉地以此为标杆来衡量社会的发展。如何解释阿根廷人这种矛盾的心态呢？纵然政治、经济、外交等因素是不可或缺的，但是笔者认为，从文化的角度来考察罗萨斯及其时代，可以更好地解读阿根廷，以及拉美社会普遍出现的考迪罗现象。

一

家庭文化背景是一个人社会观和人生观形成的重要基石。罗萨斯出生于布宜诺斯艾利斯土生白人大地主家庭，大庄园特有的文化对罗萨斯产生了潜移默化的影响。与拉美其他国家一样，阿根廷庄园文化的基本特点是殖民制度的遗产。"作为一个社会单位，大庄园是一个微型的等级社会"，"大庄园主处于顶

---

① 董国辉：《拉丁美洲民主政治的文化分析》，李剑鸣主编：《世界历史上的民主与民主化》，上海三联书店，2011年，第354页。

② Kroeber. A. L. and Kluckhohn. C., *Culture, A Critical Review of Concepts and Definitions*, New York, 1952.

端，他对庄园成员实行恩威并重的父权主义统治"。①庄园主与庄园其他成员的关系不仅是一种上下隶属关系，更是一种亲族伦理关系。在庄园中，对权力的这种特殊认识是其文化的重要组成部分。在大庄园中成长起来的罗萨斯，很早就领会到绝对拥有和绝对服从的含义。在父亲的庄园中，罗萨斯的母亲是实际权力的拥有者。罗萨斯的母亲来自一个非常富有的克里奥尔家庭，是一位意志坚强、专横跋扈的人，她对罗萨斯的个性影响更大。1817年，罗萨斯离开父亲的庄园，与合伙人开始建立自己的农场。1821年，罗萨斯建立了属于自己的大庄园，成为真正的庄园主。罗萨斯在管理庄园生产和生活中贯穿着"绝对权力"。除了要求庄园中每一位成员都必须服从自己的意志外，他还特别推崇隶属思想，认为隶属意味着对权威、对社会秩序及对私人财产的敬重。②

此外，庄园文化还具有"独立"和"自我一体"的特点。大庄园是自成一体的小型社会。对于生活在这个小型社会中的每个人而言，大庄园不仅是其赖以生存的物质环境，更是他们的精神家园，脱离了庄园生活就等于失去了依托，成为流浪者。对于庄园主来说，庄园是其经济实力的来源，又是他们身份的基础，没有庄园的有序发展就没有他们财富的积累和尊享的社会地位。大庄园对于每一个参与者来说都是安身立命之本。

罗萨斯很早就表现出对庄园的情有独钟。少年时期的罗萨斯并没有像多数克里奥尔人的后代一样去欧洲留学或者在本国接受最好的学校教育，而是将更多的时间用于在庄园中了解大平原的生存法则和印第安人的生活、语言。可见除了有限的求学生涯，罗萨斯将主要的精力放在理解庄园生活，学习如何有效地经营庄园。从1811年开始管理父亲的庄园到后来独立发展自己的庄园，罗萨斯对庄园生活的热衷从来没有消退。罗萨斯建立大庄园并非完全出于满足"贵族"的心愿，而是切实喜欢这种庄园生活。因此，罗萨斯也并不像许多庄园主

---

① 韩琦：《论拉丁美洲殖民制度的遗产》，《历史研究》2000年第6期。

② John Lynch, *Argentina Dictator-Juan Manuel de Rosas 1829-1852*, Oxford University Press, 1981, p.25.

只做一个"大旅行者",也并不满足于做一个"外在地主",而是全身心投入其中。"我是一个农场主,从青年开始,我就在农场上工作,将全部理智和思考投入其中,它是我们财富的主要来源。"①罗萨斯不仅亲自从事庄园的管理,还会深入到生产的每个环节。作为一位庄园主,罗萨斯对庄园中的每个人都严加要求,严格检查他们的劳动。对庄园生活的关注和热情,将罗萨斯培养成为熟知庄园经济的行家里手。"罗萨斯获得的成果并非来自创新,而是来自劳动、组织性和关注细节。"②罗萨斯心中的理想社会是庄园式社会。庄园社会的稳定和庄园经济的发展是罗萨斯关注的根本。

对庄园生活的真切关注培养了罗萨斯对印第安人特有的感情。在罗萨斯的庄园中,有很多以依附者存在的印第安人和高乔人,他们身上浓重的印第安人文化熏陶着罗萨斯。罗萨斯在日常生活中穿着高乔人的服饰,熟悉高乔人的生活习惯,擅长高乔人的骑术等。1829年,美国人约翰·M.福布斯(John M. Forbes)描述了就职仪式上的罗萨斯,说他是一位温文尔雅的人,与美国的农场主非常相似。但是"罗萨斯又与他们完全不同,因为罗萨斯本人在生活方式、日常穿着甚至体育爱好方面,都与高乔人或者普通农民特有的习俗极其相似,因此深受他们的欢迎","他非常温和,具有印第安人酋长的一些特质"。③这种文化背景也影响到了罗萨斯对后代的教育。当带着儿子探望自己的母亲时,罗萨斯并没有将儿子带到客厅中。为此,罗萨斯曾说:"让他与士兵们在一起,在厨房中与雇工一起吃饭有利于将来他更好地理解军队和穷人的生活。"④在庄园

---

① Alfredo J. Montoya, *Historia de los saladeros argentinos*, Buenos Aires, 1956, pp. 50-53; In John Lynch, *Caudillos in Spanish America 1800-1850*, Oxford University Press, 1992, p.242.

② John Lynch, *Argentina Dictator - Juan Manuel de Rosas 1829-1852*, Oxford University Press, 1981, p.75.

③ William Dusenberry, "Juan Manuel Rosas as Viewed by Contemporary American Diplomats", *The Hispanic American Historical Review*, No. 4, 1961.

④ John Lynch, *Argentina Dictator - Juan Manuel de Rosas 1829-1852*, Oxford University Press, 1981, p.109.

中，无论是武装力量还是雇工，其主要是由庄园中生活的印第安人和高乔人担任。武装力量和依附劳动者是庄园经济安全运行的基础。罗萨斯希望自己的儿子通过接触印第安人和高乔人来更好地了解庄园生活。尽管罗萨斯也认为大多数印第安人和高乔人生活方式比较自由，但他并不因此而排斥这部分人，而是希望通过引导教育来开化印第安人，将愿意归化的高乔人以劳动力的身份纳入庄园经济中，在"绝对权力"的指导下生活。罗萨斯这种对印第安人和高乔人的情感是很多克里奥尔人所不具有的。

"作为一个庄园的开拓者，罗萨斯从内部理解乡村经济，作为庄园主，他是土地所有者拥有社会支配权的典型，作为拓荒者，他知道如何对待印第安人。"[1]庄园文化是罗萨斯最早接受的家庭文化，也是他最为熟悉和向往的社会文化。罗萨斯既是这种庄园文化的产物，又是这种文化的继承者和维护者。庄园文化的影响在一定程度上造就了罗萨斯此后跌宕起伏的人生。

无论是罗萨斯还是他的庄园都是当时阿根廷社会发展的产物。19世纪阿根廷特有的社会文化也成为罗萨斯成长的重要基石。

二

阿根廷社会文化中一个重要的特点就是开放性。阿根廷与拉美其他国家一样，最初是殖民者进入后的被迫开放，之后"开放"逐渐发展成为拉美文化的重要特点。此外，由于阿根廷地处偏远，贵金属、矿藏等物质匮乏，西班牙殖民者对阿根廷的控制远远不够。也正因此，阿根廷很早就与海外市场建立了联系，由最初的"依靠走私货物维持生计"[2]，到后来的"内部市场的缺乏大大限

---

[1] John Lynch, *Caudillos in Spanish America 1800-1850*, Oxford University Press, 1992, p.90.

[2] [英]莱斯利·贝瑟尔：《剑桥拉丁美洲史》（第二卷），中国社会科学院拉丁美洲研究所译，经济管理出版社，1997年，第205页。

制了大多数农业作物的生产，那些得到发展的作物则是供应外部需求的"①，一直到发展成为"海上贸易中心"②。所以相对其他殖民地而言，阿根廷社会拥有更为充分的开放和自由，开放性也因此成为阿根廷社会文化的特点之一。

此外，阿根廷还具有拉美文化的又一特征，即文化的融合性。从殖民地时期开始，西班牙人带来的欧洲文化就强势进入拉美，发展成为阿根廷社会的主流文化，尤其受到上层社会的普遍推崇。在殖民者进入之后，拉美原有的土著印第安人文化逐渐失去了主体地位。但是包括印第安人文化在内的其他各种文化中与当时殖民地社会相容的一些成分还是留存了下来。暴力征服之后，融合逐步成为殖民社会的主流。文化的融合是殖民地社会发生改变的根本原因。在拉美，无论是通过暴力还是和平交往，欧洲文化与印第安人文化，以及后来的黑人文化、混血种人文化等经过自然融合的过程，逐步形成了"你中有我、我中有你"的新的拉美文化。欧亨尼奥·陈-罗德里格斯说："印第安美洲的文化犹如一条彩虹，在这条彩虹中可以分辨出在这个印第安—非洲—拉丁美洲大陆国内同时并存着七种文化的颜色，即西班牙文化、葡萄牙文化、印第安人文化、黑人文化、印第安伊比利亚文化、美洲黑人文化和混血人的文化。"③在新的拉美文化中，融合性成为突出的特点。阿根廷文化也不例外，融合性也是其文化的精髓。

伴随着文化的开放和融合，包容性自然进入拉美文化中。没有包容性就无法保证开放，没有开放无从谈及融合。同样，没有开放和融合，包容也就是纸上谈兵。阿根廷独立后，文化的包容性更加突出。阿根廷逐渐发展成为拉美社会中最为丰富多彩的国家之一。

1810年的独立战争为阿根廷国家发展开启了新的一页。独立之后的最大变

---

① [英]莱斯利·贝瑟尔：《剑桥拉丁美洲史》(第二卷)，中国社会科学院拉丁美洲研究所译，经济管理出版社，1997年，第207页。

② [英]莱斯利·贝瑟尔：《剑桥拉丁美洲史》(第三卷)，徐守源等译，社会科学文献出版社，1994年，第98页。

③ [秘鲁]欧亨尼奥·陈-罗德里格斯：《拉丁美洲的文明与文化》，白凤森等译，商务印书馆，1990年，第328页。

化就是随着西班牙殖民统治的结束、垄断的瓦解，一个更加广阔的外部世界、一个前所未有的发展契机出现在阿根廷面前。文化上的开放性、融合性和包容性也给阿根廷带来了不同思想的撞击、不同观念的冲突、不同发展蓝图的辩论。何去何从就成为阿根廷人所要思考的首要课题。

首先，独立强化了阿根廷经济发展的方向。"在独立之初，畜牧业产品只占布宜诺斯艾利斯全部出口的20%，其余的80%是白银。"①独立使这种原始经济发生变化。"英国的竞争、战争的破坏和内地的衰落加在一起，使得布宜诺斯艾利斯传统的经济无力支撑统治集团了。因此，他们开始使他们的利益多样化，获取庄园，建立农产基地。"②庄园经济开始在阿根廷发展。殖民地时期，阿根廷经济最鲜明的特点就是外向型。独立之后逐渐发展起来的庄园经济更是如此，海外市场成为庄园经济的生命线。而与布宜诺斯艾利斯港相连的欧洲市场则成为关键一环。庄园经济的建立和发展在表面上改变了阿根廷原有的经济形式，实质上强化了原有经济的开放性。阿根廷逐渐形成以庄园经济为根本、以布宜诺斯艾利斯港口为依托、以欧洲市场为目标的开放型经济。庄园生产的扩大、布宜诺斯艾利斯港的稳定、欧洲市场的开放，决定着阿根廷经济能否顺利发展和国家能否持续繁荣。

其次，独立后外来思潮强烈地冲击着阿根廷社会。开放的布宜诺斯艾利斯成为各种社会思潮的集中地。正是由于文化的融合性和包容性，阿根廷社会从来都不是一个单质社会。在这样的多元社会中，来自欧洲的新思想和新观点都不缺乏支持者和推崇者，很容易生根发芽。

阿根廷独立之初，正值现代欧洲中心论思想的形成时期。这种思想在欧洲由来已久，其萌芽可以追溯到中世纪时期。15世纪随着地理大发现和新航路的

①［英］莱斯利·贝瑟尔：《剑桥拉丁美洲史》（第三卷），徐守源等译，社会科学文献出版社，1994年，第632页。

②［英］莱斯利·贝瑟尔：《剑桥拉丁美洲史》（第三卷），徐守源等译，社会科学文献出版社，1994年，第634页。

开辟，许多传教士、旅行家和商人获得了更多新的地理信息，他们通过记录、著述等各种形式突出欧洲的"文明"形象。亚美利哥·韦斯普奇在《新世界》中描述了印第安人的野蛮形象。他说印第安人可以有很多妻子，想结婚就结婚，想离婚就离婚，没有任何法律约束。西班牙神学家赛普尔维达认为印第安人没有文字、没有成文法，只有野蛮的制度与习俗。马蒂埃认为，印第安人处于人类需求的低级阶段，只要有足够的吃喝就很容易满足。[1]19世纪的社会科学家则从科学、种族差异和学术规范的角度来解释欧洲中心论，肯定了欧洲模式的普遍真理性。[2]现代欧洲中心论基本形成。欧洲文化被认为是"高级文明"，非欧洲文化被认为是野蛮或半野蛮的文化，是有待于向"高级文明"进化的落后文明。从而确立了欧洲文明的"灯塔"地位。

阿根廷独立之后，欧洲中心论很快传入阿根廷，得到了以"1837年一代"为代表的阿根廷启蒙思想家的认同。这部分人向往欧洲文明，希望追随欧洲国家迈入文明的行列。他们宣传要通过实际行动消除阿根廷本国文化，用欧洲近代文明来改造阿根廷社会，借此推动阿根廷社会尽快跨入"文明"行列。接受欧洲中心论的这部分人主要集中于阿根廷开放程度最高的布宜诺斯艾利斯。在当时的阿根廷，布宜诺斯艾利斯的繁荣和开放程度只是个案，并不代表整个阿根廷社会发展的总体水平。那些远离港口的广大内地保留着更加浓厚的阿根廷原有文化。印第安人文化、混血种人文化、恩威并施的父权式社会形态等，其很大一部分被保留下来。当欧洲中心论传入阿根廷后，向往欧洲文明的这部分人又赋予了它新的内涵。这部分人将布宜诺斯艾利斯视为阿根廷先进文明的代表，是阿根廷的欧洲文明。而广大内地所保留的本土文明则是野蛮的、是社会落后的根源。阿根廷本土文明与布宜诺斯艾利斯所代表的欧洲文明是不能共存的。因此以"1837年一代"为代表的这部分人希望由"欧化"的布宜诺斯艾利

① Heikki Mikkeli, *Europe as an Idea and an Identity*, Palgrave Press, 1998, pp.138-139.
② 潘娜娜:《"欧洲中心论概念"的历史考察》,《山东社会科学》2012年第6期。

斯来治理"野蛮"的内地，通过各种手段消灭阿根廷本土文化，取而代之以欧洲文明。为此，"1837年一代"力图通过建立中央集权制政府，推动对内地的改造进程。

在此思想指导下，里瓦达维亚政府成立。里瓦达维亚政府对阿根廷国家未来的设想十分美好。然而以"1837年一代"为代表的这部分人并没能真正了解真实的阿根廷。独立后的阿根廷是需要发展和进步的，但所有这些都是在阿根廷文化这个大背景下进行的。文化是一个社会最根本的标志，脱离自有文化的任何改革和发展计划都是空中楼阁。殖民遗产是阿根廷文化的组成部分，不会因为国家独立而迅速发生改变。此外，布宜诺斯艾利斯与内地发展的不同步，接受启蒙思想的这些人与内地的印第安人、高乔人，以及农牧业主对文明尤其是对欧洲文明的看法也存在巨大的反差。所有这些都是当时阿根廷的社会现实。然而"里瓦达维亚的计划就是启蒙、自由和统一。实际上，这些更多的是梦想而不是计划，许多思想是不切实际的，一些甚至是荒谬的"①。"1837年一代"的计划脱离了阿根廷文化，将自己置身于一个超脱的地位来改造阿根廷。所以他们的计划本身就缺乏足够的社会文化基础。因此，里瓦达维亚政府并没有在阿根廷持续多长时间，也并没有将阿根廷按照原有计划加以改造。"在罗萨斯这样的庄园主看来，里瓦达维亚政府在按照欧洲模式引导城市进步时却放任野蛮的印第安人肆虐大草原。"②以罗萨斯为代表的阿根廷大庄园主认为，里瓦达维亚政府的计划是极其危险的，是不能接受的。在当时的阿根廷，这些大庄园主掌控着阿根廷经济的命脉。里瓦达维亚政府在困惑中结束执政。

阿根廷社会又一次陷入混乱之中，阿根廷社会何去何从？罗萨斯凭借其对阿根廷文化独特的感知走上了历史舞台。对此，阿尔贝蒂和萨米恩托都曾给出

---

① John Lynch, *Argentina Dictator-Juan Manuel de Rosas 1829-1852*, Oxford University Press 1981, p.31.

② John Lynch, *Argentina Dictator-Juan Manuel de Rosas 1829-1852*, Oxford University Press 1981, p.30.

了评价。阿尔贝蒂认为，罗萨斯政治在阿根廷的出现是时代的必然，"在源于殖民地的任何一个西班牙语共和国中，你都将发现独裁者"，"就像所有杰出的人物一样，他不同寻常的性格是他那个社会的反映。罗萨斯和阿根廷共和国彼此相互依存。他之所以成为现实的他就是因为他是阿根廷人，他的成长是以他的国家现实为前提"。①萨米恩托也曾评论道："没有人比罗萨斯将军更清楚他周围人们的社会状况。"②

三

基于对阿根廷文化的理解，罗萨斯在实践中解决了社会发展的瓶颈问题，得到了包括庄园主在内的社会认同，进而将阿根廷带入了一个特殊的发展阶段。

庄园主出身的罗萨斯深知土地对庄园经济的重要性，发展庄园经济最直接有效的办法就是向南进一步侵占原有印第安人和高乔人的土地，以扩大土地占有量。1833—1835年，罗萨斯组织并领导了"荒漠远征"，获得了内格罗河以南数千平方英里的土地。获得土地之后，他通过出售和赠予等途径促使大量土地流入大庄园中，庄园经济得到了空前的发展。以庄园经济为依托的农牧业也得到了充分的发展空间。

庄园的扩大在助力阿根廷经济发展的同时，也给阿根廷社会发展带来了两个棘手的问题。其一是由来已久的印第安人、高乔人问题。除了在庄园中生活的一小部分人之外，大多数印第安人都是在其酋长的领导下生活在集体土地上。尽管阿根廷的印第安人数量不是很多，他们却占据了布宜诺斯艾利斯周边的一些土地。另外，有些印第安人英勇彪悍，时常与其周边的庄园发生冲突。在布宜诺斯艾利斯周边，除了印第安人之外，还有具有印第安人血统、分享印第安

---

① Juan Bautista Alberdi, "La República Argentina, treinta y siete años después de su Revolución", John Lynch, *Argentina Dictator-Juan Manuel de Rosas 1829-1852*, Oxford University Press, 1981, p.306.

② Sarmiento, "El Progreso", Octubre 8 de 1844, in John Lynch, *Argentina Dictator-Juan Manuel de Rosas 1829-1852*, Oxford University Press, 1981, p.304.

人文化的高乔人。在庄园经济扩张之前，高乔人主要在阿根廷南部以放牧为生。高乔人时常会自觉或不自觉地侵扰庄园生活，庄园主通常自己组织武装力量来抵抗高乔人。"荒漠远征"剥夺了印第安人和高乔人原有的生存空间，这部分失去土地和牧场的印第安人及高乔人经常对边界庄园进行掠夺和骚扰，威胁着庄园经济的稳定发展。其二是劳动力的短缺。没有劳动力的土地是没有价值的。大庄园劳动力的储备远远无法满足庄园土地的快速、大规模的扩张。解决劳动力问题就成为当下庄园经济发展的重中之重。面对这两个社会问题，罗萨斯给出了与众不同的答案。

从殖民地时期开始，印第安人就被殖民者视为野蛮、未开化的低等种族，其文化受到鄙视和摒弃。高乔人由于分享了印第安人的血统和社会文化也被主流社会所边缘化。独立之初，出于经济利益和种族偏见，阿根廷社会上层中大多数人对印第安人和高乔人嗤之以鼻，在思想和行动上都是敌对的。然而无论是印第安人还是混血种人的存在都是阿根廷甚至是整个拉美的客观现实，这是任何人都无法否定的。印第安人文化又是拉美文化存在的一个重要组成部分。因此，无论是从肉体上消灭印第安人，还是从文化上抹去印第安文化，都是缺乏理性的思考。就如何解决劳动力短缺的问题，里瓦达维亚政府曾试图通过吸引欧洲移民来补充劳动力，借此从人种上改造阿根廷。这种做法在实践中是无法实现的。一方面，当时阿根廷的社会状况和经济水平对于欧洲人没有很大的吸引力。英国人庞森比勋爵（Lord Ponsonby）在1826年到1828年期间曾担任驻阿根廷大使。当时阿根廷的环境给他留下了痛苦的回忆，"从来没有见过像布宜诺斯艾利斯这样恶劣的国家。我期望不再提及这个国家"，"到处都是烂泥和腐臭了的动物尸体"。[①]在欧洲人看来，从欧洲到阿根廷不仅要克服长途的舟车劳累，而且还要具有进取、冒险的精神。欧洲人视阿根廷为荒蛮之地，所以愿意

---

① Nine L. Kay Shuttleworth, *A Life of Sir Woodbine Parish, 1796-1882,* Harper Collins Publishers, 2010, p.325.

移民阿根廷的欧洲人也是寥寥无几。另一方面，欧洲文化与阿根廷庄园文化存在很大不同。庄园文化中"绝对权力"的存在使得欧洲移民无法适应这种父权式社会，阿根廷庄园主也无法接受对权力有不同认识的欧洲人。庄园文化与欧洲文化的反差也导致庄园对欧洲移民没有太大的吸引力。因此，欧洲移民到达阿根廷后基本都集中在与其文化更为接近的布宜诺斯艾利斯。里瓦达维亚政府的这种办法注定是要失败的。

对本土文化的认识引导罗萨斯找到了一条解决此难题的实际途径。罗萨斯在对待印第安人问题上一直坚持"先争取、后敌对"的态度，反对大规模屠杀印第安人。罗萨斯认为，通过教化，印第安人是可以为庄园经济服务的。1821年罗萨斯就曾建议，"与印第安人保持和平，一方面可以减少印第安人利用不断的战事来锻炼自己的机会，另一方面通过教化印第安人来填补农村劳动力不足"[①]。在征服荒漠之后，罗萨斯对于友好的印第安人通过补偿的办法吸引印第安人进入庄园。对于反抗和敌对的印第安人，罗萨斯表现得非常强硬，坚决予以打击。对于试图重新修好的印第安人，罗萨斯要求他们只在自己的区域内活动，不经允许不得越过分界线，不得进入布宜诺斯艾利斯市，而且要随时听候召集，准备参加罗萨斯的军事行动。但是作为回报，每一个印第安人酋长依据他随从的数量，罗萨斯给予马匹、烟草、盐等实物。罗萨斯通过给予印第安人各种的实惠补偿换得了印第安人的信任。1835年，一位印第安人酋长曾宣布："胡安·曼努埃尔是我的朋友，他永远都不会欺骗我。我和我们印第安人将会为他而付出生命……胡安与神同义。"[②]在印第安人中，类似的言论并非少数。对待高乔人，罗萨斯更多地通过法律的形式迫使他们进入庄园或军队。在庄园中，高乔人通过自己熟悉的放牧劳动换取生活的保障。在军队中，高乔人的骁勇也

---

① John Lynch, *Argentina Dictator - Juan Manuel de Rosas 1829 - 1852*, Oxford University Press, 1981, p.25.

② John Lynch, *Argentina Dictator - Juan Manuel de Rosas 1829 - 1852*, Oxford University Press, 1981, p.55.

得到发挥。高乔人用自由换取了吃、穿、住、用。印第安人和高乔人获得稳定生活的同时也得到了承认和保护，大大减轻了对大庄园的干扰。随着印第安人和高乔人的加入，庄园生产的劳动力短缺问题得到了缓解。以勤劳质朴、骁勇彪悍、酷爱自由、热情浪漫为特点的高乔文化逐渐被普通民众所接受，受到阿根廷人的推崇，成为阿根廷典型的大众文化而得到传承。

在罗萨斯的实践中，阿根廷文化的开放性并没有被完全抛弃。然而罗萨斯所接受的开放性依然带有浓厚的殖民地色彩。开放并非在政治上而主要是在经济领域的开放。无论国内和国际环境如何变化，罗萨斯领导的阿根廷始终对欧洲人和欧洲市场敞开大门。罗萨斯给予欧洲人特别是英国人以很多的优惠，吸引这些外国人来阿根廷，以此带动阿根廷与欧洲的贸易发展。在罗萨斯统治时期，外国人在阿根廷享有阿根廷本国商人所无法获得的优越条件。在阿根廷的外国人"如果已经拥有地产的享有特殊优待，如果没有地产而打算购买土地的享有低价购地权"①。对此，英国人威尔弗里德·莱瑟姆（Wilfrid Latham）曾说："对外国人保护的措施使得他们享有比阿根廷本国人更为优越的地位，前者完全免除军役及为战争提供物质、马匹的义务。如果财产和牲畜在战争中受到损害，根据现行规定，他们可以提出要求给予补偿。"②在罗萨斯统治阿根廷期间，数量可观的欧洲人特别是英国人进入阿根廷商业流通领域。19世纪40年代末，英国大臣汇报说："在这个国家将近一半的商人是外国人，手工业中的外国人比例则更多。这些人来自欧洲的各个国家。"③在对待欧洲人的问题上，罗萨斯与"1837年一代"的态度看似极其相似，都是希望吸引更多的欧洲人来阿根廷。但是从本质上来说，他们的目的是完全不同的。"1837年一代"是希望通过吸收移民来改造阿根廷社会，甚至是从人种上改变阿根廷。而罗萨斯则不同，

---

① John Lynch, *Argentina Dictator-Juan Manuel de Rosas 1829-1852*, Oxford University Press, 1981, p.67.

② Wilfrid Latham, *The States of the River Plate*, London, 1868, p.316.

③ Southern to Palmerston, No.10, 21 Nov. 1848, 6/139（PRO, FO 6/139.）

罗萨斯只是希望通过欧洲移民维系和加强阿根廷与欧洲市场的关系，为庄园经济提供稳定的市场。因此，罗萨斯并没有采取更积极的措施鼓励外国人与阿根廷人接触、融合。在阿根廷的外国人尤其是英国人对待阿根廷本国人大多都比较冷漠，他们很少去学习西班牙语，也不愿意接受阿根廷人的生活习惯。总之，这些外国人大都保留了母国原有的生活习惯，比较独立地生活在阿根廷。虽然英国人与阿根廷普通民众的接触较少，但并没有影响英国人与罗萨斯的交往。甚至在英国封锁阿根廷之时，罗萨斯对旅居阿根廷的英国人依然给予特殊保护，维持密切的朋友关系。阿根廷的英国人也视罗萨斯为保护者，给予罗萨斯有力的支持。当阿根廷受到英、法封锁而一度陷入困境时，正是这些居住在阿根廷的欧洲人在其中穿针引线、敦促英、法政府调整对阿政策，协调英、法与阿根廷的关系。也正是有了这部分人的活动，阿根廷与欧洲市场的关系从来没有被真正地封锁和割断，这为此后阿根廷庄园经济的恢复和进一步发展奠定了基础。

罗萨斯凭借对阿根廷文化的认知和理解，在这个多质的社会文化中为庄园经济的发展和扩大解决了棘手的问题。罗萨斯对庄园经济的维护和推动赢得了社会实力派——广大庄园主的支持。阿根廷大多数庄园主都认为："如果这个省的秩序和财富要依赖于土地法规的执行，那么就让那些热爱土地的人来管理这个省，让那些与土地有着稳固联系的，可以将他们个人利益与集体利益相结合的人来管理这个省。"[1]罗萨斯解决了阿根廷社会中实力阶层最为关心的问题，从而获得了土地所有者的支持。这是罗萨斯建立政治权威的关键之一。

四

在罗萨斯的政治生涯中，对"绝对权力"的执着和追求贯穿始终。1829年到1832年第一次出任布宜诺斯艾利斯省长期间，罗萨斯通过控制立法、司法等

---

[1] Julio Irazusta, *Vida política de Juan Manuel de Rosas, a través de su correspondencia*, Tomo Ⅱ, Buenos Aires, 1970, p.182; In John Lynch, *Argentina Dictator - Juan Manuel de Rosas 1829 - 1852*, Oxford University Press, 1981, p.94.

部门就建立了对布省的有效掌控。1832年罗萨斯暂时引退。从1832年到1835年，没有罗萨斯的阿根廷再次出现政局动荡、内战逼近的混乱局面。在这种局面中，罗萨斯似乎成为拯救阿根廷的唯一人选。罗萨斯以退为进，迫使议会授予其"绝对权力"后，才于1835年再次出任布省省长。此后，罗萨斯通过建立个人联盟网络拉拢了其他各省的拥护者，又依靠武力镇压了不顺从的领导人，从而形成了对内地各省的控制网。在第二任期内，罗萨斯的"绝对权力"在全国得到巩固和扩大。在社会生活方面，罗萨斯也在寻求建立"绝对权力"。罗萨斯通过强迫人们佩戴代表联邦派的红色标志来强化对社会的控制，例如妇女要用红色的丝带绑头发、孩子要穿着联邦制服上学、房门被刷成红色，甚至马匹都要系上红色的带子，等等。罗萨斯还通过舆论宣传和媒体控制等手段来强化绝对权力。在当时的阿根廷到处可见类似于"永远同阿根廷联邦生活在一起，誓死捍卫中央集权"的宣传标语。在其执政期间，罗萨斯取缔了所有持不同意见的印刷厂，在全国只保留了一家由他直接控制的印刷厂，作为主流媒体，为其服务。罗萨斯通过种种途径将自己的绝对权力渗透到社会的各个层面，欲将庄园文化中的"父权统治"和庄园模式推广到整个国家。

在执政后期，罗萨斯将绝对权力发展到了极致，整个社会只允许一种信仰，即罗萨斯主义的存在。罗萨斯主义的"权力基础是庄园"，是"一个社会控制的体系"。[①]1835年被赋予"绝对权力"时，罗萨斯说："对我来说，一个真正好的政府应该是父权式专制的、英明的、大公无私的、无畏的……我一直都崇拜那些作为人民第一仆人的专制者"，"除了必须使用这个权力来为国家建立秩序与和平之外，我不会随便使用赋予我的这个权力"。[②]罗萨斯在秩序与和平的幌子

---

① John Lynch, *Argentine Caudillo-Juan Manuel de Rosas*, Rowman & Littlefield Publishers, 2001, p.77.

② Arturo Enrique Sampay, "*Las ideas políticas de Juan Manuel de Rosas*", Buenos Aires, 1972, pp. 218-129, in John Lynch, *Argentina Dictator-Juan Manuel de Rosas 1829-1852*, Oxford University Press 1981, p.250.

下，将权力无限扩大。罗萨斯坦率地承认选举必须要受到控制，他谴责自由选举是伪善的表现。在其统治后期，阿根廷的党派之分已经失去了政治意义，整个国家以罗萨斯为标杆分为罗萨斯主义者和反罗萨斯主义者。为了巩固"绝对权力"，罗萨斯还通过各种手段消灭现实和潜在的反对者。最终，罗萨斯将无限权力推向了恐怖统治。罗萨斯主义指导下的恐怖统治在表面上给阿根廷带来了良好的社会治安、稳定的政治环境。布宜诺斯艾利斯省的犯罪率大幅度降低，人身安全大大提高，私人财产获得更好的保障。"自从罗萨斯执政以来，我们无须害怕高乔人了"，"我肯定在罗萨斯将军掌权之前绝不是这样的。显而易见，由于罗萨斯政府建立的警察体系，只要涉及违反国家现有法律，无论富人还是穷人都要因此而受到严厉的惩罚，因此，抢劫、暴行几乎没有了"。①这种社会秩序的代价就是阿根廷民众处于恐怖统治之中。一直到1852年罗萨斯政权结束为止，罗萨斯的"绝对权力"贯穿始终。这一时期也因此被称为阿根廷历史上"最黑暗的时期"。

阿根廷农牧业主为什么对罗萨斯的"绝对权力"给予如此大的宽容？当然罗萨斯的铁腕镇压政策在其中发挥了重要作用，但是这并不代表全部，也并非关键所在。罗萨斯的"绝对权力"可以在阿根廷推行的真正原因在于，罗萨斯的政策是当时阿根廷现实的需要。阿根廷独立之初的动荡局面是影响庄园经济发展主要障碍之一。庄园主迫切希望国家稳定下来，为庄园经济的发展创造一个和平的国内环境。稳定是当时阿根廷实力阶层——农牧业主最大的希望。而罗萨斯的做法是取得国家稳定的最直接途径。罗萨斯的外甥曾评论"在某种意义上，罗萨斯的出现并非是其本意，而是时事、他人成就了罗萨斯。他背后那些非常富有而又自私的人才是真正的统治者"②。

从深层次上看，罗萨斯获得认可的基础是阿根廷文化。阿根廷文化中包含

---

① William MacCann, *Two Thousand Miles' Ride Through the Argentine Provinces*, Vol. I, London, 1853, pp.162-163.

② Lucio V Mansilla, Rozas：*Ensayo histórico-psicológico*, Paris, 1913, p.145.

了从西班牙文明和印第安人古代文明中继承下来的成分。以罗萨斯为代表的克里奥尔人本身就是阿根廷融合文化的产物，他们既接受了西班牙的文化又吸收了拉美原有的印第安人文化。从渊源来看，西班牙文化与印第安人文化本是属于两大独立发展的文明体系。然而在这个充满暴力和柔情的文化融合过程中，两大文明可以相容的是彼此之间具有很强亲和力和相似性的成分。"绝对权力"就是其中重要的组成部分。在西班牙文化中，"绝对权力"显而易见。这种思想首先来自于西班牙人信奉的天主教。在西班牙人对美洲的征服过程中，《圣经》和枪炮就实际成为对美洲征服的两种手段。前者主要是从精神和文化层面上对土著人的征服。随着西班牙人征服进程的推进、殖民范围的扩大，天主教被西班牙人原封不动地移植到拉美大陆，逐渐成为一种占据优势的意识形态，在公众生活中发挥了重要作用，形成根深蒂固的文化观念。对权威的绝对崇拜或服从是天主教伦理的一个非常重要的特征。"受到这种观念潜移默化的熏陶，一方面造成权势者对权力的无止境的追求，另一方面导致普通民众对权威的沉默或服从。"[1]美国学者查尔斯·吉布森指出："在殖民时期，一个人不需要有远见来找到对政治的和其他类型的权威的表述。独裁制是普遍氛围——沉迷于个人权力和独断专行，忽视个体的'权力'——从一开始就存在。"[2]因此从殖民征服初期，这种对"绝对权力"认可的文化背景就由西班牙人带到了拉美，并且作为一种文化融入了拉美社会，成为拉美文明中的组成部分。就拉美古代文明来说，印第安人文化中也包含着对"绝对权威"的崇拜和服从。在西班牙殖民者到来之时，南美洲主要是受印加帝国的统治和影响。印加帝国建立的基础就是印加王个人权利的至高无上。在印加文明中，印加王既是人更是神。印加王是太阳神的儿子，是代表太阳神来治理人间的。因此，印加王的权力是不容置疑的。由于在印加社会中，普通民众对权威的沉默或服从出于对神敬畏而更加严

---

① 王晓德：《关于拉美历史上"考迪罗"统治形式的文化思考》，《政治学研究》2004年第3期。

② Charles Gibson, *Spain in America*, New York, 1996, p.211.

格。因此在拉美大陆,"绝对权力"生存、发展有着肥沃的文化土壤。对"绝对权力"的追求和服从虽然是殖民地时期的特征,但是独立战争并没有立刻改变拉美文化。文化的改变是相对滞后和缓慢的。至少在独立初期,拉美民众对"绝对权力"的认识没有发生根本变化,变化的只是这个"绝对权力"的所有者。阿根廷与其他拉美国家有着相同的历史经历和变革。所以在独立之初,对"绝对权力"追求和服从的文化依旧。这种文化成分的顽固存在是罗萨斯得以建立"绝对权力"的深层次原因。

无论是从家庭还是社会环境来看,罗萨斯都是阿根廷文化的产物。独立战争改变了原有的政治、经济格局,将阿根廷带到了一个全新的发展时期。对于社会何去何从,阿根廷社会各个阶层都在摸索和适应。而这个时期,唯有文化尚未出现耐人寻味的变化。这种文化正好是罗萨斯所熟悉的环境。因此在自己熟悉的环境中,利用社会可以接受的方法,为迷茫、动荡中的社会带来稳定和发展是罗萨斯成功的核心。

五

无论是罗萨斯主义还是恐怖统治,罗萨斯本人及其手中的"绝对权力"是关键。一旦罗萨斯个人权力受到挑战和剥夺,这种稳定便失去了重心,社会重新出现混乱,也就不会有人再去关心罗萨斯的未来。罗萨斯在失去"绝对权力"后也就失去了对社会的控制力。1852年后,罗萨斯的个人权力受到挑战,最终在权力的角逐中失利,不得不流亡英国。阿根廷没有任何公园、广场或者街道以他的名字命名。罗萨斯成为阿根廷人心中一块不愿揭开的伤疤。

作为个人,罗萨斯被激荡的阿根廷社会所淘汰,客死异国。但是作为一个时代的标志,罗萨斯久久没有被盖棺定论。世人不仅在不断地认识罗萨斯、理解罗萨斯,而且不时地用罗萨斯来衡量现代阿根廷。每当阿根廷社会出现变革时,罗萨斯总是被再次提及。为什么这个时代一直没有走出人们的视野?文化是其中关键所在。19世纪的阿根廷虽然获得了国家独立,但是在社会文化层面并没有经历启蒙思想的彻底洗礼，也没有发生批判性的变革。"当启蒙思想改变着欧洲各国时，拉美又如何？在西班牙和西属美洲只有少数受过教育的人才真正理解了启蒙思想中对当时社会、政治和教会进行批判的闪光点。大部分西班牙人依然是保守的天主教徒，热衷于绝对王权政治。他们收获的不是这种哲学思想，而是解决当下问题的实用答案。"①独立之后，庄园主不仅是阿根廷经济改变的最大受益者，而且是阿根廷原有文化的传承者。阿根廷文化中的庄园文化、天主教伦理、对权威的迷信等都被庄园主这个阶层所保留和传承。罗萨斯就是其中典型代表。

在罗萨斯之后，阿根廷实力派将那段"最黑暗的时期"归咎于罗萨斯个人，而未对其背后的深刻原因进行批判性反思。罗萨斯这样的一个个体似乎就成为专制、独裁社会存在的唯一理由。罗萨斯及其时代留给阿根廷最显著的遗产就是对个人权力绝对化的敏感和恐惧：一方面阿根廷有一个易于出现个人英雄主义、个人权力绝对化的文化渊源，另一方面阿根廷又以极大的代价换取了一个对个人权力充满恐惧和警惕的教训。因此，每当社会出现类似罗萨斯的铁腕人物和民众主义人物时，罗萨斯就会进入人们的头脑。世人就会用罗萨斯来衡量新的时代，质疑新时代。

在坚守文化传承的同时，阿根廷文化从来没有丢弃开放和包容的个性。"经济全球化带来与其他文化交流的频繁，与美国等西方发达国家经济联系的日益密切也会改变体现在拉美人身上根深蒂固的传统保守文化观念，拉美国家市场的进一步开放与经济改革的深入更是需要相应的民主制度来提供保证。"②开放、包容的特质决定阿根廷文化并非裹足不前，而是在吸取外来文化有益成分的同时不断地扬弃自身的优缺点，逐渐培育和形成社会文化与民主政治相互促进的共同体。尽管文化的革新是渐进的、缓慢的，但是这不会影响阿根廷文化在现

---

① R.A. Humphreys and John Lynch, *The Origins of the Latin American Revolutions 1808-1826*, Alfred A. Knopf Press, 1965, p.10.

② 王晓德:《关于拉美历史上"考迪罗"统治形式的文化思考》,《政治学研究》2004年第3期。

代化进程中的自觉、自省。罗萨斯的统治在阿根廷历史上是一个特定的时期，是阿根廷文化自我更新过程中一段特殊的经历。这个时期和这段经历只是阿根廷文化与社会变迁互动中一个特殊的点，并不是一种常态。伴随着文化潺潺流水般变化，阿根廷文化将与个人权力的绝对化渐行渐远，而与民主化更加紧密协调。罗萨斯时期的出现与逝去都非偶然，阿根廷人对罗萨斯的心理也非偶然。我们不仅需要在文化变迁的长河中审视罗萨斯，而且更需要在阿根廷社会发展的历史长河中静观其文化的变迁，阿根廷人更应如此。唯有这样，对罗萨斯、对考迪罗时代、对阿根廷那段历史才能给予更加公允的评价。

本文原刊载于《世界历史》2015年第2期，收入本书时做了细微修改。

作者简介：

潘芳，女，1976年12月生，内蒙古人。2007年毕业于南开大学历史学院，获得历史学博士学位。同年进入拉丁美洲研究中心工作。2013年晋升为副教授。主要研究领域为拉丁美洲社会文化等。在《世界历史》《拉丁美洲研究》《南开学报》等核心期刊发表多篇学术论文。主持的课题有天津市社科项目《"阿根廷之谜"的文化诠释》和教育部社科规划项目《殖民地时期巴西等级社会研究》等。

论非洲民族主义主旨泛非主义的演变及历史特征

张　象

泛非主义是非洲民族主义的主旨。非洲联盟（2002年成立）为纪念非洲统一组织（1963年成立）成立50周年，将2013年定为"泛非主义与非洲复兴年"。这说明作为非洲民族主义主旨的泛非主义，仍然是非洲国家求统一团结、谋复兴发展的旗帜与指导思想。因此，了解泛非主义的演变、研究非洲民族主义的历史特征，对于深入了解非洲、发展中非合作共赢、开展治国理政的经验交流有着现实意义。

一、泛非主义的渊源与其基本理念（20世纪以前）

泛非主义正式展示于世是在20世纪初，但其根源则要从罪恶的奴隶贸易年代谈起。15—16世纪"美洲的发现、绕过非洲的航行"①使资本主义曙光在西欧升起。它反对封建主义，促进人类文明的进步；但另一方面，为了谋取最大利润，却派生殖民主义，给西欧以外的居民带来无穷的苦难。其中受苦受难最深重的是非洲的黑人居民。长达400年的黑奴贸易使非洲丧失两亿多青壮年。②人口流失、田园荒芜、生产力遭到破坏，导致非洲走向贫困落后。黑奴的贩运充满了暴力迫害、疾病和杀害。每10个奴隶从非洲内地掠走，最后只有一人能活

---

① 《共产党宣言》，《马克思恩格斯选集》（第一卷），人民出版社，1995年，第276页。
② 黑奴贸易的数据有多种。1978年联合国教科文组织在海地太子港召开专家会议确定奴隶贸易使非洲损失2.1亿人。参见联合国教科文组织编：《15—19世纪非洲的奴隶贸易》，中国对外翻译出版公司，1984年，第212页。

着到达美洲。据研究，运抵美洲的黑奴不少于1500万~1600万。[①]他们被强迫劳动，在种植园和矿场过着牛马不如的生活。当局制定法律，对黑奴的鞭打、出卖、杀害都合法化。因此对殖民主义的刻骨仇恨是非洲人和海外非洲裔大众的共有思想。这是泛非主义最核心的理念。奴隶贸易使非洲与美洲联系在一起，西印度群岛、北美13州及南美巴西成为三大蓄奴区。黑人在西印度群岛各地人口比例中能达到70%~90%。泛非主义产生于美洲的三大地区就不足为奇了。黑奴们渴望自由，思念家乡。他们虽来自非洲各地，但在美洲，他们把非洲看作统一家园来思念，向往那块属于自己的土地，不忘非洲部落社会传统文化的互助友爱精神。这是后来泛非主义者提出"非洲是非洲人的非洲"口号的思想来源。

黑奴贸易和对黑人的奴隶制度还造成歧视黑人的种族主义。这像一种精神枷锁套在了黑色民族的身上。此前世界虽然有奴隶制，但并不与人种挂钩，最初到非洲的殖民者还常常向黑人酋长下跪。莎士比亚戏剧中的黑人形象常常是很光彩的。黑奴贸易和美洲的黑人奴隶制改变了此状况。官方广告、法律及社会舆论都把黑人劣等化和妖魔化了。有些人类学家、生物学家、医生利用人类学和人体结构的测量数据，论证黑人在体质和智力上都欠发育，理应是下等人。[②]一些人文学者还炮制"非洲文化外来说"或"非洲无文化论"来为种族主

---

① [苏联]斯·尤·阿勃拉莫娃：《非洲——四百年的奴隶贸易》，陈士林等译，商务印书馆，1983年，第304页。

② 例如：瑞典博物学家卡尔·冯·林奈(Carl Von Linne, 1707—1708年)，1758年发表的《自然系统》一书，把人类分为白种、红种、黄种、黑种四种。黑人是最劣等。法国博物学家乔治·路易·布丰(Georges Louis Buffon, 1707—1788年)，1749年发表《自然历史》一书，认为黑人更接近猴类。英国哲学家大卫·休谟(David Hume, 1711—1776年)，1772年发表《论民族特征》等著作，认为黑人中找不出伟人，与生俱来就不如白人。荷兰医生皮特鲁斯·坎佩尔(Petrus Camper, 1722—1789年)，1781年提出"面角"理论，认为黑人更接近类人猿。英国医生查尔斯·怀特(Charles White)，1799年在《关于人类、动物和植物的分级》一书中，依据身体测量学原理，认为黑人的体质和智力低于白种人。为歧视黑人的种族主义制造论据。张宏明：《反黑人种族主义思潮形成过程辨析》，《西亚非洲》2008年第1期。

义辩护。①这种歧视黑色民族的种族主义宣传遍及世界，好似精神牢狱，监禁着广大黑人的心灵，使他们产生自卑心理、缺乏自信心，在种族主义面前不得不低头。如何从心灵上使千百万黑人觉醒，让他们抬起头来，这将是泛非主义要解决的问题。

早期泛非主义作为一种思想和理念明显表现出来是18世纪末和19世纪初期的事情。这时出现了有近代意识的黑人知识分子。他们中的一些精英著书立说，开始把黑人心中的不满思想和仇恨理念用文字表达出来。这些知识精英成了泛非主义的先驱。②而这一变化与大西洋世界的革命运动和工业革命浪潮密切相关。例如，这一时期美国的奥劳达·伊奎阿诺是奴隶出身，随主人参加革命，受到教育获得解放。他用自传揭露黑奴贸易和黑奴制的黑暗，从而成为反种族主义名人。③多数黑人知识精英是随着废奴运动而成长起来的。

蒸汽机的应用带来欧美地区工业化潮流。工业资本家奔走世界各地寻找"自由贸易""自由劳动""自由殖民地"。奴隶贸易、黑奴劳役对于工业资产阶级来说已无利可图了。1807年英国率先颁布奴隶贸易禁令，各国纷纷效仿，废奴主义运动兴起，在非洲西海岸出现了由获得自由的欧美黑人组成的新型殖民地。它们都以"自由"一词命名。英国在塞拉里昂建弗里敦（Freetown），法国在加蓬建利伯维尔（Liber Ville），1847年美国建立利比里亚（Liberia）共和国，在这里废奴主义者和教会办报纸、建学校培养黑人知识分子。其中霍顿④与布莱

---

① 历史哲学大师黑格尔说非洲"没有动作或者发展可以表现"，否定非洲的历史文化。[德]黑格尔：《历史哲学》，生活·读书·新知三联书店，王造时译，1956年，第136~144页。

② 舒运国：《泛非主义史1900—2002》，商务印书馆，2014年，第15~18、34~53页。

③ 奥劳达·伊奎阿诺（1745—1797年），尼日利亚的伊博族人，10岁时与姐姐一起被贩运到西印度，后又到美国做了21年奴隶，他的著作（Vincent Carretta, *The Interesting Narrative of the Life of Olaudah Equiana; or, Gustavus Vassa, the African*, 2 Vols, London, 1789.）被译成多种文字，英文再版了9次。

④ 阿非利堪纳斯·霍顿（J. Africanus Horto, 1835—1883年），生于塞拉利昂木匠家庭。1855年从福拉湾书院（Forth Bay College）转到英国攻读医学，10多年后回国成为著名军医，但同时研究西非史地，发表《西非国家和人民》（1868）等著作，启发黑人的自觉和种族意识。Christopher Fyre and Africanus Horton, *West African Scientist and Patriot*, Oxford University Press, 1972, pp.216-217.

登①成为泛非主义著名先驱人物。霍顿著有《西非国家和人民》等著作，用非洲史地启发黑色民族觉醒。布莱登著有《流血非洲的呼声》，提出"非洲个性"论，认为黑色人种与其他种族有同样智慧，都是平等的。他们都在英美学习过，深知大西洋文明的精髓。英美法资产阶级革命代表的大西洋文明宣示了自由、平等、博爱的人权主义思想和法律面前人人平等的民主制原则。泛非主义先驱者们能传承此人类的先进文明是十分难得的。但他们仅仅是个人努力，脱离广大群众，活动范围有限，局限了宣传效果。

19世纪后期，由于电力与内燃机技术的应用和化工、冶金技术的进步，带来了新的产业革命和社会的大变动。新工业需要受过教育的劳动力，在美国，黑人知识分子增多了。被林肯的《解放黑奴宣言》解放了的黑奴的第二代、第三代，虽然获得了人身自由，但大多数并没有改变受剥削、受歧视的处境。在非洲，垄断资本主义注重资本输出、扩大殖民地占领，也开始出现新一代的黑人知识青年。他们不满足于著书立说只搞宣传，要搞实际的群众运动。于是，作为泛非主义运动的第一代骨干力量出现了，代表人物是美国黑人问题学者杜波依斯②。他也是政治活动家，被誉为"泛非主义之父"。他为了黑人的解放，追求非洲人的团结统一，从1890年起，一方面在大学任教，另一方面创办黑人报纸，提倡黑人文艺复兴运动，参与创办黑人妇女协会、黑人学院等组织保卫

---

① 爱德华·威尔莫特·布莱登(Edward Wilmot Blyden，1832—1912年)，生于西印度群岛，在美国读书，通晓七八种语言，1861年出任利比里亚学院教授，又任国务卿，不久辞职，在西非各地办报刊，宣传"非洲个性论"(African Personality)。Edward Blyden, *Christianity, Islam and the Negro Race*, Edinburgh University Press, 1967, p.227；[英]理查德·韦斯特:《回到非洲去——塞拉勒窝内和利比里亚史》(下册)，上海新闻出版系统"五·七"干校翻译组译，上海人民出版社，1973年；李安山:《论西非民族知识分子的形成及其发展》，《西亚非洲》1985年第6期。

② 威廉·E. B.杜波依斯(Willinm E. B. Du Bois，1868—1963年)，出生于马萨诸塞州一个自由了的黑人家庭。16岁流浪他乡，半工半读，对下层黑人生活深有体会，后成为哈佛大学博士、社会学教授，投入黑人运动。早期文章于1905年编辑成《黑人灵魂》一书，影响甚广，人民出版社1959年出版了中译本。参见[美]杜波依斯:《杜波依斯自传:九旬老人回首往事的自述》，邹德真、余崇健、高雨洁译，中国大百科全书出版社，1966年；Imanvel Geiss, *The Pan-African Movement: A History of Pan-Africanism in America, Europe and Africa*, trans. Ann Keep, Africana Publishing Co., pp. 1-150, 176.

黑人公民权。1897年，他提出"泛尼格罗主义"口号，要求都来关心全世界黑人的命运，并开展群众运动。

这时期由于科技的进步，国际交流也出现新情况，许多非政府的国际组织与国际会议兴起了。据统计，19世纪50年代民间国际会议只有18次，到80年代则增至475次。①特别是1864年组建的国际工人协会（第一国际）到1889年扩大为第二国际。它用"全世界无产者联合起来"的口号，发动工人运动，促使世界资本家被迫接受"每天工作8小时"的倡议，由此，5月1日成为公认的国际劳动节。这使泛非主义骨干们备受启发、鼓舞。这时，美国政府为了加强与拉美国家的联系，打起泛美主义旗号，举办了泛美会议。这种运作方式对于泛非主义者也是启发。出生于海地的尼托·西尔万在1897年来到埃塞俄比亚，请求这个非洲被瓜分后唯一保留独立国地位的皇帝孟尼利克二世，牵头建立国际黑人组织，为世界黑人谋取人权，但未能实现。②另一位来自特立尼达岛的西尔威斯特·威廉姆斯在伦敦开办了律师事务所，同时鼓动黑人运动。③1899年，他在伦敦创建"非洲协会"。他将杜波依斯的"泛尼格罗主义"口号，改为"泛非主义"，积极酝酿召开世界性的黑人代表会议。这一动议得到杜波依斯和西尔万等人的支持，他们正式举起了泛非主义的大旗。

上述可见，长期的被压迫生活在海外非洲裔中萌生出早期泛非主义思想：一是对殖民主义有深仇大恨，不仅反对殖民者的政治、经济压迫，而且着重要反对精神奴役，要求取缔对黑人民众的种族主义人身枷锁。二是它的发源地不

---

① 梁西主编：《现代国际组织》，武汉大学出版社，1984年，第13页。

② 尼托·西尔万（Benito Sylvain）1897年到埃塞俄比亚后在孟尼利克二世身边工作。他代表埃塞俄比亚出席泛非会议，还推荐孟尼利克为泛非会议的名誉主席。参见王玉华、潘良：《埃塞俄比亚在推动非洲一体化中的作用》，《西亚非洲》2013年第1期。

③ 亨利·西尔维斯特·威廉斯（Henry Sylvester Williams, 1868—1911年），生于特里尼达岛，留学英国学法律，在外地从事黑人运动，是泛非运动创始人之一，据尔后考证，是他首先提出泛非主义（Pan-Africanism）一词。参见 Colin Legum, *Pan-Africanism: A Short Policical Guide*, Frederick A. Praeger, 1962, p.24。

是非洲而是欧美。它与西方世界的社会、文化关系密切。它的先驱们是受近代西方自由、民权思想的启迪而提出自己理念的。三是"非洲统一"理念作为一种梦想早已有之,海内外非洲人渴望有这样的美好家园,同时这作为一种宣传口号,可以使黑人同胞团结起来。

二、泛非主义运动正式启动,成为世界第三面反殖民主义大旗(1900—1945年)

泛非主义的政治表现是泛非主义运动,正式起点是1900年7月23日第一次泛非会议在伦敦的召开,发表了由杜波依斯起草的《致世界各国呼吁书》,成立"泛非协会",出版《泛非》月刊,从而举起了泛非主义大旗。正如杜波依斯所说:"这次会议引起了人们的注意,从此在辞典中破天荒出现了'泛非'一词。"[1]他又说:"大会没有能得到非洲本身的广泛支持",甚至"在整整10年以上的时间,没有人再提起它"。[2]

1918年第一次世界大战结束。时任美国总统威尔逊倡议组建国际联盟,一时间有关国际和平与正义、民主的议论很多。这对杜波依斯等泛非主义者有极大的吸引力。加之在俄国、欧美诸国掀起的革命运动高潮也给他们以鼓舞。1919年2月,杜波依斯等人赶在巴黎和会结束之前,在巴黎举行了第一届泛非代表大会,会议决议是向国际联盟的请愿书,接着于1921年、1923年、1927年又召开了三届泛非代表大会,[3]这些大会向世界黑人宣扬了泛非主义理念。

---

① [美]杜波依斯:《非洲——非洲大陆及其居民的历史概述》,秦文允译,世界知识出版社,1964年,第159~160页。

② [美]杜波依斯:《非洲——非洲大陆及其居民的历史概述》,秦文允译,世界知识出版社,1964年,第160页。

③ 舒运国:《泛非主义史1900—2002》,商务印书馆,2014年,第77~85页。

与此同时泛非运动还有两种表现：一是在美国，马库斯·加维①发起了"返回非洲"运动。1920年他在纽约的哈莱姆区召开了世界黑人协会代表大会，发表了《世界黑人权利宣言》，他创办的刊物《黑人世界》用多种文字发行到世界各地，吸引了400万~500万的读者。二是在非洲本土也有了泛非主义活动。1920年，凯瑟利·海福德②领导组建西非国民大会，争取黑人的民族权利，创办刊物《英属西非评论》。在南非，1912年成立的南非非洲人国民大会，使泛非主义开始在南部非洲传播。但是1929—1930年的世界经济大危机，和20世纪30年代的法西斯猖獗及接踵而来的第二次世界大战，使泛非运动又遇挫折，再次进入消沉期。

从1900年到1945年间泛非主义表现的主要特点是：

第一，宣扬民族个性论，反对种族主义，促进黑人民众的觉醒。布莱登提出的"非洲个性论"得到发展，强调黑人要为自己的民族特性和民族文化而自豪。③杜波依斯继承发展了这一理论。他在《黑人的灵魂》《黑人的过去和现在》诸多著述中用大量史实论证黑人光辉文明的存在。第一次泛非大会决议明确提出要"抹去对黑人的谎言"④。二战期间，桑戈尔主张"黑人传统精神论"。他用诗歌和文艺复兴运动形式加以推广。他解释这种"传统精神"就是黑人全部价值观的总和。它将作为一种"敲不碎的坚果武器"来捍卫"黑人

---

① 马库斯·加维(Marcus Garvey，1887—1940年)，生于牙买加，印刷工人出身。从事工人运动，1914年创建世界黑人进步协会，1916年到美国活动，协会成员达400万人。[美]威廉·福斯特：《美国历史中的黑人》，余家煌译，生活·读书·新知三联书店，1960年，第485~495页；Amy Jacques Garvey, *Philosophy and Opinions of Marcus Garvey*, Vol.2, Frank Cass & Co., Ltd., 1967, p.138.

② 凯瑟利·海福德(J. E. Casely Hayford，1866—1930年)，毕业于塞拉利昂的福拉湾学院，后到英国剑桥大学学习，1896年成为著名律师，在西非参加"保护土著居民权利协会"的活动。他的逝世导致国民大会党停止活动。参见陆庭恩、刘静：《非洲民族主义政党制度》，华东师范大学出版社，1997年，第88~101页。

③ 徐济明：《西非现代民族主义的先驱者布莱登》，《西亚非洲》1988年第1期。

④ 唐大盾选编：《泛非主义与非洲统一组织文选(1900—1990)》，华东师范大学出版社，1995年，第7页。

性"的存在。①

第二,大力宣扬理想的"非洲统一"论,主张要在"非洲人的非洲"口号下建立一个统一的"非洲合众国"。加维领导的"返回非洲运动"提出"非洲应当属于当地和在外的非洲人",他的口号是:"让非洲成为世界群星中的一颗明星!"②他的举措未能成功,他的"非洲统一"也仅有宣传作用。这时期杜波依斯等人的"非洲统一"论主要是促进黑人团结,起宣传作用。作为一种理想,它迎合广大黑人思乡情和梦想当家做主的心理。故有学者将此表现称作"大陆性"和"种族性"的民族主义特点。③

第三,主张斗争方式的非暴力论。杜波依斯认为只是要呼唤出人类的理性和同情心,用和平革命和变革是可能的。所以他热衷于办报纸、搞集会、策划请愿等活动。第一次泛非主义大会在1919年举办,为的是向国联请愿。从当时的形势和敌我力量对比分析,泛非主义者采取这一策略是正确的,有利于完成宣传教育、促使黑人民族觉醒的首要任务。

第四,弘扬非洲传统文化理念,提倡全非洲各民族文化的包容。如何对待相邻民族的文化和外来文化,这是世界性问题。与撒哈拉沙漠以南的非洲文化最相近的是阿拉伯伊斯兰文化,外来文化中最突出的是基督教文化。泛非主义的先哲们都以友好和崇敬的态度对待它们。布莱登就著有《基督教、伊斯兰教和尼格罗人种》一书,赞美伊斯兰文化给广大黑人提供了"最大的安慰和最大的护身术"④。泛非主义者中信奉基督教的有不少。他们反对殖民主义者利用基督教,

---

① 桑戈尔(Leopold Sedar Senplod,1906—2001年),生于塞内加尔一花生出口商家庭,毕业于巴黎大学文学院,20世纪30年代成为诗人,与其他黑人文学家一起提倡"黑人传统精神"(Négritude)。1945年代表塞内加尔入法国议会。1960—1980年首任并蝉联塞内加尔总统。参见张宏明:《黑人传统精神运动产生的历史氛围》,《西亚非洲》1994年第3期;张象等编著:《塞内加尔、冈比亚》,社会科学文献出版社,2007年,第73~86、103~106页。

② Amy Jacques Garvey, *Philosophy and Opinions of Marcus Garvey*, Vol.2, Frank Cass & Co., Ltd., 1967, pp.138, 174.

③ 李安山:《非洲民族主义研究》,中国国际广播出版社,2004年,第37~48页。

④ 徐济明:《西非现代民族主义的先驱者布莱登》,《西亚非洲》1988年第1期。

但不反对基督教文化，主张基督教非洲化。乔治·帕德莫尔明确地说："泛非主义主张要在尊重人的个性和平等地位基础上实现种族共处，既反对白人种族主义，也反对黑人沙文主义。"①

总之，20世纪前期泛非主义的主旨是唤醒深受压迫的黑色民族沉睡的心灵，培育民族意识，激发民族的自尊、自信和自豪感。对黑色民族来说，当时主要任务还不是求自治与独立的问题。

这样的民族主义在被压迫民族中属第三面反殖民主义大旗：

第一面大旗出现在半殖民地国家，如中国、土耳其、伊朗和部分拉美国家。在这里，帝国主义从某种意义上说，驯服了当地统治者，民族主义革命的任务：反帝必须反封建，反封建就是反帝。民族与民主革命紧密结合在一起。而且暴力革命是不可避免的。在中国，孙中山提出的"民族、民权、民生"的三民主义学说，是这面大旗的代表性理论。②

第二面大旗出现在殖民地国家，如印度、缅甸、印尼等地。殖民者在20世纪初已建立起一整套政治统治与经济剥削制度，培养起层层的统治代理人。殖民者的"双重使命"，扩大资本输出造成千百万农民与手工业者的破产，也促使民族知识分子及民族资产阶级的诞生。在这里民族主义革命常常从争取民族自治入手，开展非暴力斗争。印度国大党提拉克提出的政纲和继承者甘地的非暴力不合作理

---

① 乔治·帕德莫尔（George Padmore，1902—1959年），生于西印度群岛的特立尼达，参加过美国共产党和共产国际，被开除后成为泛非运动骨干。1937年组织国际非洲事务局，筹备第5届泛非大会。George Padmore, *Pan-Africanism or Communism?: The Coming Struggle for Africa*, D. Dobson, 1956, pp.378-379.

② 1905年11月同盟会机关报——《民报》发刊词正式阐发"三民主义"。半殖民地各国的民族革命纲领都与此大同小异。例如土耳其的凯末尔主义，在主张抗击协约国帝国主义入侵的同时，也进行废除封建专制的苏丹制与哈里发制。

论，是这一类型民族主义大旗的代表。①

第三面大旗要属泛非主义了。它不是升起于非洲某国，而是诞生于世界各地黑色民族之中。无论是从人数之多、地域之广而论，还是从内容的独特性而论，都应该排列为世界级的一面反殖民主义大旗。

三、泛非主义运动重心转移到非洲发展为泛非民族主义（1945—1963年）

在反法西斯战争年代，第二代的泛非主义运动骨干成长起来了。代表人物有恩克鲁玛②、阿齐克韦③和肯雅塔④等人。他们与第一代泛非运动骨干不同，多来自非洲本土，在英美留学成为泛非主义者。他们还都接触了马克思列宁主义思想，比老一代激进。他们的愿望是要在非洲本土开展泛非运动，使殖民地非洲获得自治与独立。

---

① 提拉克(Bal Gangaolhar Tilak，1856-1920年)，20世纪初提出《司瓦拉吉纲领》，要求民族自治、使用国货、发展民族教育等内容。甘地(Mohands Karamchand Gandhi，1869—1948年)，留学英国学法律，在南非印度人中进行反种族主义斗争，1915年返回印度领导国大党从事群众性反英不合作运动，被称为"圣雄"(Mahatma)。

② 克瓦米·恩克鲁玛(Kwame Nkrumah，1909—1972年)，生于今加纳滨海一小村落，自幼入教会学校学习，后成为小学教师，参加过西非国民大会的活动。1935年到美国留学，入林肯大学，成为杜波依斯和加维的追随者。1945年后成为泛非运动和非洲独立运动重要领导人，加纳首任总统，1966年被政变推翻。[加纳]克瓦米·恩克鲁玛:《恩克鲁玛自传》，国际关系研究所翻译组译，世界知识出版社，1960年，第1~51页。

③ 恩纳姆迪·阿齐克韦(Nnamdi Azikiwe，1904—1996年)，昵称"齐克"(Zik)，祖籍为东尼日利亚的伊博族人，但出生于北尼日利亚，父亲为英国殖民军中一办事员。自幼随父流动，就读教会学校，1925年赴美，深受杜波依斯影响，1934年回国创办报刊，宣传泛非主义。他对《大西洋宪章》中"四大自由"积极宣传，并于1943年向英国殖民大臣提交一份《大西洋宪章和英属西非》的备忘录，颇有影响。1944年创建"尼日利亚和喀麦隆国民会议"，领导民族独立运动。1960年10月尼日利亚独立后出任总理和首届总统。Nnamdi Azikiwe, *Zik, a Selection from the Speeches of Nnamdi Azikiwe*, Cambridge University Press, 1961, pp. 2-112.

④ 乔莫·肯雅塔(Jomo Kenyatta，1895—1978年)，肯尼亚的吉库尤族人。1928年代表本族赴英国请愿而显露头角。1933年赴莫斯科大学学习，后又在英国攻读人类学。他参与了第五届泛非大会筹备工作。参见[英]杰里米·默里·布朗:《肯雅塔》，史宙译，上海人民出版社，1976年，第43~193页。

借助反法西斯战争胜利带来的大好形势，1945年10月15—21日第五届泛非大会在英国曼彻斯特举行。这次大会是泛非运动转折点和非洲民族独立运动新的起点。代表多来自非洲，会后泛非运动的活动重心由域外转移到非洲本土。大会发表了由恩克鲁玛等年轻领导人起草的决议书，呼吁非洲的完全自治与独立。恩克鲁玛在会后回到非洲，1957年3月6日领导建立撒哈拉沙漠以南的非洲第一个独立国加纳，翌年几内亚独立，1960年出现"非洲年"，有17个国家独立。恩克鲁玛还根据他的非洲民族文化的包容理念，接受了纳赛尔的"三环外交"思想，与北非阿拉伯国家建立了友好关系。1958年第一届非洲独立国家会议在阿克拉召开，1960年举行第二届会议，1958—1961年还举行了三届全非人民大会。1963年5月25日，非洲统一组织在亚的斯亚贝巴宣告成立，30位非洲独立国家领导人签署了《非洲统一组织宪章》。这一切都显示非洲觉醒了，这是泛非主义在非洲本土初步实践的成果。

这一时期泛非主义的发展有如下特点：

第一，非洲民族革命目标的升级。如果说过去的革命主旨是使黑色民族能获得自由，在精神上振作起来，现在则要获得实际的全非洲自治独立。从这时起泛非主义演变为泛非洲的民族主义。第五次泛非大会决议中的《告殖民大国书》和《告殖民地人民书》及当年恩克鲁玛发表的《争取殖民地自由的道路》一书，都将非洲革命的任务首先确定为"争取完全的自治和独立"。它不是反帝反封建、民族民主革命同时进行，而是将革命的性质和任务先确定为民族革命，推翻殖民统治。革命动力除了工农大众和受过教育的民族知识分子外，还吸收曾为殖民统治服务，但愿意参加民族阵线的人士。[①]非洲酋长不同于亚洲国家封建主。再者，英法老殖民主义势力在二战中被削弱了，他们受世界革命巨浪的冲击，实行退让政策。英国搞"宪政改革"，法国搞"非殖民化"，这就使非洲

---

① 张象、黄若迟：《论加纳独立的性质》，中国世界现代史研究会编：《世界现代史论文集》，生活·读书·新知三联书店，1982年，第248~261页。

各国的民族革命任务有自己的特色。

第二，改变革命道路的非暴力论绝对化。恩克鲁玛曾十分崇拜甘地主义，但在争取加纳独立进程中他探索了"积极行动"方式，对甘地的非暴力途径有所改变。[1]他对阿尔及利亚等国的武装斗争采取了支持态度。他还支持比属刚果的卢蒙巴及其追随者捍卫独立的武装斗争。这在泛非主义者中赢得了普遍赞同。

第三，"非洲统一"论从理想走向现实。按照泛非主义的原先理念，取得独立后的恩克鲁玛发表《非洲必须统一》一书，[2]认为加纳可成为组建"非洲合众国"或"自由非洲国家联盟"的基地。但更多的泛非主义者从实际出发，认为"非洲统一"可以分步骤进行，特别是当时的非洲已出现了两个集团，面临分裂。一是"非洲–马尔加什联盟"，后称"蒙罗维亚集团"，大部分是法语非洲国家，与法国签订了合作条约，有西方背景。另一是由加纳、几内亚、埃及等6国组成的"卡萨布兰卡集团"，与社会主义国家关系密切。美苏的冷战格局使其他各洲的国家出现对峙局面。非洲能否避免将是严峻的考验。在此关头，泛非主义运动多年以来关于"非洲统一"的教育和宣传起作用了。几内亚总统塞古·杜尔[3]、埃塞俄比亚皇帝海尔·塞拉西[4]与尼日利亚总理阿齐克韦等用泛非主义进行调解，他们从实际出发，当看到新独立的非洲国家谁也不愿放弃来之不易

---

① 张象:《论加纳独立的道路》,《山西大学学报》(哲学社会科学版)1983年第1期。

② Kwame Nkrumah, *Africa Must Unite*, Heinement Educational Books Ltd., 1963, p.220; Kwame Arhin, *The Life and Work of Kwame Nkrumah*, Africa World Press, 1991, pp. 236-253.

③ 塞古·杜尔(Ahmed Sekou Joure,1922—1984年),几内亚的马林凯族人,外曾祖父萨摩利·杜尔是历史上抗法民族英雄。他于1941年成为邮电职工会领导人,后参与了法属西非的民族联盟和民主党的创建工作。在他领导下1958年几内亚独立后拒绝参加法兰西共同体。他的名言是"宁要贫困的自由,不要富足的奴役"。

④ 海尔·塞拉西(Haile Selassie,1892—1975年),原名塔法里·马康南,其父是孟尼里克二世的至亲,海尔·塞拉西在该皇帝女儿即位后任摄政王,1930年加冕皇帝,称海尔·塞拉西一世,1935—1941年领导抗击意大利法西斯占领的斗争,与英美苏联保持友好关系,他很早就接受泛非主义,希望非洲保持统一局面,故为非洲统一而积极协调。J.Ayo Langley, ed., *Ideologies of Liberation in Black Africa, 1856-1970*, R. Collings, 1979, pp. 331-337.

的国家主权时，便主张先组成松散的国家政治联盟。①1963年5月，30个非洲国家首脑在亚的斯亚贝巴举行会议，通过一份宪章，两个集团联合为非洲统一组织。这是泛非民族主义的一项重大成就。

四、"非统"使泛非主义务实调整，非洲民族主义大发展（1963—2002年）

1963年"非统"建立后的非洲面临三方面任务：一是要使已获得独立的国家得到巩固稳定。由于殖民统治遗留下的祸根导致独立后出现领土争端、边界战争、部族或地方民族冲突及难民问题等，新生国家不得安宁。经济不独立问题也困扰这些国家的稳定和生存。二是要实现全大陆的民族独立和政治解放。当时非洲尚有三分之一的地区未获独立，主要集中在中南部非洲。三是要应对国际形势巨变带来的挑战和冲击。20世纪70年代西方经济滞胀使非洲在80年代出现"失去发展10年"，随之而来的经济全球化又促使非洲"边缘化"。②东欧剧变、苏联解体、冷战终结带给非洲的是多党制风潮，③使非洲民族国家的构建问题突显出来。

在此情况下，既需要坚持泛非主义的团结统一原则，又需要从实际出发，调整改革。于是，泛非主义在此时期便有如下新特征的表现：

第一，探索独立后的非洲国家发展道路。这是泛非主义新课题。当时出现两条道路：一是"自由资本主义道路"，二是"非洲社会主义道路"。前者基本仿效西方模式进行，后者则需要新探索。激进的泛非主义者热衷后一方面的工作。例如，恩克鲁玛率先发表《新殖民主义——帝国主义的最后阶段》《良知主

---

① 唐大盾：《阿齐克韦的"新非洲的哲学"与非洲统一思想》，《西亚非洲》2013年第1期。

② 钟伟云：《全球化与非洲边缘化》，北京大学非洲研究中心：《非洲变革与发展》，世界知识出版社，2002年，第1~15页。

③ 陈公元：《非洲"多党民主"浪潮剖析》，《西亚非洲资料》1993年第1期；贺文萍：《非洲国家民主化进程研究》，时事出版社，2005年。

义》等著作，提倡用"非洲社会主义"来发展和巩固非洲的独立。①塞古·杜尔、尼雷尔、桑戈尔等人积极配合发表理论文章。他们指出，共有23个国家宣布奉行非洲社会主义，还形成几种类型：阿拉伯社会主义、村社社会主义、民主社会主义、"科学"社会主义等，②其中搞村社社会主义的居多。尼雷尔③提倡的"乌贾马"运动是其中典范。他说："让我们沿用古老的社会主义，消除它的弊病，然后利用我们自己的或从发达国家中借鉴的现代知识和经验来改善这一社会主义。"④显然这与共产党国家奉行的社会主义全然不同，仍属民族主义，主要解决维护民族独立问题。科特迪瓦等国走"自由资本主义道路"，一度经济发展良好，但随着非洲的"边缘化"，它们与搞非洲社会主义的国家一样经济一蹶不振。事实说明有关非洲发展道路的理论与政策都尚待探索。

第二，调整构建民族国家的标准和举措。泛非主义构建民族国家的目标曾是"非洲合众国"。恩克鲁玛曾设想这样的国家将有全非洲的统一经济计划、统一的军事战略和军队、统一的对外政策。⑤为此，要废除和修改殖民统治遗留下来的边界与诸多事项，但现实情况是新独立国家正为此而发生各种冲突。必须改变泛非主义传统的设想才能维持和平与安全，否则相互纷争的独立国家将都不复存在。1964年7月，"非统"首脑会议通过了《关于非洲边界不得改变的决议》，要求所有非洲国家尊重独立时的现存边界。从理念上讲，这是对殖民政治后果的一种妥协，但却对新生独立国家安全有利。关于新独立国家政体，当时

① 张象：《论恩克鲁玛政治理论的三个组成部分》，《南开史学》1989年第1期。
② 唐大盾等主编：《非洲社会主义新论》，教育科学出版社，1994年，第38~196页。
③ 尼雷尔（Julius Kambarag Nyerere，1922—1999年），生于坦喀尼喀的拉纳基族，留学英国，从1945年起投身民族主义运动，并成为领导人。1961年坦喀尼喀独立后任总理，1964年坦喀尼喀与桑给巴尔合并后任总统，1968年被推选为第三世界经济南方委员会主席，1985年退位。其论著主要有《自由与统一》等。
④ 乌贾马（Ujama），斯瓦希里语，意指集体的传统大家族村社，参见尼雷尔著，章培智译：《农村社会主义》（1967年），齐世荣、张象编：《当代世界史资料选辑》（第3册），首都师范大学出版社，1996年，第406页。
⑤ 唐大盾选编：《泛非主义与非洲统一组织文选》，华东师范大学出版社，1987年，第279~282页。

非洲有30个国家实行一党制，9个国家是禁党制。苏东剧变一党制失败了，这使非洲各国把目光移向了多党制。西方大国为了将非洲纳入西方体系，有意推动非洲多党化浪潮。于是武装暴动、国家间冲突席卷众多的非洲国家。1990年"非统"第26届首脑会议发表了《关于非洲政治、社会、经济形势和世界发生根本变化的宣言》，强调非洲国家要根据自身的社会文化价值观决定其民主制度。第28届首脑会议又强调，要在不受外部势力影响的情况下完全自由地决定各自政治制度。

第三，提出"一体化"论务实经济。这是发展"非洲统一"论的新举措。理想的"非洲统一"论曾主张建立全非洲的银行，实行统一货币。这对新独立的非洲国家来说是很不现实的。所以"非统"从成立之日起就在宪章中规定，要把通过协调加强成员国之间的经济和社会合作，改善人民生活作为宗旨。1973年的"非统"首脑会议为推动成员国之间的经济合作，正式提出"经济一体化"方案，主张并支持在某一经济领域、某一地区建立经济合作组织和经济共同体。1980年该组织宣布了《拉各斯行动计划》，主张在"集体自力更生和自主发展"方针下建立非洲经济共同体。进入20世纪90年代，根据形势变化又进行调整。"非统"指出："非洲正在步入一个更加强调经济发展的崭新历史纪元。"[1]1991年"非统"制定了《非洲经济共同体条约》，在坚持联合自强战略的基础上，加强对外经济联系，设计了进行路线图和时间表，计划在34年内分6个阶段完成。这种重视经济的务实精神，是有作用、有收获的。约从1996年起非洲经济终止了连年下滑，开始持续增长。

第四，对于非洲国家争取独立的途径，从"非暴力论"完全转向"多途径论"。这时期尚未独立的葡属非洲和白人种族主义统治的国家都顽固地奉行暴力

---

① 唐大盾选编：《泛非主义与非洲统一组织文选》，华东师范大学出版社，1987年，第232页。

镇压政策，必须针锋相对。几内亚比绍革命领袖卡布拉尔①从本国革命实际出发，提出了暴力革命论。他的著作得到安哥拉、莫桑比克等地革命者的普遍赞同。"非统"也多次发表宣言，肯定武装斗争在葡属各殖民地的必要性。在津巴布韦，穆加贝②面对白人种族主义统治者的顽固态度，采用非暴力与武装暴力相结合的斗争方式。最后迫使英国殖民者和白人种族主义统治者接受谈判，从而赢得津巴布韦独立。这种新的斗争道路在纳米比亚③和南非继续发展，也取得新胜利。④这反映泛非主义的"暴力论"并不全然抛弃原有的"非暴力"。

第五，扩大与创新民族文化包容论。"非统"为与阿拉伯的文化关系更亲密，采取了多项举措，例如在马里成立"非洲-阿拉伯文化学院"。1977年开始不断举办"非洲-阿拉伯首脑会议"促进双方的联系。随着南部非洲独立运动的发展，黑人与非洲白人间的民族文化关系愈显突出。对此问题，穆加贝的表述是："我们从不憎恨白人，我们憎恨的是白人的种族至上哲学。"⑤在此问题上，曼德拉的民族主义适时应变，将泛非主义的文化包容论发展到更高水平。他说："我们新的民族将包括黑人和白人、祖鲁人和阿非利卡人，以及说其他任何一种

---

① 阿米卡尔·卡布拉尔(Amicar Cabral，1924—1973年)，生于几内亚比绍，1951年毕业于里斯本大学，回国从事反葡萄牙殖民统治斗争，创建几内亚和佛得角非洲独立党，兼任安哥拉人民解放运动政治顾问。1963年起领导开展了10年武装斗争。1973年1月20日正当几内亚比绍宣布独立时，他被暗杀。其论著主要有《几内亚比绍革命》等。

② 穆加贝(Robert Mugabe，1924—2019年)，津巴布韦绍纳族人，在南非读大学，毕业后任教师。1957年赴加纳从教，深受恩克鲁玛影响。1960年回国从事民族革命，1964年被捕，坐牢10年。出狱后领导游击战争，同时与当局进行和平谈判。1980年1月他领导的民族联盟在大选中获胜，由他组阁，任独立后首任总理。

③ 纳米比亚原名西南非洲，1920年被白人种族主义统治的南非托管，1949年又被吞并。1960年西南非洲人民组织在努乔马等领导下开展武装斗争，后在联合国调解下，双方谈判，通过大选，1990年3月21日纳米比亚独立。

④ 在南非发生沙佩维尔惨案后，1961年开始武装斗争，组建曼德拉领导的"民族之矛"军事组织。80年代末曼德拉出狱后改变策略与当局谈判，通过大选，1994年4月新南非建立。

⑤ 何丽儿：《南部非洲的一颗明珠——津巴布韦》，当代世界出版社，1995年，第113页。

语言的人们。"①

总之，"非统"组建后的38年间对泛非主义进行的务实调整与改革发展了非洲民族主义，极力克服非洲民族主义的消极表现，诸如部族主义、极端伊斯兰复古主义等。从而取得了重要的历史成效，非洲大陆整体独立的实现就是具有世界意义的伟大功绩。1415年殖民主义者占领北非的休达，开始世界性殖民化进程。这是世界史上最黑暗而漫长的一个篇章。1990年纳米比亚的独立和1994年新南非的诞生，宣告了这段黑暗历史的终结，怎能不让全世界拥护正义的人们感到欢欣鼓舞呢！

五、"非盟"建立使泛非民族主义彰显新特征（2002年以后）

非洲在完成整体独立大业后将向何处去？将如何发展？ 面对21世纪以来经济全球化、国际关系多极化的诸多严峻挑战将如何应对？这是摆在奉行泛非主义的非洲各国领导人和学者们面前需要思考的问题。这时人们再次想起前辈恩克鲁玛的警告："我们要么联合，要么灭亡。"②"非统"从1999年开始酝酿，到2002年7月9日，在德班正式宣布非洲联盟成立。"非统"秘书长萨利姆评论说："非洲联盟的成立是这个大陆取得的最大的成就之一。它标志着伟大的泛非主义运动和非洲统一组织的创始者们的愿望得以实现。"③从此，泛非主义又进入新

---

① 纳尔逊·曼德拉（Nelson Rolihlahla Mandela，1918—2013年），生于特兰斯凯首府的一个山村酋长家庭，毕业于黑尔堡大学。1944年加入非洲人国民大会（后文简称为"非国大"），1960年领导"非洲之矛"进行武装斗争。1963—1990年入狱。1994—1999年任新南非总统。参见李安山：《论曼德拉民族主义思想的转变》，《西亚非洲》1997年第3期；李新烽：《论曼德拉精神及其产生的原因》，《西亚非洲》2014年第6期。

② Kwame Nkrumah, *Revolutionary Path*, International Publishers, 1973, pp. 233-234；［南非］马莫·穆契：《泛非一体化：非洲自由繁荣之路》，潘华琼译，《西亚非洲》2001年第2期。

③ 萨利姆（Salim Ahmad Salim，1942— ），生于桑给巴尔的奔巴岛，留学印度、美国，1964年起为坦桑尼亚联合政府的驻外使节，曾当选联合国大会主席，后任外交部部长、副总理兼国防部部长，1989年与1993年两次当选"非统秘书长"。这是他在"非统"组织第37届首脑会议开幕式上的讲话。参见新华社赞比亚卢萨卡2001年7月9日电。

阶段，也表现出新的历史特征。

首先，"非洲统一"论从愿望到实践又迈出新的一大步。"非统"建立是其从理论走向实践的第一步，"非盟"建立则是第二步。非洲统一功能从政治领域扩大到经济、军事、文化、社会、环保诸领域的全面合作；运行规则也有所突破，提出"非漠视原则"，如果成员国内发生种族灭绝和反人类罪行，"非盟"就会突破"不干涉内政"的束缚进行干预；几乎所有非洲国家都是其成员国，许多地区组织和非政府组织也以观察员身份参加会议。①非盟的权威性更强了。

其次，实现非洲复兴梦成为新时期泛非主义的主要宗旨。南非前总统姆贝基②继承曼德拉思想，最先对此问题进行理论和政策方针的探索。1997—2001年他发表系列著述，认为复兴之路主要是使经济再生，实现真正的工业化；民族国家的建构，实行有效的民主化，为此要进行系列改革。塞内加尔总统阿卜杜拉耶·瓦德对如何实现泛非主义的新目标提出具体建议，并明确提出"实现非洲梦"的口号。非洲联盟委员会的第一位女性主席恩克萨扎纳·德拉米尼·祖马在2013年5月25日庆祝"非统"成立50周年大会上宣称：非洲要把握自己命运，开始非洲复兴的起步。她用大量图片设计《2063年议程》，展示50年后非洲面貌。这表现出一种乐观主义精神和实现非洲复兴梦的决心。

再次，"非盟"主张全方位外交，谋求非洲的和谐与世界和平。"非统"时期的非洲国家为争取独立必须与宗主国和其同盟国对抗，不可能有全方位的外交。到"非盟"时期情况不同了，它的外交空间空前扩大了。它能代表所有非洲国家对有关非洲事务在第一时间表态，此话语权不能不使各国政府和各种国际组织重视。经济的全球化和世界面临的环境、生态、安

---

① 夏吉生：《继往开来话非盟》，《西亚非洲》2004年第1期；杨立华：《非洲联盟十年：引领和推动非洲一体化进程》，《西亚非洲》2013年第1期。

② 姆贝基（Thabo Mvuyelwa Mbeki，1942— ），生于东开普省一个教师家庭。父亲是"非国大"元老。自幼参加革命，曾在英国、苏联留学，长期在"非国大"国外总部负责外事工作。1994年任副总统，1999—2009年任总统，曾组建"非洲复兴学会"，举办"非洲复兴节"。参见钟伟云：《姆贝基非洲复兴思想内涵》，《西亚非洲》2002年第4期；李新烽：《悲情英雄姆贝基》，《西亚非洲》2009年第1期。

全、反恐等问题都需要非洲国家的参与和回应。非盟成为国际舞台上不能少的重要成员。

最后，非盟建立使非洲与发展中国家的同盟关系更上一层楼。非洲国家曾是不结盟运动和南南合作的骨干力量。坦桑尼亚总统尼雷尔长期任南方委员会主席，策划南南合作的发展战略。中国的崛起与非盟的建立使这种战略从规划变为实践。南非加入金砖国家就是重要的实践步骤。南非经济是撒哈拉以南非洲经济的领头羊，它与中、印等发展中大国的结盟将影响整个非洲。它赞同中国主张：构建中非命运共同体。

小 结

从泛非主义的历史演变，可以明显看到非洲民族主义有如下特点：

其一，它有异常强烈的求生存独立、谋发展复兴的愿望，但也有十分艰难复杂的实践道路。非洲国家与中国及众多发展中国家同属命运共同体，同遭受殖民主义者侵略奴役和掠夺，是天然的战略同盟，非洲人民遭受的苦难更深重，导致非洲的贫穷落后更严重。非洲复兴梦的实现将是长期的，需要非洲民族主义者坚定意志不断地探索。

其二，它已成为一种传统文化：保持非洲的统一，维护非洲的团结。尽管不断有内部分歧和派别之争，但都能在泛非主义原则下求得一致，从而彰显出一种非洲美德。特别是全非洲实现独立之后，由于泛非主义追求多种文化与各宗教的包容共存，这使"非洲统一"目标将更展宏图。

其三，它有不断务实调整改革的经历与成效，从而使非洲民族主义能与时俱进，攻克难关，妥善处置新问题。所以评价泛非主义与非洲民族主义，不能仅根据某一时期或某一地区某国的表现来得出结论，必须用历史视野，全面综合地观察研究才能有正确的判断。

其四，它与西方世界的社会经济和思想文化有着双重性与两面性的关联。它痛恨西方殖民主义，但它的产生地和思想源泉又出自西方，几代泛非主义精英都留学西方国家。西方资本吞噬整个非洲造成其贫穷落后，但为了利润，它们也带去一些先进技术、企业管理制度和法制理念。这些对独立后的非洲还是有用的，特别是在经济全球化的今天，非洲国家要扩大外交空间也需吸收西方国家的投资。非洲将和东西方国家加强经济往来。这是非洲民族主义者必要的举措。

总而言之，我们研究非洲问题要从非洲的实际出发，注重非洲的历史特点，应从非洲人民的视角看问题，不能简单地用固化视角看非洲，只有这样才能正确地处理中非关系，实现互利共赢、协同发展。

本文原刊载于《安徽史学》2017年第3期。

作者简介：

张象，男，1934年生人，中共党员。1954年考入南开大学历史系，1961年研究生毕业留校任教，现为南开大学历史学院荣休教授，主要从事世界现代史、非洲史研究，曾任中国世界现代史研究会副会长、中国非洲研究会副会长、北京大学非洲研究中心特邀研究员、非洲加纳大学客座教授。曾赴加纳内地、尼日利亚、塞内加尔等非洲国家进行学术考察。主要著作有《彩虹之邦新南非》《宏观世界史系列概要》等，发表学术论文百余篇。1996年退休后，积极参加老年群众文艺活动，被吸收为中国音乐家协会会员，出版《中国非洲友好歌曲集》等，曾被评为"天津市十佳文化老人"。

并行的"独立万岁"与建立大韩民国临时政府运动

——再论"三一运动"

曹中屏

韩国著名语言学家，时在"京城纺织株式会社"任职的李熙昇（1896—1989年）在回忆其目睹的"三一运动"情景时写道：

> 1919年3月1日下午1时顷，办公室的对话铃响个不停，对方称塔洞公园集会"独立万岁"呼声震耳欲聋。我激荡万分，放下话机与手边的事务，急忙向塔洞公园跑去。①

中国近代最具影响力的报纸之一《申报》于1919年3月5日报道：

> 星期六（3月1日是周六，旧历正月二十九日）汉城（今首尔）有韩人数千集众示威游行各街道，且有数百人拥入前皇灵枢所在之宫中，大呼祈求高丽独立。

肇始于留日学生发布《二八独立宣言》的"独立万岁"运动，突破以天道教为主体的半岛民族主义者孙秉熙、权东镇、吴世昌、崔麟等设计的"大众化、一元化、非暴力化"三大原则②的束缚，爆发了大规模的群众性独立运动，并逐

---

① 李熙昇：《我所经历的三一运动（내가 겪은 三·一운동）》，东亚日报社编：《三一运动50周年纪念论集》，东亚日报社，1969年，第399页。

②《二八宣言》，东亚日报社编：《三一运动50周年纪念论集》，东亚日报社，1969年，第160~161页；朴殷植：《韩国独立运动之血史》（下编），维新社，1949年，第10~13页。

渐由和平示威发展为全民族反日大起义。与此同时，各地出现了争建临时政府的高潮。"三一运动"中的这两股潮流，严重影响着半岛人民争取独立斗争的走向和发展趋势。

一、运动爆发的历史背景

一般而言，社会运动均具有要求变革的政治性质，但并非一切游行示威类的社会运动都要求推翻现有政治体制，而近代殖民地的独立运动要取得彻底的胜利，几乎毫无例外地要经历暴力的独立战争，更何况处于具有封建专制主义和军国主义特点的日本帝国主义"武断政治"统治下的朝鲜半岛。因此，作为殖民地的韩民族（或朝鲜民族）的"独立万岁"运动，不论起初以何种形态出现，必将引发与殖民统治当局的正面冲突，从而发展为一场大规模的政治革命运动，不管领导运动的政治集团事前是否具有此等政治自觉与明确计划。

当时在苏俄远东地区从事独立运动的朴殷植（1859—1925年）称，"戊午（1918年）十月，我独立运动之本部诞生于中央京城……分置各机关于内外要地，为举国一致活动之准备，公推孙秉熙为盟主"①；而著名的《二八独立宣言》则出于旅日韩人留学生之手。资料还显示，1918年8月诞生于上海的以吕运亨为首的"新韩青年党"在向巴黎和会派出独立请愿团的同时，分别向国内和日本、苏俄远东地区进行联络。综观"三一运动"的全过程，应该说它是由国内外半岛学生和宗教界上层人士首先发动的。

"三一运动"的发生有着深刻的国内外背景。近代以来，日渐觉醒的朝鲜人民一直为争取民族独立和国家富强进行着不懈斗争。但是由于日本与欧美帝国主义国家相互勾结和以李氏王朝为代表的国内封建势力的腐败，以及新兴地主资产阶级的软弱和对本国封建王朝、外国侵略势力的妥协，1910年朝鲜半岛沦为日本的殖民地，半岛人民遭受了历史上最黑暗的统治，三千里江山变为人间地狱。"日

---

① 朴殷植：《韩国独立运动之血史》（下编），维新社，1949年，第6页。

本人在那里把沙皇政府的一切办法，把一切最新的技术发明，同纯粹亚洲式的酷刑和空前的残暴行为结合起来。"①于是人民开始抛弃对王室的幻想，摸索新的民主主义道路。恰在这时，1917年11月7日俄国爆发了伟大的十月社会主义革命。这次革命在列宁和布尔什维克党的领导下，推翻了俄国资产阶级和地主阶级的临时政府，在地球六分之一的土地上，建立了第一个社会主义国家——俄罗斯苏维埃联邦社会主义共和国。俄国十月革命后，以列宁为首的苏维埃政府立即通过《和平法令》，退出帝国主义战争，宣布民族自决是苏维埃国家对外政策的原则，颁布承认芬兰共和国独立的法令，承认波兰人民独立的权利，并公布了沙俄与临时政府签署的一切秘密条约。苏俄政府的一系列外交措施，揭露了第一次世界大战的帝国主义本质，鼓舞了各国无产阶级的革命运动，并且对殖民地、半殖民地人民的民族解放运动也产生了巨大影响，世界革命形势高涨。

在欧洲，随着德、奥两国战败，奥匈帝国瓦解了，而捷克斯洛伐克、匈牙利、南斯拉夫等国也先后获得独立，德国发生革命，第一次世界大战宣告结束。在亚洲，日本也发生了规模空前的人民革命运动——"米骚动"。到了1919年，世界各国的无产阶级革命运动和民族解放运动又有了进一步的发展。匈牙利和德国南部的巴伐利亚曾一度分别建立了苏维埃共和国。印度在1919—1922年出现了民族解放斗争的第二次高潮。与此同时，被称为"西亚病夫"的土耳其也发生了基马尔领导的资产阶级革命运动（1919—1922年）。中国也在酝酿划时代的五四运动。这些都对当时朝鲜青年学生的思想产生了很大冲击。1918年，延禧专科学校学生领袖金元璧（1894—1928年）认为，十月革命的胜利预示"世界将以民主治理"，"渴望共和政治的日子不会太远了"。②留日学生金范寿在一次演讲中表示，俄国是世界各国思想上的先导。今后不论任何国家都要走俄国的道路。俄国十月革命的胜利，鼓舞了在黑暗中探索解放道路的朝鲜爱国志士。

---

① 《列宁全集》(第49卷)，人民出版社，1988年，第64页。
② 姜德相编：《现代史资料》(第25卷)，三菱书房，1964年，第65页。

1918年1月8日，美国总统威尔逊在美国国会发表十四点和平原则，并拟以其作为即将召开的巴黎和会的主旨；其中宣称，对一切殖民地的处置应顾全当地居民的利益，大小国家要相互保证政治自由和领土完整。俄国的革命和威尔逊虚伪的"人民自决"口号都在半岛产生了巨大反响。当时有影响的杂志《学之光》的一篇文章写道："有人为把此黑暗天地变为光明天地，把痛苦和烦恼引向喜乐和幸福，曾代表世界人类宣言新文明和永远和平，而代表人物便是诸位读者所周知的美国总统威尔逊氏和俄罗斯过激派领袖列宁。"①

据说天道教道师权东镇（1861—1947年）是首先读了在大阪发行的《每日新报》1918年11月有关民族自决权的报道后联合吴世昌、崔麟倡导示威行动的。②如果属实，1917年俄罗斯发生的十月革命应该对渴望独立的朝鲜半岛人民产生更大的影响。

但与走俄国人的革命道路相比，活动在朝鲜半岛内外的民族主义者更愿意走请愿的道路，他们相信参加巴黎和会的列强（日本是其中的一员）会按威尔逊提出的十四点原则解决世界问题；以为只要递上一份请愿书，朝鲜即可获得独立。1918年12月1日，旅美朝鲜侨民组织"国民会"召开中央全会，决定向和会派遣代表，后因美国政府阻挠未能成行。同时，设在中国内地的"新韩青年党"负责人吕运亨，亦在上海与访华的美国总统威尔逊的特使克莱恩（Charles R. Crane）就向巴黎和会派遣朝鲜代表一事举行会谈。克莱恩当场答应给予"援助"。③以此为背景，吕运亨派旅居北京的金奎植为出席巴黎和会代表。事实证明，设于巴黎的韩国通信局最后得到的结果仅是"和会事务总长"的答复：韩国问题乃战前问题，非属本会所涉及的范围，此问题应提交即将于

---

① 《大附录》，《学之光》第17号，第30页。

② 韩国国史编撰委员会归属记录：权东镇询问录，转引自Brank Baldwin：《威尔士的民族自决主义，三一运动》，东亚日报社编：《三一运动50周年纪念论集》，东亚日报社，1969年，第515页。

③ 吕运弘：《梦阳吕运亨》，第25、26页，东亚日报社编：《三一运动50周年纪念论集》，东亚日报社，1969年，第181页。

1920年1月10日成立的国际联盟。[1]李承晚在美国的"欧美委员部"提出的会见威尔逊总统和国务院发给赴巴黎签证的最低要求均遭到拒绝。时任美国国务卿罗伯特·兰辛（Robert Lansing）也给出了同样的理由——"朝鲜问题非战争关联问题，和会不会听取朝鲜人的主张"[2]。所以1922年1月，出席莫斯科远东各国共产党和民族革命团体第一次会议的金奎植对美国记者无奈地表示："我们对美国曾抱有期待，而今在失望之余，带着希望来到这里"，把目光转向苏俄政府。[3]当时虽然对正在举行的华盛顿会议（1921年11月12日—1922年2月6日）抱有一丝希望，随着1922年2月6日《九国公约》签署，"三一运动"中组建的"临时政府"专注西方外交的路线彻底失败。

二、运动的展开过程与性质

运动最初发动者"汉城独立团本部"[4]曾规定了运动展开的"三原则：大众化、一元化、非暴力化"[5]。但是运动一经爆发，斗争便突破了宗教界领袖与以金性洙、宋镇禹、崔麟为代表的上层知识分子设计的条条框框，发展成为全国范围的工、农、学、商各界群众广泛参与的政治运动。据不完全统计，自3月1日首尔等十个城市开始，至4月29日庆南昌原邑群众示威被镇压为止的两个月

---

[1] 郑用大：《大韩民国临时政府外交活动研究》，石源华主编：《韩国独立运动血史新论》，上海人民出版社，1996年，第278页。

[2] 罗伯特·兰辛致波尔克（Polk），1919. 3 /4（DS 183,4 /9），Brank Baldwin：《威尔士的民族自决主义，三一运动》，东亚日报社编：《三一运动50周年纪念论文集》，东亚日报社，1969年，第519页。

[3] E. Evans, "Looking East from Moscow", *ASIA*, Vol. 12, 1922.

[4] "汉城独立团本部"，有学者称"韩国独立运动总部"，由《独立宣言》署名者33人组成。详见石源华编：《韩国独立运动与中国关系编年史（1919—1949）》（上卷），社会科学文献出版社，2012年，第19页。

[5] 三原则的核心是控制运动的领导权和预防人民群众革命化。正如孙秉熙1月20日在天道教讨论如何对待正在兴起的学生运动时所说："学生少年即使搞运动也事必不成，反而只能扰乱社会安宁。我们现在若有出众的同志，还是向政府提出意见书为好。"参见李炳宪《三一运动秘史》，《三一同志会刊》，1966年，第71页。

中，全半岛有212个府郡举行了1214次示威，参加人员110万人次。①运动开始的第一天，33名发起人中在首尔的29人全部遭到"拘禁"；当局在宣川开枪射击，伤亡21人。日本总督府的血腥镇压使许多地方的和平示威演变为暴动。例如在庆南陕川郡，根据日本总督府的官方资料，3月18—23日，当京城五星学校学生林某与首尔私立中央学校学生郑某向群众宣读《独立宣言》时，郡内三嘉面首先进行"骚扰"，当局出动军警进行镇压，导致数十人伤亡。于是佳会、上柏、柏山、草溪等地各自集合了7800人的示威队伍，各执署有队长姓名的"独立旗，沿途捣毁焚烧面事务所、巡查驻在所，侵入三嘉邑内"②。

由于运动从中心城市向地方广大乡村发展，运动参与者的主体从最初的学生、市民发展为农民、工人和城市事业者，据统计，在被捕受到起诉的人员中农（渔）民、工人及其他劳动者就占绝大多数。

表1 "三一运动"中被捕及被起诉人员身份

（单位：%）

身份	人数	占比
农（渔）民	5074	57
知识分子	1929	21
工人	263	3
商人	741	8
服务业从业人员	259	3
佣工、无职业者	611	7
合计	8877	100

资料来源：东亚日报社编：《三一运动50周年纪念论集》，东亚日报社，1969年，第374页。

因此，可以毫不夸张地说，"独立万岁运动"的历史是用朝鲜半岛人民的鲜血写成的。由于京城本部的运动发动者一开始就投案自首，而分散在国内外的

---

① 金镇凤：《三一运动과民众》，东亚日报社编：《三一运动50周年纪念论集》，东亚日报社，1969年，第365页。

② 朝鲜总督府编：《骚扰事件复命书》(1)，朴成寿《三一运动에 있어서의暴力과非暴力》，东亚日报社编：《三一运动50周年纪念论集》，东亚日报社，1969年，第371页。

上层反日"名人"认为巴黎和会会给予独立而忙于组建临时政府，使整个运动完全处于分散的自发状态，各地不断发起的抵抗活动先后遭到镇压，最后归于失败。因而在整个"三一运动"中，出现了两个几乎并行的进程：一方面成为主流的是"独立万岁运动"不断向纵深发展，半岛各地的工农大众持续地为争取国家的独立与日本总督府军警浴血奋战；另一方面，活动于半岛内外的各政治派别领袖人物并没有投身于国内反对日本殖民主义抗争的第一线，而是因其将主要精力置于建立君临"独立万岁"运动之上的"临时政府"而形成一股潮流，发展为组建临时政府的运动。

三、民众呼喊"独立万岁"高潮中的"临时政府"运动

政府是国家行使国家权力的执行机构，即国家行政机关，不论政体如何，都是政权的核心部分，具有鲜明的阶级属性，是实行阶级统治的工具。一般而言，临时政府是一国在政权转变中临时建立的政权机关。正如1917年初俄国沙皇政权崩溃后成立的临时政府，它的成立意味着二月革命的胜利，即俄国民主资产阶级对沙俄军事封建帝国主义的胜利，尽管它不久后被十月革命推翻。半岛上的临时政府则不是因取得对日本殖民主义的胜利而产生的，也不实际控制国土，而成了始终未取得任何国家正式承认的流亡政府，也是世界近现代历史上存续时间最长的临时政府。

1919年3月下旬，当时"独立万岁"运动尚在深入发展之际，半岛内外几乎同时出现了至少五个"临时政府"，以出现时间为序，它们分别是位于苏俄海参崴的"大韩国民议会"政府、"传单上的临时政府"（"朝鲜民国临时政府"）、上海"大韩民国临时政府""新韩民国政府"和"汉城政府"，真是一场名副其实的运动。以在临时政府统合运动中处于核心地位并具有代表性的上海"大韩民国临时政府"为例，据记载，3月1日，首尔爆发"独立万岁"运动当日，首尔的独立团本部已经将有关"独立宣言"的文件经安东邮局寄往上海的玄楯，牧师身份的玄楯扮演了本部与海外之间的联络员角色；3月下旬，首尔独

立团本部又派李凤洙赴上海讨论建立临时政府的有关事宜。随后，李光洙从东京，鲜宇赫、金澈、徐丙浩等从本国，吕运亨从俄领，吕运弘从美洲来会；4月初，又有姜大铉从首尔赴沪。于是，来沪朝鲜半岛反日名人"李东宁、李始荣、赵琬九、曹成焕、金东三、赵英镇、赵镛殷等30余人俱来协议。4月8日，自京城独立本部更派人将阁员名录及临时宪法草稿而来"。①这一天，设于上海法租界宝昌路329号、以玄楯为总务的"临时事务所"开始运营，以李东辉为执政官的内阁名单和临时宪法草案出笼。也是在同一天，江界的示威群众遭到血腥镇压，6人伤亡，报恩、沃川梧桐、青阳飞凤、瑞山寿堂、洪城上村、咸平文场、木浦、善山、林隐、尚州云工、永川新宁、东莱机张、马山、平山南川、信川枣隅、松禾、陕川海峰、咸安漆原、海州翠野、金川口耳面、水溪、松禾水桥、安岳东仓、海州梨木、金川山外、铁原乃文面、原州登面、明川零东等地也举行了大规模示威。遗憾的是，在这些地方却完全看不到"反日名人"的踪迹。

4月10日，"1000余名韩人代表在上海法租界金神父路集会，组成临时议政院（议会），选出议长李东宁；临时议政院议定国号'大韩民国'、年号'大韩民国'，通过官制、'大韩民国临时宪章'10条和宪章宣布文，以及通过宣誓文和6条政纲"。这一天，平安南道的成川示威群众与前来镇压的日本军警展开肉搏战，当场有68人遭到枪杀、300多人被捕。②临时议政院通过的临时宪章宣布文声称"以席卷全国三百余州的三一大运动的国民信义，建立了全域的临时政府"，可在其通过的所有文件中，只字未有对国内人民流血斗争的声援和对日本法西斯暴行的谴责。

国内的临时政府应被视为在与日本总督府斗争的暴风雨中诞生的产物。最早当属4月9日，首尔日本警察发现了以朝鲜国民大会和朝鲜自主党名义散发的《朝鲜民国临时政府组织布告文》和《朝鲜民国临时政府创立章程》，半岛学者

---

① 朴殷植：《韩国独立运动之血史》（下编），维新社，1949年，第56页。
② 尹炳奭：《三一운동에 관한 日志》，东亚日报社编：《三一运动50周年纪念论集》，东亚日报社，1969年，第1053页。

称之为"传单上的临时政府"。事后确认此乃几个首尔的天道教徒所为。而4月17日日本警察在铁山、宣川、义州和平壤一带搜查时,发现标题为"新韩民国政府宣言书"的传单,证实朝鲜西北地区出现过组建临时政府的事件。传单内容包括建立政府的必要性、使命及7条"约法";传单中列了政府阁僚名单包括执政官李东辉、国务总理李承晚、外务部部长朴容万、财务部部长李始容、交通部部长文昌范、劳动部部长安昌浩。从阁僚名单看,其成员与其他"政府"大同小异,足见传单作者与其他地区的领袖人物有某种联系。

据《独立宣言》33位署名人之一的李锺一(1858—1925年)的《默庵备忘录》记载,畿湖地区也成立了从"辅国安民、广济苍生"的宗教观出发的"大韩民间政府"。该临时政府推举孙秉熙为总统、吴世昌为副总统、李承晚为国务总理。[1]据说,"民间政府"筹备联络机构设置在京城天道教中央总部。这个时期文献上出现的所谓"京城独立团本部"大概就是这个"民间政府",即天道教中央总部。但是随着签署《独立宣言》的33人陆续被捕,"大韩民间政府"遂不见踪迹。

"三一运动"的影响,在朝俄、中朝边境地带,甚至北美也出现了争建与宣布组建临时政府的趋势。3月中旬,在日本占领的苏俄地区出现了具有政权性质的"大韩国民会议"。此后,4月7日,旅美韩人在华盛顿集会,出现了以"朝鲜临时政府外务大臣名义发表的宣言书中宣称'朝鲜建立了与美国的制度同一精神的基督教独立国'"[2]。稍后,4月15日《吉林新共和报》报道称,在图们江地区也产生了拥戴李东辉为总统、李承晚为国务总理的"高丽临时政府"。[3]这样算来,在"三一运动"中,与上海的临时政府一起出现于朝鲜半岛内外的临时政府就有8个之多,完全可称之为一个争建临时政府的运动。

---

① 李锺一:《默菴备忘录》,京城,1925年刊印。

② 尹炳奭:《三一运动日志》,东亚日报社编:《三一运动50周年纪念论集》,东亚日报社,1969年,第1052页。

③ 金正明编:《朝鲜独立运动》(Ⅱ),原书房,1967年,第805页注。

在诸多临时政府中，受俄国布尔什维克领导的十月革命的影响，成立于海参崴的"大韩国民议会"出现时间最早。乌苏里江以东俄领沿海地区，是根据1860年《中俄北京条约》中国割让给俄罗斯的土地。这里居住着大量朝鲜侨民，并有抗日传统，曾先后出现过自治的"韩族会"、义兵的"朝鲜十三道义军"，独立运动团体"大韩青年教育会""共进会""公共会""声鸣会"、劝业会、大韩光复军政府等组织。

1917年2月，俄国资产阶级革命爆发，海参崴"新韩村"的韩族会、大韩青年教育会、劝业会等组织也随即联合起来，成立了拥有2000名成员的"全俄韩族会中央总会"（以下称"总会"），①并发行机关志《韩人新报》。俄国十月革命后，1918年6月，以李东辉为首的韩人社会党在海参崴诞生。此后，"总会"曾联合"韩人社会党"，多次与侵入西伯利亚的日军作战。"三一运动"爆发后，"总会"于1919年3月17日改组为"大韩国民议会"，选举文昌范、金喆勋为正副议长，吴昌焕为书记，21日通过了以宣布独立和与日本血战到底为主要内容的5项决议，②并发表《海参崴韩人国民会议宣言书》，声明"为我族生存及发达上自卫计，为维护正义人道计，为保世界和平计，自此永远脱离日本，宣布独立"③。"大韩国民议会"推选孙秉熙和朴泳孝为正副总统，李承晚为国务总理。"大韩国民议会"模仿苏维埃设有其他各临时政府不曾有的产业部，其本身兼有明显的政府性质。

俄国出现的革命形势和伟大的十月革命的胜利对整个"独立万岁运动"的发展产生了明显影响。"三一运动"中作为"最高指挥者"之一的延禧专门学校学生金元璧，④就接受了列宁对第一次世界大战后发展趋势的论述，

① 其领导人有四种说法：一说是会长韩君明,军事部长吴永善,财务部长金永学,外交部长韩明瑞;二说是会长文昌范;三说是李东辉组建;四说是文昌范、元世勋、高昌一、尹海。
② 한국민족문화대백과사전,한국학중앙연구원,2009.
③《海参崴韩人国民会议宣言》,《震坛》1920年第4期。
④ 金大商:《三·一运动과学生层》,东亚日报社编:《三一运动50周年纪念论集》,东亚日报社,1969年,第206页。

认为："由于这次大战帝国主义将全败，世界将由民主主义治理……兹吾等所希望的歌颂共和政治的日期不会太远了。[1]留日学生金范寿则明确表示："俄国是世界各国思想上的先导。今后不论任何国家都要走俄国的道路。"[2]

在统合各临时政府为一体的活动中，被视为"正统"的汉城政府酝酿于1919年3月初。当汉城街头出现第二次示威高潮、反日运动向全国蔓延时，曾任旧韩帝国宫内府特进官的李教宪（1832—?）曾动员"独立义军府"反日人士尹屡炳（1885—1921年）、尹龙周、金奎、李容珪等上层人士向牧师李奎甲（1887—1970年）建议组建临时政府。[3]经他们联络，4月2日，各界代表20余人集会于仁川万国公园，议决成立临时政府。参加此次会议的人士有天道教代表安尚惠，基督教代表朴用熙、张鹏、李奎甲，儒教代表金奎和佛教代表李钟旭等。[4]与此同时，以青年学生金思国（又名金解光，1895—1926年）、韩南洙等为首的20余名志士在首尔内需洞韩圣五家集会，也决定建立"汉城政府"；4月中旬，安商德和玄锡七、洪震等与金思国、张採极、金玉玦等协商，决定于4月23日在首尔瑞麟洞中国饭店逢春馆举行由13道24名代表组成的"国民会议"。是日，集会者挂起了"国民会议"的招牌，[5]决定公开发布国民会议宗旨和成立临时政府文告，宣布韩国为独立国家，实行议会民主制，并制定约法六条。会议还做出六项决议：一是组建临时政府；二是要求废除日本对朝鲜的统治权，撤出军队；三是选定出席巴黎和会代表；四是日本官厅的官员和公务机关人员离职；五是拒绝纳税；六是禁止向日本官厅请愿及提起诉讼。[6]国民会议决定任命阁僚：执政官总裁李承晚，国务总理总裁李东辉，外务部总长朴容万，内务

---

① 姜德相编：《现代史资料》（第25卷），三菱书房，1964年，第65页。

② 曹中屏：《朝鲜近代史》，东方出版社，1993年，第288页。

③ 李奎甲：《汉城临时政府树立의颠末》，《新东亚》1969年第4辑。

④ 독립운동사편찬위원회，『독립운동사』4，서울，독립유공자사업기금운용위원회，1972，p. 134.

⑤ 素石学人：《己未年学生运动의全貌》，《朝鲜独立运动秘史》（第2辑），槿域出版社，1946年，第36~42页；张道斌：《三一独立运动史》，国史院，1960年，第83页。

⑥ 李延馥：《大韩民国临时政府成长의过程》，《庆熙史学》1967年第1辑。

部总长李东宁，军务部总长卢伯麟，财务部总长李始容，财务部次长韩南洙，法务部总长申奎植，学务部总长金奎植，交通部总长文昌范，劳动局总办安昌浩，参谋部总长柳东悦，参谋部次长李世永，巴黎和会代表李承晚、闵瓒镐、安昌浩、朴容万、李东辉、金奎植、卢伯麟等。国民会议以临时政府名义发布第一和第二号行政令，命令国民拒绝向日本总督府纳税并拒绝服从日本的裁决与一切行政命令。[①]

是日，在完成组建政府的所有程序后，按照预定计划在普成高等普通学校学生张採极的统一指挥下，刘泰应、朴寿奉率领的工人队伍手持写有"国民大会共和万岁"的旗帜，在钟路普信阁前示威高呼"独立万岁"口号；另一队由李万奉率领在西大门，还有两人率领工人队伍在东大门和南大门开始游行，散发传单，呼喊口号。张採极、金玉玦还把"国民会议"的牌子挂在人力车上示威。同时，也有学生打着"国民会议""共和万岁"旗帜参加游行。[②]但是汉城政府的建立过程正如其宣布的5条决议案所言，假若不能废除《韩日合邦条约》、实现民族自主独立、加入国际联盟，将"宣布对日血战"，[③]更像是要掀起一场独立运动的新高潮。遗憾的是，此后除其部分成员参与上海的"临时政府"的活动外，并不见其"对日血战"的后续行动。

汉城成立临时政府的消息很快通过合众国际社（UPI）传到美国，李承晚遂于5月以汉城临时政府执政官总裁的名义在华盛顿开设了事务所，对外代表韩国国民政府，为后来三政府合并谈判中认定汉城政府的"正统"地位定了基调。

---

① 一说上述活动系1919年4月成立的全协、全国焕、崔益焕等人主导的主张血战的"朝鲜民族大同团"主持的，集会的地点在汉城和泉町同和药房阁楼，见韩国国史编撰委员会编：《资料大韩民国史》（1），探求堂，1968年，第455页。

② 金正明编：《朝鲜独立运动》（Ⅰ），原书房，1967年，第17页。

③ "决议案"原文见文见김원용，『재미한인오십년사』，1959，p.452；《朝鲜（二）三·一运动（二）》；姜德相编：《现代史资料》（第26卷），三菱书房，1967年，第47页。

四、统一的大韩民国临时政府的组建及其历史地位

1919年4月下旬，结束位于中、朝、俄三地数个政府并存的局面，成了朝鲜独立运动政治家亟须解决的问题。上海的临时政府在大韩民国临时政府统合活动中发挥了主导作用。

3月中旬以后，云集上海的朝鲜国内外反日志士，经多方折冲和法租界商会总联合会主席杜月笙的安排，于4月10—11日，经近千人代表推举的29人，[①]在上海法租界金神父路（今瑞金二路）22号三楼会议室举行会议，组成临时议政院；随后，大韩民国临时议政院第一届会议通过了《大韩民国临时宪章》《施政纲领》和政府成员《宣誓文》；《宪章》规定，"大韩民国为民主共和国"，"大韩民国依临时议政院之决议治之"，"大韩民国之人民，无男女贵贱及贫富之阶级，一切平等"。[②]临时议政院选举著名独立运动活动家李东宁（1869—1940年）为议政院议长，孙贞道（1882—1962年）为副议长，李光洙、白南士为书记。4月13日，临时议政院决定临时政府采取国务总理制，选举李承晚任国务总理，安昌浩任内务总长，金奎植任外务总长，李始荣任法务总长，崔在亨任财务总长，李东辉任军务总长，文昌范（一说申锡雨）任交通总长，秘书长为赵素昂。因当选者多在外地，遂于其下设次长负责各部日常工作；[③]同时，又因李东宁因故辞职，补选孙贞道为其继任者，金奎植为副议长。在完成法定程序后，立即宣布大韩民国临时政府（以下简称"临政"）正式成立，发出《布告》和《宣言书》。4月17日，大韩民国临时政府开始在法租界霞飞路（今淮海中路）321号挂牌办公。4月22—23日，大韩民国临时议政院举行第二次会议，制定并颁

---

① 出席会议的29人是：玄楯、孙贞道、申翼熙、曹成焕、李光、李光洙、崔谨愚、白南士、赵素昂、金大地、南亨佑、李会容、李始容、李东宁、赵琬九、申采浩、金澈、鲜于赫、韩镇教、秦熙昌、申澈、李汉根、申锡雨、赵东珍、赵东祐、吕运亨、吕运弘、玄彰运、金东三。

② 《大韩民国临时宪章》，《民国日报》1919年5月2日。

③ 入选政府阁僚者仅有李始容、赵素昂在上海，其他成员均不在沪。

布了《临时议政院法》，规定临时议政院拥有立法权和监督权；同时对临时政府进行了组织和人事调整，改次长制为委员制，并议定以"檀纪4252年"（1919年）为大韩民国元年，以4月23日为"临政"建立的纪念日。

统一临时政府最初是由海参崴方面的元世勋（1887—1959年）和上海方面的安昌浩主导的。4月15日，"大韩国民会议"向上海临时政府建议：合并临时议政院和大韩国民会议，把政府所在地移往俄领。①7月11日，上海的议政院召开第五届会议，通过了增加6名旅居俄领的代表进入临时议政院，实现上海与海参崴两个议会和政府统一的议案，同时做出两项有伸缩性的决定：第一，合并后的临时政府暂设上海，必要时得因多数意见及情势变迁自由变动地点；②第二，临时议政院与"大韩国民议会"合并为议会，俄领方面强力主张时，得设于俄领。③"大韩国民会议"接受了这个决定。随后，在履行统一的手续后，统合的议政院遂对各委员会的建制和成员做出决定。议政院全体委员会委员长为申采浩，委员为崔昌植，其下分设法制、内务、外务、财务、军务、交通、预算、请愿、惩戒9个常任委员会，分别设委员长、理事、委员各1人。8月16日，早已决定移往上海的汉城临时政府与上海、海参崴的临时政府的合并议案获得临时议政院第3次会议通过；18日，根据上海方面提出、各方议定的五项联合原则——取消设于上海和海参崴的临时政府，继承国内13道代表创建的汉城政府，承认国内13道代表为全民族的代表；政府所在地设于便于联络的中国上海；承认上海所设政府后所实施的行政措施继续有效；政府名称仍为大韩民国临时政府；现任政府阁员一律辞职，由汉城政府选定的阁员接收政府，④议政院举行第6次会议讨论修改了临时宪法；9月6日，大韩民国临时政府最后以改

---

① 한국민족문화대백과 . 역사 . 근대사。

② 石源华：《韩国独立运动与中国关系编年史（1919—1949）》（上卷），社会科学文献出版社，2012年，第43页。

③ 한국민족문화대백과사전 . 역사 . 근대사。

④ 朴真奭等：《朝鲜简史》，延边大学出版社，1989年，第497页。

宪形式进行政府重组，实现了与汉城政府联合，从而完成了单一的大韩民国临时政府的组建。①9月11日，"临政"议政院颁布《大韩民国临时宪法》，同时废止4月11日实行的《临时宪章》。

《大韩民国临时宪法》包括序言和本文8章58条，以"三权分立"原则，具体规定了行政、立法、司法机关的权限。其第一章"纲领"规定，"大韩民国由大韩人民组织之"，"大韩民国的主权属于全体大韩人民"，"大韩民国人民一律平等"。②政府实行"大统领"与国务院制。据此，组建了第二届大韩民国临时政府，其组成人员是：大统领李承晚，国务总理李东辉，秘书局局长金立，内务总长李东宁及次长李圭洪，警务局局长金九，警护部部长吕淳根，外务总长朴容万及次长郑仁果，军务总长卢伯麟及次长金羲吾，财务总长李始荣及次长尹显振，秘书局局长兼生计局局长高一青，法务总长申圭植及次长申翼熙，学务总长金奎植及次长李春埜，交通总长文昌范及次长金澈，劳动局总办安昌浩，劳动部部长朴春根。鉴于李承晚与李东辉尚在国外，暂由内务总长李东宁主持政府事务。11月3日，来自海参崴的李东辉抵沪赴任，同行的文昌范拒绝接受交通总长的职务并返回俄领地区。

综观全过程，不难发现上述临时政府的组建的领导力量和社会基础是长期从事独立运动、带有鲜明资产阶级价值观的爱国志士组成的反日团体，他们不仅不同于近代带有忠君思想的义兵领袖，也不同于带有浓厚封建思想残余、曾经参与发动"三一运动"的天道教上层集团。但是在"三一运动"中，最后进

---

① 俄领与上海两院正式合并后，8月30日"大韩国民会议"宣布解散。但是，当李东辉与文昌范到上海赴任时，发现以最有包容性的汉城政府阁僚名单做出的内阁组成名单与事前交涉并不完全一致，"大韩国民会议"立刻表示不满，李东辉虽留下来做了国务总理，但被任命为交通总长的文昌范拒绝上任，重新回到海参崴。1920年2月15日，"大韩国民会议"正式恢复。只是当日本以保护侨民为借口，于1920年春重新占领海参崴后，"大韩国民会议"才逐渐式微。

② 有学者称《大韩民国临时宪法》由照抄"三一"《独立宣言》的序言的"前文"和"本文"组成，而见于《独立新闻》(上海版)1919年9月16日的文本则无"前文"(石源华：《韩国独立运动与中国关系编年史(1919—1949)》(上卷)，社会科学文献出版社，2012年，第70~75页)。

入政府内阁的成员几乎没有一位是直接参与或指挥工农大众和青年学生在国内任何一个城市的街头与日本军警斗争的人士，甚至最初还推选主要亲日派人物朴泳孝作为临时政府的领导成员；尽管各个政府"超越团体、宗派、地域、学历的界限，根据韩国反日独立运动著名领导人能力、特长和他们的政治影响来推举其职务"①，但是正如下面要指出的，统合了的"大韩民国临时政府"长期缺乏稳定和强有力的领导核心，并在意识形态上日益具有明显的排他性，这就导致其始终未能取得足以领导朝鲜半岛全民族进行独立斗争的司令部的中心地位。

"三一运动"爆发以来基本是按照两条路线发展的：一条是人民群众要求独立的直接行动，其规律是由和平示威到诉诸暴力，却因缺乏先进阶级的领导而沦为自发的、分散的行动，始终未能发展为大规模武装起义，这是运动的基本面；一条是上层名人、"志士"组建临时政府的运动，这在一定层面反映了民族要独立的意志，但其领导核心无视人民群众的力量，远离或中断与在祖国浴血奋战的民众的联系，例如被各临时政府推崇为政府首脑的李承晚等，他们热衷于通过外交途径恢复国权，幻想借助欧美列强的扶持、向第一次世界大战战胜国分赃会议——巴黎和会与华盛顿会议请愿获得独立。然而凡尔赛-华盛顿体系建立的原则是"强权即公理"，而威尔逊所谓寻求世界和平的计划的十四点，是为抵消列宁首先提出的"民族自决权"和苏维埃《和平法令》的影响，而用虚伪的"和平""自由"及"民族自决"的美丽辞藻包装，以欺骗和操纵国际舆论的。

因此，准确评价"三一运动"中出现的组建"临时政府"的运动，对于深入理解"三一运动"的精神以及把握"大韩民国临时政府"的历史定位有重要意义。韩国学者洪淳钰教授在其论述若干临时政府"统合"过程一文的"结语——三一精神与宪法传统"一节中说："如果三一（运动）有一种精神，那就

---

① 金健人、杨昭全主编：《大韩民国临时政府在杭州》，国际文化出版公司，2008年，第33页。

是我们的建国精神。在儒学者与儒教精神为基础的军人和儒生发动的义兵（农民也受其影响）时代，其精神支柱是朝鲜王朝。三一时代的局面不同于义兵时代，以浸透于大众的天道教、基督教为媒介，全球性的民族主义的声张，是大众时代的进一步发展。他不再是王、将、宰相的时代，而是百姓的时代。三一精神是'主权在民'鲜活的证据。这正是我们的宪法，从临时政府各阶段的宪法到现代宪法的前文一定插入'三一精神'的真实理由所在。"①把"三一精神"归为"主权在民"的时代精神无疑是正确的，但若把"三一运动"体现的时代精神归为大韩民国临时政府"宪法传统"的法统精神，则未免有失偏颇。

统合的大韩民国临时政府的宪法，尽管是在原上海临时政府的"临时宪章"基础上修订的，从法典学的意义上观察，其可谓相当完备，故在其序言中称"制定"，但从其出台的过程和执行情况看，则不过是"名义"或"词义"上的，是纸面上的，算不上规范性的宪法。实际上，如韩国学者所指出的，《大韩民国临时宪法》与其说"改宪的动机是政府的统合，具体上说是为李承晚已经自称大统领合法化，不得已改定宪法的政府形态而采取大统领制"②，为李承晚量身定做。然而李承晚并不愿受宪法的约束，竭力反对国务总理李东辉等人主张的以武装的反日独立运动推翻日本帝国主义统治，开展敌后对日游击战的革命路线，在"临政"内部大搞宗派活动，以致遭到内外"声讨"，并到上海就职不到一年便擅离职守，于1921年6月4日借口赴美"公干"，一去不返。从该法实际执行情况看，难以与"主权在民"的宪政精神挂钩，所以在金九主政后，便于1927年2月15日进行"临政"第三次"改宪"，产生《大韩民国临时约宪》。③然而这也未能克服"临政"的危机。"九一八事变"后，尽

---

① 洪淳钰：《汉城、上海、俄领临时政府统合过程》，东亚日报社编：《三一运动50周年纪念论集》，东亚日报社，1969年，第906页。

② 孙世一：《大韩民国临时政府의政治指导体系——临时宪法改定过程을中心으로——》，东亚日报社编：《三一运动50周年纪念论集》，东亚日报社，1969年，第916页。

③ 上海大韩民国临时政府存续期间，曾先后5次修改宪法，若算上1941年的"建国纲领"，共出台了7部临时宪法。

管金九领导下的右翼，联合金奎植领导的中派和金元凤领导的左翼，重新使"临政"恢复了生机，但是由于受其自身先天限制所导致的能量不足，特别是与国内人民大众缺乏紧密联系，对朝鲜国内政局发展影响有限，再加上金九等人反对外国干涉的独立精神使美国对其抱有戒心，在争取国际社会承认问题上一直受美国外交政策的牵制而无进展。"临政"的存在与后来的发展，主要靠中国国民党政府的政治支持和旅美侨民的捐助，其在朝鲜现代独立运动史上的地位，基本上属于几支主要力量中的一支，评价似不应过高。

至于把1948年《大韩民国宪法》与"三一运动"精神路线挂钩更是毫无依据。该宪法应被视为当时大韩民国域内统治阶级意志的根本大法，但此法也从未认真执行。其实，如韩国学者所言，《大韩民国宪法》一开始设计的是"责任内阁制"，由于时任制宪会议议长李承晚的强硬施压，才改为"总统中心制"。①因此，从这个角度观察，其亦具有为李承晚量身定做的成分。

众所周知，李承晚在1948年2月26日美国操纵"小型联大"②通过关于在南韩单独举行选举的"决议"③的第二天，在为执意分裂朝鲜半岛而借纪念"三一运动"发表的谈话中就宣称："此次总选举所建立的政府，是对己未（1919）年所建汉城政府的继承，是恢复统一的国权"④，竭力把分裂国土的"单选"粉饰为"恢复统一的国权"，并暗示他将要建立的"汉城政府"是半岛政权的正统。

同时，也不应该视大韩民国与大韩民国临时政府具有直接的继承关系。1945年日本投降后，进入朝鲜半岛南部的美国占领当局拒绝大韩民国临时政府

---

① Choong Soon Kim, *A Korean Nationalist Entrepreneur: A Life History of Kim Songsu, 1891-1955*, State University of New York, 1998, p.221.

② "小型联大"是1947年第二届联合国大会在美国操纵下设立的非法组织，原名是联合国大会和平安时临时委员会，由每个成员国各派一名代表组成，其任务是在二届联大闭幕期间，执行联大授权的6项有关任务，目的在于绕过安理会，避免苏联否决权的牵制。苏联反对设立该组织。

③ "小型联大"决议见《朝鲜问题文件汇编》，人民出版社，1954年，第83~84页。

④ 梁又正编：《李承晚大统领独立路线의胜利》，东亚日报社编：《三一运动50周年纪念论集》，东亚日报社，1969年，第912页。

机构以建制进入半岛，其领导人皆以个人身份回国；也更因能够全权代表大韩民国临时政府的唯一人物金九①未曾入阁且后因发表"容共"言论惨遭右派刺杀，1948年5—8月美国占领军主导的"制宪"活动与已经解散的大韩民国临时政府无关，因此其与后者在法统上的继承说不能成立。在一定意义上，1945年日本投降，当时以"建国同盟"为核心建立的"朝鲜人民共和国"倒是可以称作"大韩民国临时政府"的继承者。

"三一运动"体现的时代精神是朝鲜人民为争取自由独立的斗争精神，即《二八独立宣言》宣布的如日本帝国主义拒绝朝鲜半岛独立，"吾族将对日本宣布永远血战"②的战斗精神，是现实运动中表现出来的朝鲜半岛地不分南北，人不分老少、男女、信仰、阶层的全民族的团结精神。

受资料所限，笔者难以判断参加临时政府运动者是否有类似深入到庆南陕川宣传《独立宣言》组织农民以面为单位组成高举署有队长姓名"独立旗"的代表参与，但总的来看一个在国外的统一的大韩民国临时政府，应该被视为半岛在"三一运动"基础上建立的当时最具有代表性的反日独立统一战线政权组织，是团结其全民族各反日政治团体的联合机构，是以朝鲜民族主义者为主体，并有高丽共产党人为首的朝鲜共产党人参加的，得到中国政府和中国共产党支持的流亡政府。它的建立是朝鲜人民反日独立运动各派别共同奋斗的结果，标志着旧的以复辟君主制为目的的势力退出了朝鲜的历史舞台，民主共和思想（包括资产阶级自由民主主义、小资产阶级民族主义和社会主义）在朝鲜取得了决定性胜利，是"三一运动"的一个伟大成果。

然而临时政府始终没有发展成像法国戴高乐将军的"民族委员会"领导自由法国运动那样，在海内外采取军事行动参加联合国的反法西斯的解放战争，

①后来，当记者提问"临时政府何时回国"时，金九回答："既然我已经回国，临政就回来了。"参见韩国成均馆大学社会科学院编：《社会科学》第6辑，1967年，第43页。

②《二八宣言》，东亚日报社编：《三一运动50周年纪念论集》，东亚日报社，1969年，第160~161页；朴殷植：《韩国独立运动之血史》（下编），维新社，1949年，第10~13页。

而是不断纠缠于所谓法统的派别斗争，不仅始终没有得到国际社会的承认，甚至连支持其在境内自由活动的中国政府也未能给予正式承认。

本文原刊载于《当代韩国》2021年第3期。

作者简介：

曹中屏，祖籍山东莘县。1935年出生于江苏南京。1949年6月于晋冀鲁豫边区临泽县参加革命，1958年加入中国共产党。1956—1960年与1962—1966年间，在南开大学历史系和朝鲜金日成大学攻读本科与研究生。1960年后，除1979—1981年在西藏师范学院任教外，一直在南开大学历史系工作，先后任教员、讲师、副教授、教授并一度担任世界史教研室主任、亚太研究中心主任。1997年10月离休（后延聘至2000年），现任中国朝鲜史研究会顾问、南开大学韩国研究中心名誉主任。

论拉丁美洲现代文明的形成及其特点

韩 琦

在中国拉美学界，对拉美文明的认识仍然存在一些没有搞清楚的基本问题，如拉美文明究竟是"从古到今一脉相承，还是发生了历史性的断裂？"[①]再如，什么是拉美现代文明？拉美现代文明的特点是什么？[②]鉴于这些"困惑"，本文试图在对拉美文明发展史研究的基础上，对上述问题做一初步探讨。

一、拉美文明的缘起

关于拉美文明的起点，国外拉美史学界大致有三种观点：一是认为拉美文明以印第安文明为主线，起点与印第安文明历史的起点是一致的，后来又增加了欧洲文明、非洲文明，形成了今天的拉美文明，其源远流长，传承不衰。墨西哥1910年大革命之后的官方史学一度持有这种观点，其认为印第安文明对拉美社会有重要影响，因而强调对古代印第安文明的研究，弱化殖民地时期西班牙文明的影响作用，有的史学家甚至"拒绝承认1521年至1810年这一时期与当代有任何关联，也否认它作为遗产对20世纪墨西哥有任何价值"[③]。秘鲁阿普拉党的创始人阿亚·德拉托雷认为，拉丁美洲的命名应该是"印第安美洲"。二是认为拉美文明主要是伊比利亚文明，即欧洲伊比利亚半岛文明在拉

---

① 苏振兴：《在"拉丁美洲文化与现代化"学术讨论会上的致辞》，韩琦等主编：《拉丁美洲文化与现代化》，社会科学文献出版社，2013年，第2页。

② 郝名玮和徐世澄先生在《拉丁美洲文明》一书中的第四编介绍了"拉美现代文明"的部分内容，但没有对这两个问题做专门论述。

③ Paulalo P. Caballero, "Which Heritage for Which Heirs? The Pre-Columbian Past and the Colonial Legacy in the National History of Mexico", *Social Anthropology*, Vol.16, No.3, 2008.

美的移植，起点从欧洲的古希腊罗马的历史开始，今天在拉美居于主流地位。美国学者霍华德·J.威亚尔达撰写的《拉美之魂：文化与政治传统》便传递了这样一种见解。①三是认为拉美文明是印第安文明、伊比利亚文明和非洲文明组成的混合文明，后来又增加了英、法、荷兰、德等其他欧洲文明和亚洲的印度、中国、日本等文明，它们一起构成了混合文明，起点是1492年哥伦布到达美洲。秘鲁华裔学者欧亨尼奥·陈-罗德里格斯撰写的《拉丁美洲的文明和文化》表达了混合文明的观点。②美国历史学家本杰明·基恩编写的《拉丁美洲文明：1492年至今的历史和社会》虽然是一本历史文献资料汇编，但从标题可见他承认有拉丁美洲文明，并且认为是从1492年开始。③

笔者认为，第一种观点实际上掩盖了印第安文明在欧洲征服时期的断裂及至今已经处于非主流地位的事实；第二种观点过分强调欧洲文明的历史，忽视了印第安文明和非洲文明等成分在拉美文明构成中的作用。第三种观点比较符合历史事实。但需要指出的是，混合文明中三种主要文明成分并非平分秋色，而是西方文明占主导地位，印第安文明和非洲文明居于次要地位。当然，这种情况在拉美国家之间还存在差异。依此观点，给予论述如下。

就拉美文明的诞生来说，1492年10月12日是一个值得记住的日子，因为这一天哥伦布到达了"新大陆"，从此开始了印第安人、欧洲人和非洲人三个种族和文化的碰撞，结果是催生了拉美文明。

就当时而言，拉美文明是一种新型的文明，可称为"梅斯提索（Mestizo）文明"，即混合文明，它是由拉美人创造的物质成果和文化的成果的结晶，"体现在文明的载体——拉丁美洲人、物质生产及其生产方式、精神产品及其表现

---

① Howard J. Wiarda, *The Soul of Latin America: the Cultural and Political Tradition*, Yale University Press, 2001.

②［秘鲁］欧亨尼奥·陈-罗德里格斯：《拉丁美洲的文明与文化》，白凤森等译，商务印书馆，1990年。

③ Benjamin Keen edited, *Latin American Civilization: History and Society, 1492 to the Present*, 4th Edition, Routledge, 1986.

形式诸方面"①。它来源于印第安文明、欧洲文明和非洲文明，但在三种文明发生碰撞、交流和融合之后，三种母体文明本身都发生了变化，开始转变为多种文明成分交融的混合文明，这是一种全新的、色彩斑斓的文明。

拉美文明起源于印第安文明。在哥伦布到达美洲之前，这里已经居住着语言和生活方式各不相同、数量众多的土著族群。哥伦布到达之后误以为到达了他梦寐以求的东方世界，因而将这里的土著误称为"印度人"（Indios），在汉语中为与印度人区别，通常翻译为"印第安人"。但是"印第安人"的统称极大地掩盖了印第安古代文明的多样性和差异性，因为据估计，在15与16世纪之交，美洲印第安人有1500万~4000万，语言及方言达1700多种，②印第安文明历史悠久，可以追溯到公元前4万至前2万年，当时源自亚洲东北地区的蒙古利亚人群为追寻猎物而陆续越过白令海峡进入美洲。大约在公元前6000年前后，他们分别在河畔、湖边、沿海、高原、山谷过起了定居或半定居的生活。公元前7000—前5000年，印第安人在今墨西哥和秘鲁出现了豆类庄稼的种植；公元前5000—前3600年，在墨西哥开始种植玉米；在秘鲁，公元前5000年左右开始种植马铃薯，公元前4000—前3000年开始驯养羊驼和骆马。③印第安人的定居生活为美洲古代文明的发展奠定了基础。到公元前2000年左右，美洲出现了两大文明发达地区，即中部美洲地区和安第斯山中部地区。这两地的历史被西方考古学家大致分为前古典时期（公元前2000—公元250年）、古典时期（约公元250—900年）和后古典时期（约公元900—1500年）三个时期。在每一时期，这两个地方

---

① 郝名玮、徐世澄：《拉丁美洲文明》，中国社会科学出版社，1999年，第423页。

② 李明德主编：《简明拉丁美洲百科全书》，中国社会科学出版社，2001年，第34页。西方学者关于征服前印第安人口数目的估计争议较大，最保守的估计为750万，最多的为1亿人口，但大多数学者认为应该在4000万~5000万人口之间。Simon Collier, Thomas E. Skidmore, and Harold Blakemore edited, *The Cambridge Encyclopedia of Latin America and the Caribbean*, Cambridge University Press, 1989, pp. 131-132.

③ James D. Henderson and Helen Delpar edited, *A Refrence Guide to Latin American History*, Armonk, N.Y. M.E. Sharpe c, 2000, pp. 7-20.

都有许多重要的代表性文明。至哥伦布到来时，这里存在的是人们熟知的三大文明：玛雅文明、阿兹特克文明和印加文明，其中后两个文明正处在繁盛时期。玛雅人的数学、天文历法、象形文字、宗教神话、建筑雕刻均发展到了一个较高的水平。阿兹特克文明则以它的城市建筑、雕刻绘画、贵族教育体制、发达的商业，以及军事和贡税制度而著称。印加文明中的纺织、冶金、制陶、巨石建筑、灌溉农业，尤其是它类似于亚细亚生产方式的土地、劳役制度和中央集权专制制度更是闻名于世。

哥伦布的到来打断了美洲印第安文明的独立发展，使之嵌入了欧洲文明和非洲文明。欧洲的伊比利亚半岛在哥伦布之前很早就是基督教、犹太教和伊斯兰教三大文明交会的地方。公元前6世纪希腊人就在这里建立过殖民据点，公元前206年至公元470年这里曾属于罗马帝国的版图，罗马人带来了拉丁语、城市建筑模式、罗马法典和后来的基督教。①8世纪初，穆斯林入侵者横扫了北非，然后占领了伊比利亚半岛。接下来的8个世纪，西班牙人展开了收复失地运动，到1492年攻克了穆斯林占领的最后一个城市格林纳达。在这一过程中，西班牙人形成了欧洲最早的统一国家，并实现了天主教教会与国家的强力结盟。在与穆斯林（摩尔人）战争中形成的征服模式、尚武精神、贵族理念、宗教使命、市镇传统及种族混血传统为征服美洲奠定了基础。而在15世纪葡萄牙人和西班牙人沿非洲西海岸探险和在大西洋诸岛殖民的过程中，他们已经积累了与非洲人进行商品和奴隶贸易的经验，在葡萄牙城市已经有了黑奴的使用和买卖，葡萄牙人和西班牙人已经利用非洲人协助他们的殖民活动。②

葡萄牙人和西班牙人在美洲的征服和殖民活动实际上是收复失地运动的延续。在征服阶段，文化碰撞伴随着血与火。西班牙传教士拉斯·卡萨斯撰写的

---

① [英]雷蒙德·卡尔：《西班牙史》，潘诚译，东方出版中心，2009年，第3~30页；[瑞士]戴维·伯明翰：《葡萄牙史》，周巩固等译，东方出版中心，2012年，第12~13页。

② James Lockhart, and Stuart B. Schwartz, *Early Latin America: A History of Colonial Spanish America and Brazil*, Cambridge University Press, 1984, pp. 17-18.

《西印度毁灭述略》、科尔特斯焚毁特诺奇蒂特兰城，皮萨罗对印加王阿塔瓦尔帕背信弃义地绞杀都是见证。由于殖民者的残酷剥削和压榨，以及病菌的传播，印第安人口在整个16世纪减少了90%，①经历了灾难性的下降。在印第安人大量死亡的同时，印第安人的神庙被摧毁，金字塔被夷平，文化遗产被付之一炬，印第安文化遭受到空前的洗劫，印第安文明发生了断裂。直到17世纪中期，印第安人口下降的趋势才停止。拉美土著人的遭遇催生了"黑色传说"，其详细描写了西班牙人的残忍。在尤卡坦的传教士迭戈·德兰达为了消灭玛雅人的古老信仰，建立了宗教裁判所，拆毁玛雅人的祭坛，捣毁5000多个神像，一次焚烧了40本解说玛雅人生活和历史的法典，有158名印第安人在遭到审讯之后死亡。"直到1820年，官方一直禁止任何作品描述哥伦布发现美洲之前的美洲印第安人文明。"②

　　但是与盎格鲁–撒克逊美洲对印第安人采取的种族灭绝和种族隔离政策不同，西班牙人采取了种族融合的政策。③为了保障更多的贡税来源，为了更多的异教徒得以拯救，王室与教会联手保护印第安人。王室法律规定，在新大陆实施委托监护制，殖民当局分配一定数目的印第安人给西班牙人监护，西班牙监护主一方面可以役使印第安人劳动，但同时要承担使印第安人皈依天主教的责任。1512年王室颁布的《布尔戈斯法》中多次强调委托监护主教化印第安人的责任。④1542年王室颁布的《新法律》规定："印第安人是自由人，是西班牙国

---

① ［英］莱斯利·贝瑟尔主编：《剑桥拉丁美洲史》（第一卷），林无畏等译，经济管理出版社，1995年，第196页。

② ［美］迈克尔·C.迈耶、威廉·H.毕兹利编：《墨西哥史》，复旦人译，东方出版中心，2012年，第169页。

③ 西班牙国王为了进行有效的统治，最初曾力图保持三个种族类别，即西班牙人、印第安人和黑人，分别为统治者、纳贡者和奴隶，并实行白人与印第安人、非洲人的种族隔离，但很快就为殖民地种族混合的现实所迫而承认了种族通婚和混血。Peter Wade, *Race and Ethnicity in Latin America*, Pluto Press, 2010, pp. 85-111.

④ Lesley B. Simpson, *The Encomienda in New Spain: The Beginning of Spanish Mexico*, University of California Press, 1950, pp. 9-13

王的臣民"①，有权拥有他们自己的土地，保留他们的村社。《新法律》确定了西班牙人与印第安人共存共生的二元社会格局。②西班牙王室鼓励西班牙人与印第安人之间的通婚。1514年国王费迪南德下令，禁止歧视那些娶印第安妇女为妻的西班牙人。第二年他再次下令，强调不管是白人还是印第安人，他们都可以自由地与他们中意的人结婚。③科尔特斯的翻译娶了一个印第安妇女，生了7个孩子，征服者贡萨洛·罗德里格斯也娶了当地印第安妇女，生了8个孩子。④

为了使印第安"异教徒"更快地接受天主教教义并皈依天主教，传教士们采取了妥协和调和的做法。尽管在早期的王家法令中就提到，必须向印第安人教授西班牙语，但传教士们选择了学习印第安人的语言，在1524—1572年间，新西班牙出现了上百种用印第安人语言编写的词汇手册、语法手册和教义问答。秘鲁天主教会在1583年之前用双语手册传教，之后出版了西班牙语、克丘亚语和艾马拉语三种语言的《基督教教义》。⑤在传教内容上，天主教在三位一体（圣父、圣子、圣灵）的本质和标志、天使和圣徒方面未作任何让步，但在宗教外部形式和仪式方面确实作了不少修改。在墨西哥，西班牙人在印第安人金字塔的废墟上建起新的教堂，天主教的圣徒祭日表也继承了印第安人宗教中众神的特点，并在天主教、新教堂内仍然接受往昔供给土著宗教偶像的同样贡品，如毯子、鹌鹑、糌粑及羽毛做的十字架等。⑥印第安人和黑人在接受欧洲宗教信仰的同时，糅进了自身的传统宗教观念。在农村，印第安人居住在被保留下来

---

① Lesley B. Simpson, *The Encomienda in New Spain: The Beginning of Spanish Mexico*, University of California Press, 1950, pp. 129-132.

② Lynne phillips edited, *The Third Wave of Modernization in latin America: Cultural Perspectives on Neoliberalism*, Scholarly Books, 1998, p.6.

③ Lesley B. Simpson, *The Encomienda in New Spain: The Beginning of Spanish Mexico*, University of California Press, 1950, p.35.

④［美］迈克尔·C.迈耶，威廉·H.毕兹利编：《墨西哥史》，复旦人译，东方出版中心，2012年，第156页。

⑤［英］彼得·伯克等主编：《人类文明史》（第5卷），王小军等译，译林出版社，2015年，第350、358页。

⑥ 刘文龙：《拉丁美洲文化概论》，复旦大学出版社，1996年，第22页。

的村社中，而西班牙人主要居住在城市和市镇中，印第安人会到大庄园中劳动或到城市做仆役，大庄园成为连接村社与城镇的桥梁。混血现象大多发生在大庄园和城镇里。结果，殖民地社会出现了西班牙人与印第安人共生共存和文明融合的现象。

在葡属巴西，葡萄牙人从一开始就同印第安妇女通婚，1570年前后非洲黑奴贸易开始后，又继续同黑奴通婚。1755年首相庞巴尔侯爵为增加人口，下令鼓励葡萄牙男性与土著女性通婚，宣称他们的后代有资格享有荣誉和尊贵的地位。①葡萄牙在巴西的殖民地模式是一种热带种植园、黑奴劳动、垄断贸易和教会思想控制的结合。葡萄牙人接受了土著人和黑奴的生活方式，比如他们的衣、食、住，搏击、耕作、治疗疾病等，随着时间的流逝，也对这些方式进行了改造，使之更加符合欧洲人的行为模式。殖民地社会实际上是多语言社会，葡萄牙语、土著语、非洲语并存，直到18世纪后期，庞巴尔侯爵颁布法律，强制规定葡萄牙语是殖民地的官方语言。伴随黑奴贸易和黑奴制的发展，非洲的宗教、舞蹈、音乐、巫术、迷信、语言、习俗的不少成分传播到了巴西和加勒比群岛，在这里，伊比利亚人同来自非洲的黑人共处，使拉美文化中掺进了许多撒哈拉沙漠以南的非洲的情调。

在经过了征服、殖民、文化碰撞之后，从16世纪末开始，殖民地逐渐出现了一种新的文明结构，到18世纪，一种以欧洲天主教文明为主体、以印第安文明和非洲黑人文明为次要成分的独特的拉美混合文明已经初步形成。首先，在物质文明方面，欧洲殖民者通过引进欧洲的动物（牛、马、驴、羊、猪、鸭、鸡等）和植物（小麦、大麦、稻米、甘蔗、胡萝卜、西瓜、圆葱、葡萄、苹果等），铁器、带轮子的运输工具，新的农牧业生产技术、采矿业和手工业技术等，大大丰富和改善了拉美人的物质生活。而印第安人的许多植物（玉米、马铃薯、豆类、木薯、红薯、花生、辣椒、西红柿、南瓜、木瓜、鳄梨、可可、

---

① [美]本杰明·吉恩、凯斯·海恩：《拉丁美洲史》，孙洪波等译，东方出版中心，2013年，第206页。

菠萝、烟草等）、食品和基础设施，则为初来乍到的殖民者提供了生存方便。印第安人的烹调方法、某些服饰风格、手工工艺也为欧洲移民后裔所接受。殖民地发展起一种与世界资本主义市场联系在一起的矿业和农牧业经济。

其次，在制度文明方面，殖民者在政治上借助于阿兹特克和印加帝国的专制主义传统，实行了一套自上而下的中央集权的官僚行政体系。在经济上借助于原有印第安人的村社组织和劳动力制度，以及输入的非洲奴隶，形成了大庄园制和种植园制，并通过重商主义制度将殖民地经济限定为向宗主国提供初级产品出口，确立了它在北大西洋资本主义经济圈中的边缘地位。在社会方面，作为社会单位的大庄园和种植园延续了宗主国的"家族主义"，主人对下属实行一种恩威并重的父权主义统治，并形成了一种新的城乡关系。在整个社会，则依次形成了"半岛人""克里奥尔人""梅斯提索人"和"穆拉托人"，印第安人，黑人的社会等级金字塔。1800年前后，在西班牙美洲的1350万人口中，白人仅占不足20%、混血种人占30%、印第安人占45%、黑人占4%。在葡属巴西的200多万人口中，白人占28%、自由人占27.8%、奴隶占38.1%、印第安人占5.7%。①这种按照肤色划分的不平等的社会等级制度使大多数人处于被压迫、被奴役的地位。

最后，在宗教文化方面，殖民者引进了劝导人们服从上帝的天主教，在到达美洲一个世纪之后，天主教会在拉美建造了7万个教堂和小教堂、200个修道院。②同时还创建了神学院、大学和中小学，并建立起第一批印刷所和图书馆，教会实现了对文化教育的垄断。在葡属巴西，殖民者的后代可进入耶稣会创办的学校受教育。天主教关于生与死的新的哲学体系，造型和视听艺术方面的新的美学观念，富于表达力的西班牙语和葡萄牙语，都奠定了拉美文化的基础。特别是语言和宗教，成为拉美同一性的重要标志。克里奥尔人和混血人共同崇

---

① ［英］莱斯利·贝瑟尔主编：《剑桥拉丁美洲史》（第二卷），李道揆等译，经济管理出版社，1997年，第34~35、620~621页。

② José L. D. Imaz, *Sobre la Identidad Iberoamericana,* Editorial Sudamericana, 1984, p.107.

拜的"圣母瓜达卢佩"成为墨西哥城的守护神，独立运动的民族象征。另外，伊比利亚半岛的各种艺术形式如音乐舞蹈、斗牛马术等也输入到拉美，丰富了当地的民间文化。

拉美混合文明的初步形成，确立了拉美文明的基本结构。但不难看出，这一文明具有浓厚的中世纪色彩，制度层面上的政治和社会的威权主义，被宗教文化层面上的天主教所加强，天主教维护封建等级制度，拥有宗教裁判所，不容忍其他信仰形式的存在。这对拉美文明的性质产生了长期和深远的影响。征服、殖民、文化碰撞和新文明结构的出现是整个拉美的共同经历，成为后来拉美各国文明发展的共同遗产。

二、拉美现代文明的形成

拉美现代文明是拉美国家建立在现代工业生产方式基础之上的物质和文化成果，它是伴随着拉美国家的政治独立、初级产品出口带动的早期工业化、中产阶级和无产阶级的成长、发展型政府的建立、进口替代工业化、文化民族主义的崛起，以及国际先进文化的影响而逐渐在20世纪中叶形成的。

1810—1826年独立运动之后，拉美形成了18个独立的共和国和帝国（巴西）。[1]从此，拉美文明的差异性开始渐渐地大于共同性。就共性方面而言，整个19世纪，拉美各国的历史是从民族国家创建初期的政治混乱和经济停滞，走向政治稳定和经济大发展，文化上则趋向于欧洲化。正如阿根廷政治思想家阿尔韦迪所言："自16世纪起，欧洲就是美洲文明的源头……独立后西班牙在美洲的活动被迫结束，英法等国家取而代之，欧洲力量继续影响美洲……欧洲文明一直是美洲文明的创造者。"[2]在此期间，各国出现了保守派与自由派的斗

---

[1] 随着1889年巴西废除帝制和古巴（1902年）、巴拿马（1903年）的独立，到1903年拉美共有20个共和国。

[2] Juan B. Alberdi, *Bases y Puntos de Partida para la Organizacíon Política de la República Argentina*, W. M. Jackson, 1953, pp. 102-103.

争。保守派向后看，以西班牙和葡萄牙的旧体制为导向，希望建立强有力的中央集权政府，继续由天主教会施加影响，保留原有的社会秩序，对经济实行高度管制。自由派向前看，以英国、法国和美国为表率，他们推崇自由、平等、博爱的思想，他们心目中的英雄是美国的建国之父们，以及古典自由主义创立者孟德斯鸠、密尔和边沁等。他们支持联邦制，希望建立社会和政治的平等关系和自由市场经济，鄙视天主教价值观。① 19世纪70年代以后，自由派占据了上风。

自由派适应欧洲第二次产业革命的需求，高举"秩序与进步"的大旗，以欧洲实证主义为指针，在政治上实现了稳定，在经济上建立了外向型的初级产品模式，在初级产品出口的带动下，在19世纪末出现了早期工业化和早期城市化，新兴的中产阶级和无产阶级走上社会舞台。②拉美的实证主义信徒把白种人看作优秀种族，而黑人、印第安人及梅斯提索人则是低劣的种族，把本国的现代化寄托于欧洲化，并认为只有欧洲移民才能改变国民的素质，使资源得到开发、新技术得到推广。因此，一些国家的精英奉行吸引外资、鼓励欧洲移民和劫掠印第安村社土地的政策，结果，随着铁路、公路、电报线路、轮船码头等基础设施的修建，以及大批新的欧洲移民的涌入，政府军队深入内地的"荒漠远征"，带来了又一次的文明大碰撞。精英们认为这是"文明对野蛮"的胜利，而内地民众则认为是对他们的土地的劫掠和生存方式的破坏。这一时期，在建筑、雕刻、绘画、音乐、长篇小说、历史编纂学、科学和教育学方面出现的成果，都是由接受欧洲教育的拉美知识分子创造的，他们全盘接受了欧洲的文化传统，推动了拉美的欧洲化。"19世纪南美洲作家的书籍，竟然没有一部能使人相信是在欧洲大陆以外撰写的。"这里的"文明"是出于极其狭小的一群极

---

① Marshall C. Eakin, *The History of Latin America Collision of Cultures*, Palgrave MacMillan, 2007, p.9.

② 韩琦：《拉丁美洲的早期工业化》（上、下），《拉丁美洲研究》2002年第6期。

有特权的人之手，是欧洲文明尽善尽美、正确无误的抄本。①20世纪初，墨西哥城的新式建筑几乎全部是欧式风格，②这种趋势也在一些中美洲国家的首都得到体现。

但是第一次世界大战之后，特别是大萧条之后，初级产品出口模式遭到质疑，一些主要的拉美国家在发展型政府的领导下开始了以进口替代工业化进程，社会结构、政治模式也在发生变化，随之出现了一股土著主义思潮。这是一种由知识分子、政治家和艺术家提出来的、认为拉美民族认同的根源应该在印第安文化中寻找的思想。它倡导恢复印第安人的价值和习惯，并要求通过社会改革提高印第安人的地位，以便将他们纳入国家发展的计划之中。秘鲁作家路易斯·E.巴尔卡塞尔写道："秘鲁民族是印第安人的民族，西班牙征服之后的四百多年，三分之二的人口仍然是当地种族，仍然讲本地的语言。对这四百多万秘鲁人来说，仍然感到白人是入侵者、压迫者、奇怪的人。（真正的）秘鲁是印第安人的。"③墨西哥著名的人类学家曼努埃尔·加米奥和莫伊塞斯·萨恩斯通过考古和田野调查，使人们重新认识了印第安文化，并把印第安文化提高到国家文化基石的地位。④

土著主义思潮奠定了20世纪上半期拉美文化民族主义的基础，后者强调本土文化遗产与传统的精神价值，批判盲目仿效欧洲文化和过分的物质主义，旨在肃清外来的自由主义和实证主义的有害影响。在文化民族主义的影响下，拉美出现了在吸收外部优秀文化成就和继承印第安文化遗产的基础上实现再创造的新的民族文化，这种新的民族文化有力地表现并服务于拉美社会现实，生动地体现了拉美社会、种族和文化的混合性。尽管它在当时出现的诗歌、散文和

---

① ［法］费尔南·布罗代尔：《文明史》，常绍民等译，中信出版社，2014年，第471页。

② ［美］彼得·斯坦迪什、斯蒂芬·贝尔：《浪漫墨西哥》，石小竹等译，长春出版社，2012年，第286页。

③ Luis E.Valcarcel, *Tempestad en los Andes*, Populibros Peruanos, 1927, pp.116-120.

④ Alexander S. Dawson,"From Models for the Nation to Model Citizens: Indigenismo and the 'Revindication' of the Mexican Indian, 1920-1940", *Journal of Latin American Studies*, Vol.30, No.2, May, 1998.

小说中都有体现，但其最光辉的典范却是由迭戈·里维拉、何塞·克莱门特·奥罗斯科、大卫·阿尔法罗·西凯罗斯"三杰"领导的"墨西哥壁画运动"中产生出来的壁画艺术。新的民族文化的出现是拉美国家实现种族和文化认同的重要标志，它也是一种建立在现代工业经济和社会结构基础之上并为之服务的现代文化，而文化民族主义运动是继19世纪拉美政治独立之后的一次文化觉醒和文化独立运动。

第二次世界大战之后到20世纪70年代末期，是拉美经济崛起、工业化进程加快、社会活力增加、文化快速现代化的时期。1950—1981年拉美制造业年均增长6.1%，制造业产值由1950年占国内生产总值的18.4%上升到1980年的25.4%，城市化率在1980年达到了65%，中产阶级占比达到20%左右，①在此期间，拉美文化在西方文化的影响下走向世界主义和国际化。②美国文化影响借助大众传播媒体（无线电广播、电影、电视）在拉美取得支配地位，但欧洲文化，特别是马克思主义思潮也加强了对该地区的影响。拉美国家将外来先进的文化经验与本地的社会实际相结合，产出了一批重要的独创的民族文化成果，尤其在经济学、文学和建筑设计领域，表现非凡。

在经济学领域，以普雷维什、富尔塔多为首的拉美经济学家提出的"中心-外围"理论、"贸易条件恶化论"和进口替代工业化战略思想构成了拉美的发展主义学说。由马里尼、卡多佐、多斯桑托斯提出的"依附理论"将第三世界的不发达与不平等的国际经济关系联系起来，强调了建立国际经济新秩序的重要性。这两个理论与发达国家提出的现代化理论针锋相对，是发展中国家最早提出的、土生土长的发展理论，对推动第三世界的现代化发挥了重要作用。

在文学领域，涌现出以胡利奥·科塔萨尔、加夫列尔·加西亚·马尔克斯、马里奥·巴尔加斯·略萨、卡洛斯·富恩特斯为主将的大批优秀作家，以及大

---

① 苏振兴主编：《拉美国家现代化进程研究》，社会科学文献出版社，2006年，第127、130、495、430页。
② 刘文龙：《拉丁美洲文化概论》，复旦大学出版社，1996年，第269页。

量流派纷呈、形式多元的小说作品。小说家们将欧美文学的艺术形式和表现手法独具匠心地与拉美的本土现实相结合，融各种文化因素于一体，写出了大量构思新颖、技巧精湛、思想深刻、反映广阔生活现实的优秀作品，引起了拉美文学"爆炸"的盛况。其中魔幻现实主义在这一时期达到了最高艺术水平，产生了《百年孤独》这样的文学巨著。

在建筑设计领域，以墨西哥大学城和巴西利亚城的设计最具创新性。1949—1952年建设的墨西哥大学城是功能性建筑与视觉艺术的融合与统一，许多建筑物的墙壁上装饰着马赛克壁画，把古代印第安艺术与现代西方艺术和谐地结合在一起，构成了具有独特风格的建筑群体。巴西利亚是1956—1960年建成的巴西新首都，按照巴西著名建筑师卢西奥科斯塔的飞机型总体规划，整个城市宛若一架昂首待飞的巨型喷气式飞机，寓意巴西正迎着朝阳展翅飞翔。从居民区到行政区的各建筑群，布局对称和谐，外形风姿多彩。由于这座城市具有的充满现代理念的城市布局、构思新颖别致的建筑风格和寓意丰富的艺术雕塑，从而获得了"世界建筑艺术博物馆"的美誉，1987年被列入世界遗产名录。

20世纪80年代之后，拉美陷入债务危机，加深了对美国市场、资本和技术的依赖。特别是冷战结束之后，意识形态冲突淡化，全球化时代到来。美国凭借其强大的经济实力和先进的信息技术，向拉美源源不断地输送其流行文化，而拉美文化也在影响世界，尤其显著的是对拉美裔人口居多的美国南部的影响。同时，网络革命使拉美的传媒和文化发生了革命性变化，即文化、新闻和信息渠道更加民主化，并使学者、作家和公众之间的交流更加国际化。当下，拉美国家在国家内部继续弘扬民族文化，承认文化和种族的多元性，不再强制推行同化主义的政策模式；在地区层面，追求一种地区一体化，加强拉美国家之间的联系和交流；在国际层面，加强与世界其他文化之间的富有建设性的对话，更加走向世界主义和国际化。

三、拉美现代文明的基本特征

美国学者塞缪尔·亨廷顿在他的《文明的冲突与世界秩序的重建》一书中列举了当今世界的八大文明，拉美文明是其中之一。他承认拉美文明的独立地位，认为"拉美文明是欧洲文明的后代，但它却是沿着非常不同于欧洲和北美的道路演进的"①。拉美文明究竟在哪些地方不同于欧美文明呢？它具有哪些独特性呢？从拉美文明的发展历程看，我们大致可以归纳出现代拉美文明的以下五个基本特征②：

第一，拉美文明是一种多源混合文明。它是基于三种文明的多源文明的混合体。三种文明中不仅印第安文明分别来自玛雅、阿兹特克、印加等多种文明，非洲黑人文明也是来自非洲不同的地区。而伊比利亚文明原本就是一个多种族和多文化混合的文明，另外还有随后到来的法国、荷兰、英国文明。它们在新大陆汇合在一起，通过碰撞、交流、融合，最终形成了新的混合体，这不仅仅是人种和物种领域的混合，更重要的是在语言、宗教、风俗习惯、法律制度、科学技术等文明所能覆盖的所有领域的混合。在这个融合中，三种母体文明都发生了变化。新大陆出现的实际情况，既不是欧洲文明的简单移植，也不是土著文明的单质延续，而是一种全新的现实，即一个由欧洲人、土著人和非洲人紧密接触而形成的复合发展的进程。并且，这种复合发展持续不断地被创新，后来又增加了印度人、华人、日本人等东方文明，以及德国、意大利等其他欧洲文明。时至今日，拉美各种不同程度的混血种人口已经占地区总人口的一半以上。在大多数国家里，属于某一纯血统种族的人口已经不多了。因此，有学

---

① [美]塞缪尔·亨廷顿：《文明的冲突与世界秩序的重建》，周琪等译，新华出版社，2002年，第30~31页。

② 在归纳拉美文明特征的时候，我们将"文明"理解为一种整体的社会，而这个整体是由政治、经济和文化等因素构成的有机整体。

者认为"拉美文明是一道由光谱上的各种颜色组成的统一的光束"①，就好似一道鲜艳的彩虹。

但是也应该看到，拉美混合文明的发展并不彻底，也不平衡，至今仍有一些印欧文化尚未融合的地区。在安第斯地区，仍有数百万的克丘亚人和艾马拉人，墨西哥和中美洲也仍有大量的土著人，他们继续保留着自己的文化传统。2018年在整个拉美6.4亿多人口中，仍有11.4%的土著人、6.5%的黑人和6.3%的黑白混血人。从具体国家的分布看，有印第安人口占总人口比例较高的国家，如危地马拉（39.8%）、秘鲁（45%）、玻利维亚（54%）；有混血人比例较高的国家，如墨西哥（70%）、萨尔瓦多（86.3%）、洪都拉斯（87%）等；有白种人比例较高的国家，如哥斯达黎加（80.8%）、阿根廷（85%）、乌拉圭（88）；还有黑人比例较高的国家，如海地（95%）、圣克里斯托弗和尼维斯（94%）、巴巴多斯和圣卢西亚（90%）、巴哈马和格林纳达（80%）、牙买加（76%）。②因此，有拉美学者指出，拉美实际存在着4个美洲，即印第安人美洲，黑人美洲、各种混血种人的美洲，还有白人美洲。③拉美文明实际上又是一种多样性的文明。

第二，拉美文明是一种"亚"西方文明。所谓"亚"西方文明，意指尽管拉美文明已经具备了自己的个性，但与西方文明仍属于同一个文化圈。在拉美混合文明结构中，最初的三种母体成分并非平分秋色，而是欧洲文明以强势文明的面貌出现，成为整个文明结构中的主体，美洲印第安文明不再是一种主体文明，它和非洲黑人文明居于次要地位，成为混合文明中的次要成分。作为欧洲文明来源的伊比利亚文明，起源于罗马文明，它带到新大陆的拉丁语（西班牙语、葡萄牙语、法语均属于拉丁语系）和天主教成为拉美文化同一性的长期

---

① ［秘鲁]欧亨尼奥·陈-罗德里格斯：《拉丁美洲的文明与文化》，白凤森等译，商务印书馆，1990年，第3页。

② 李明德主编：《简明拉丁美洲百科全书》，中国社会科学出版社，2001年，第34、347页。

③ ［墨西哥]卡洛斯·安东尼奥·阿居雷·罗哈斯：《拉丁美洲：全球危机和多元文化》，王银福译，山东大学出版社，2006年，第158~162页。

象征，"拉丁美洲"的名称也由此而来。①独立后，英法文化和美国文化先后在19世纪和20世纪强烈影响着拉美文化。拉美国家的政治、经济、文化、法律和教育等体系很多都是模仿欧美国家的。拉美文化与欧洲文化有着千丝万缕的联系，如果翻开一部拉美文学史，我们可以发现，绝大部分的著名作家和诗人都曾因各种不同的原因而驻足于欧洲。拉美学者安德森·因贝特曾评论道：西班牙美洲出现的各种"主义"是工业大工厂的分厂，而大工厂的总部就在欧洲。②虽然从社会经济状况看拉美仍被定位为第三世界，但从文化渊源和文化结构看拉美属于西方文化，③拉美人比亚洲人和非洲人在思想意识上对欧美的认同感明显要强烈得多。长期以来，欧美国家利用其先进的科技手段，已经在拉美建立起了比较完善、覆盖面广的文化传播和信息传递机制，拉美媒体关于世界各国的信息来源大多出自西方主流媒体，拉美人更容易受到西方媒体的影响。同时，不少拉美人认为自己是西方文明的一部分。④一位中国学者在对50年来《人民日报》对拉美的报道进行研究之后，发现当代中国人对拉美也存有

---

① "拉丁美洲"这一名称是19世纪中叶法国人开始在世界上首先使用的,泛指受伊比利亚文化影响的美洲,以区别于受盎格鲁-撒克逊文化影响的北美,旨在以欧洲的泛拉丁主义取代美国门罗主义的领土扩张。但这一名称也的确是伊比利亚美洲意识和文化宗教一致性的现实反映。因此,该名称逐渐得以推广,并习用至今。

② Enrique A. Imbert edited, *Historia de la literatura hispanoamericana*, Vol. 2. Fondo de Cultura Económica edition, 1970, p.332.

③ 美国历史学家刘易斯·汉克主编的《拉美文明史：资料与解读》,是两卷本的资料汇编,他在序言中说:"拉丁美洲自1492以来至今,一直是西方文明的一部分",参见 Lewis Hanke edited, *History of Latin American Civilization: Sources and Interpretations*, Little Brown and Company, 1967, p.Ⅸ;加州大学教授埃米利奥·拉莫·德埃斯皮诺萨在他的《拉美文明是西方文明的一部分吗》中加以论证,认为拉美文明是西方文明的三大支柱(欧洲、北美和拉美)之一。参见 Emilio Lamo de Espinosa, *¿Es América Latina parte de Occidente?* Documento de trabajo18/2018,https://media.realinstitutoelcano.org/wp-content/uploads/2021/10/dt18-2018-lamode。

④ 研究美国问题的中国专家王缉思在2013年访问哥斯达黎加时,问当地精英怎样定位自己的国家,对方毫不犹豫地回答:"我们当然是西方国家——我们是白人,讲西班牙语,信奉天主教。另外,哥斯达黎加还是民主国家!"这让王缉思感到"有些吃惊"。参见王缉思:《何谓"成功国家"》,https://www.guancha.cn/WangJiSi/2019_10_21_522123.shtml。笔者在拉美进行学术交流时,也多次遇到类似情况。

"西方"的定位。①

第三，拉美文明是一种有着长期边缘性和不平等历史的文明。作为混合文明的拉美文明，它的诞生是与资本主义世界经济体系的出现同步的，是与资本主义全球化的起源同步的。五百多年来，先后以西欧、美国作为核心的北大西洋文明是这个世界资本主义经济和全球资本主义历史体系的霸权中心，而拉美文明则始终处于边缘，它根据中心国家的要求发展经济、构建社会，是在中心的政治、经济和文化霸权下成长起来的。"拉美文明从诞生的那一天起，就是一种边缘的、被奴役的文明。"②尽管它从20世纪30年代开始寻求自主发展的道路，但作为一个整体的拉美却至今未能突破边缘的依附地位。

由于混合文明是在种族和文化冲突中形成的，是在十字架与枪炮结合的压力下的产物，因此作为历史性社会变革的产物，一方面，拉美社会发生了种族混血和文明交往，另一方面，也出现了种族的社会和文化分化以及阶层化现象。由文化差异而产生的情感并未被完全抹掉。从家族、社区到国家机构，拉美文明以多种方式反映和表现着所有这些社会分化和等级制度，③天主教也长期维护着这样的社会等级制度。④而这后一方面是我们以往讲拉美混合文明时常常忽略掉的，它恰恰就是拉美至今存在巨大贫富差距和尖锐社会不平等的一个文化原因。从20世纪50年代到20世纪末，拉美主要国家的基尼系数始终在0.5左右，巴西在20世纪末甚至达到0.64，整个拉美收入分配的集中程度是世界上最高的。⑤2010年以来墨西哥的卡洛斯·斯利姆多次成为《福布斯》富豪排名榜上的

---

① 王士皓：《浅谈中国人对拉丁美洲的定位：第三世界或西方》，《拉丁美洲研究》2009年第1期。

② [墨西哥]卡洛斯·安东尼奥·阿居雷·罗哈斯：《拉丁美洲：全球危机和多元文化》，王银福译，山东大学出版社，2006年，第6页。

③ [匈牙利]欧文·拉兹洛：《多种文化的星球》，戴侃等译，社会科学文献出版社，2001年，第58页。

④ 尽管情况如上所述，但也需要指出，文化发展是动态的，教会也在变化。经过19世纪后半期和20世纪前半期拉美各国的反教权主义运动，教会的保守作用在缩小。20世纪60年代出现的"解放神学"，是教会内部分化出来的一个派别，它对拉美传统神学和教会体制持有批判态度。

⑤ Andre A. Hofman: *Long Run Economic Development in Latin America in a Comparative Perspective: Proximate and Ultimate Causes*, UN. ECLAC. Economic Development Division, 2001, pp. 24-26.

世界首富。但2010年，拉美有1.68亿人口生活在国际贫困线之下，占总人口的30%。拉美大多数国家的贫富差距问题是和种族之间的不平等紧密联系在一起的，伴随肤色而产生的社会升迁机会的不平等和由此导致的经济地位的不平等是长期存在的。①"富饶的贫困"是拉美这块土地的真实写照。

第四，拉美文明是一种兼收并蓄、开放创新的文明。拉美文明从诞生之日开始，就有一种深刻的全球化背景。它是在长期的种族混血和吸纳外来移民的过程中成长起来的，是在接受和消化形形色色的文化传统和外来文化影响过程中形成自己独特文明的。它的各人种、种族和文化之间壁垒较少，具有很大的亲和力，同时也乐于汲取外来的文化养料。这种在文化上包容开放的性格，使它在学习和借鉴外来文明的同时，又不丧失自己的民族特性，从而创造出集民族性与世界性于一身的优秀文化成果，如发展主义学说是拉美经济学家联系本地区"边缘地位"的历史寻求如何摆脱困境的思考，魔幻现实主义则是拉美文学家从本土文化获得灵感和对现实社会问题批判的结果。拉美的许多文化成果已经走向世界，如热情奔放的探戈、桑巴、萨萨舞蹈，优美动听的拉丁音乐，凝聚民族的足球文化，创新性的建筑设计，以及由一批世界级文学巨匠创作的诗歌和小说。迄今为止，拉美和加勒比地区已经为世界贡献了8位诺贝尔文学奖

---

① Robert M. Irwin and Monica Szurmuk edited, *Dictionary of Latin American Cultural Studies*, University Press of Florida, 2012, p.237.

得主、1位经济学奖得主、2位医学奖和2位化学奖得主。①拉美现代建筑师曾先后4次获得普利兹克建筑奖，②这种奖项被誉为建筑业的"诺贝尔奖"。另外，拉美电影也频频获得奥斯卡奖项。

第五，拉美文明是一个相对年轻的文明。尽管从印第安文明的根源看，这个文明的历史可以追溯到4万年至2万年之前，但从"混合文明"的角度看，它仅仅有五百多年的历史。它是一个年轻的、充满活力的文明，一个上升的、正在蓬勃发展的文明，一个充满希望的文明。

四、结语

通过对拉美现代文明的形成及其基本特征的研究，我们对本文开始提出的问题已经有了一个初步的答案。1492年哥伦布到来之后，印第安文明独立发展的进程被打断，尽管这一文明被保留下来，并与其他文明共存共生，具有强大的生命力，但它不再是主流文明，它原有的发展环境也发生了根本性改变。在经历了欧洲文明、非洲文明与印第安文明碰撞、交流和融合的过程之后，到18世纪，拉美形成了一种新的混合文明结构，但这种文明在制度和文化层面上均具有浓厚的中世纪色彩。只是到了20世纪中叶，伴随着发展模式的转换，发展

---

① 拉美人迄今有18位诺贝尔奖获得者,获奖者名单如下:智利女诗人加夫列尔·米斯特拉尔(1945年,文学奖);危地马拉作家米格尔·安赫尔·阿斯图里亚斯(1967年,文学奖);智利诗人巴勃洛·聂鲁达(1971年,文学奖);哥伦比亚作家加西亚·马尔克斯(1982年,文学奖);墨西哥诗人奥克塔维奥·帕斯(1990年,文学奖);秘鲁作家马里奥·巴尔加斯·略萨(2010年,文学奖);阿根廷生理学家贝尔纳多·阿贝尔多·奥塞(1947年,医学奖);委内瑞拉科学家B.贝纳塞罗弗(1980年,生理和医学奖);阿根廷化学家路易斯·费德里科·莱洛伊尔(1970年,化学奖);墨西哥化学家马里奥·莫里纳(1995年,化学奖);阿根廷法学家卡洛斯·萨维德拉·拉马斯(1932年,和平奖);阿根廷作家阿道弗·佩雷斯·埃斯基韦尔(1980年,和平奖);墨西哥外交家阿方索·加西亚·罗布莱斯(1982年,和平奖);哥斯达黎加政治家奥斯卡·阿里亚斯(1987年,和平奖);危地马拉土著妇女里戈贝尔塔·门楚(1992年,和平奖);瓜德罗普[法]圣-琼-佩斯,诗人(1960年,文学奖);圣罗西亚[英]德雷克·沃尔科特,诗人(1992年,文学奖,);圣罗西亚[英]威廉·阿瑟·刘易斯,黑人经济学家(1979年,经济学奖)。

② 墨西哥建筑师路易斯·巴拉甘(1980年获奖);奥斯卡·尼迈耶(1988年获奖);巴西建筑师保罗·门德斯·达洛查(2006年获奖);智利建筑师亚历杭德罗·阿拉维纳(2016年获奖)。

型政府的建立，文化民族主义运动的兴起，进口替代工业化和城市化发展，中产阶级社会的扩大，各种创新性文化成果的涌现，拉美才逐渐形成了现代文明，这是一种建立在现代工业生产方式基础之上的文明。现代拉美文明是多源混合的文明、"亚"西方文明、具有长期边缘性和不平等历史的文明、兼收并蓄和开放创新的文明、年轻而又充满活力的文明。

文章至此，似乎还不该结束，因为我们需要回答，拉美文明的发展给我们带来怎样的借鉴和启示？任何文明都有其长处和不足，这也正是文明需要开放互鉴的原因所在。笔者认为，拉美文明中的以下特性值得学习：

首先是和谐性。作为混合文明的拉美文明注重各种族和文化之间的共存共生，相互依存和相互融合，寻求一种多种族的社会和谐。尽管拉美至今仍不同程度地存在种族偏见和种族歧视，但拉美"混血种人享受着巨大的社会流动性"，种族之间的流动性"是相当了不起的"[1]，与北美现代化进程中的排除土著的做法不同，拉美是和土著一起推进现代化的。同时，拉美历史上"家族主义"传统至今表现为拉美个人与家族和社区之间的关系比较紧密，亲近的朋友容易抱团。19世纪后期的实证主义和20世纪三四十年代的职团主义之所以对拉美社会发展产生较大影响，就是因为这两个主义适应了拉美的地情，前者旨在吸引新兴中产阶级进入统治精英的结构，后者旨在吸纳工会工人进入现行体制，都是寻求社会和谐的主义。[2]鉴于当今世界一些地区因种族与宗教差异而发生的战争与冲突不断，相对而言，拉美多种族的社会和谐则是非常引人注目的。[3]

其次是开放性。拉美文明产生于对外开放，尽管这种开放在最初是被动的。从拉美文明的诞生之日起，它就完全适应了世界资本主义经济体系的发展，它

---

[1] [美]托马斯·E.斯基德莫尔、彼得·H.史密斯:《现代拉丁美洲》，江时学译，世界知识出版社，1996年，第486页。

[2] Howard J. Wiarda, *The Soul of Latin America: the Cultural and Political Tradition*, Yale University Press, 2001, p.16.

[3] 布罗代尔曾评价:拉美的"种族上的平等博爱在整体上是存在的,是拉美的特点之一,是拉美最有吸引力的地方"。参见[法]费尔南·布罗代尔:《文明史》，常绍民等译，中信出版社，2014年，第461页。

是发展中国家中唯一与这一体系同步发展至今的一个群体。外来文明的传入，包括物种、科技、宗教、艺术等，对拉美文明的发展和繁荣起到了关键性影响。时至今日，与古代印第安文明相比，拉美文明取得了历史性进步，绚丽多彩，成果斐然。长期以来，拉美文明已经学会了以一种包容、开放的态度与世界上各种异质性文化进行对话，并习惯于把各种不同的文化立场和观点融合在一起，从中汲取营养。拉美人善于建立自己的话语体系，将欧美艺术表现形式与本土文化、传统文化与当代意识有机地结合在一起，使自己民族文化中独具魅力的精髓得到升华，赢得了世界其他民族的喜爱和尊重，从而做到了文化中的民族性与世界性的统一。在21世纪倡导多元文明对话的世界形势下，拉美文明当之无愧地成为世界多元文明对话的一个榜样。

最后是创新性。创新性集中表现在新文明结构和一大批民族文化成果上。三种基本文明在雄伟壮丽的拉丁美洲这一地域发生碰撞之后，不同文明之间从冲突到妥协、调和和适应，最终它们都偏离其原型而融合在一起，产生了新的混合文明，这是一种具有新品格和新创造力的文明，不同肤色的种族混血本身就是一个伟大的创造性进程，更重要的是在文化上的兼收并蓄。"文化混血造成的生气勃勃的局面，在拉丁美洲各个重大历史转折时期都有体现。"[1]特别是在20世纪20年代之后，拉美知识分子看清了自己的独特性，在学习和吸收西方先进文化的同时，立足于拉美的地理、历史和社会现实，形成了自己独特的文化视角，在拉美文明的创造和发展中发挥了先锋作用。前述墨西哥壁画艺术、拉美发展主义学说、魔幻现实主义文学创作、巴西利亚城市建筑设计等，都是拉美人的创新杰作。这也说明，一种文明的强大生命力来源于它不断吸收异质文明的因素。它在使自己不断得到丰富和更新的同时，也为世界文明的发展做出了积极的贡献。

---

① [委内瑞拉]阿尔图罗·乌斯拉尔·皮埃特里:《富于创造力的混血文化》,董燕生译,《外国文学》1989年第2期。

当然，拉美文明也有不少地方值得我们深思。首先，拉美文明虽然注重融合与和谐，但拉美至今仍是世界上贫富差距较大的地区，以相貌和肤色取人、各种伪装形式的种族歧视仍然存在。[1]其次，拉美文明的融合是一种不平等的融合，拉美文明中的"和谐"也不断面临着挑战。拉美文明虽然是开放的文明，对外来事物的反应快，易于接受外来文化的影响，但由于它的现代物质和文化基础比较薄弱，缺乏科学研究的系统性和连续性，因此科学技术不够发达，经济发展的依附性依然明显。拉美文明虽然尊重文化多元，注重不同文明之间的对话，但仍存在主流文明与非主流文明发展不平衡问题，存在着内地与沿海、城市与乡村文化结构上的不平衡问题。因此，才会有1994年墨西哥恰帕斯印第安农民的武装斗争，21世纪初的智利马普切印第安人的抗议运动等。上述这些看似"悖论"的方面，恰好说明了拉美文明的复杂性，拉美文明是一种对立统一的矛盾复合体。这也正是我们认知和理解拉美文明的关键之处。

我们应该辩证地、多向度地认识拉美文明，既要看到拉美文明的优点，又要看到拉美文明的不足，并从中汲取经验和教训。一方面，拉美文明的和谐性、开放性和创新性符合人类文明发展的方向，有利于促进人类"共创、共有、共享"的国际现代文明的形成，值得我们去借鉴。另一方面，拉美文明中的不平等性、依附性和不平衡性又令我们反思，给我们以启示：文明的发展应该处理好和谐与公正、开放与依附、多元文明与平衡发展之间的关系，应该争取做到在社会平等中实现和谐、在独立自主中实现开放、在平衡发展中实现多元文明的对话。

从哥伦布发现新大陆到今天，拉美的全部历史构成了一个不同种族和文化之间对话、交流与融合的典范，这一历史既有悲剧又有喜剧，既有阴影也有阳光。在当今世界，种族和文化交流与融合已经成为势不可当的人类文明的发展趋势，拉美文明发展的历史（或悖论）的确值得我们认真研究与慢慢回味。

---

[1] Jorge Larrain, *Identity and Modernity in Latin America*, Cambridge, Polity Press, 2000, p.198.

本文原刊载于《南开学报》2022年第4期，是作者主持的教育部人文社会科学重点研究基地重大课题《独立以来拉美主要国家的社会转型研究》（19JJD770007）的阶段性成果。

作者简介：

韩琦，1958年生，山东人。先后获山东师范大学历史学学士、硕士学位和南开大学历史学博士学位。1997年晋升为教授。现为南开大学历史学院教授、博士生导师，南开大学世界近现代史研究中心（教育部人文社科重点研究基地）副主任。兼任中国拉丁美洲学会副会长、中国经济史学会外国经济史专业委员会副会长，曾任中国拉丁美洲史研究会理事长。在《历史研究》《世界历史》等刊物上发表学术论文百余篇。获山东省社会科学优秀成果一等奖1项，三等奖3项；教育部高校人文社科优秀成果二等奖1项。

编 后 记

　　2023年，适逢南开大学历史学科创建100周年，我有幸参加了"南开史学百年文存"丛书的相关工作，承担了其中《亚非拉卷》的编辑工作。在本书即将付梓之际，我想藉此表达我的敬意和谢意。

　　1923年秋，南开大学历史系正式成立，著名历史学家蒋廷黻先生担任创系主任，兼文科主任。在此后的百年时间里，刘崇鋐、蔡维藩、杨志玖、黎国彬、杨生茂、王玉哲、吴廷璆、谢国桢、辜燮高、来新夏、魏宏运、杨翼骧、郑天挺、雷海宗等史学先贤相继加盟南开大学历史系。特别是在郑天挺和雷海宗两位先生调至南开之后，南开史学又先后培养和调入了诸多史学名家，南开大学历史系成为名副其实的史学重镇。借百年庆典之际，我想对这些史学先贤和前辈致以崇高的敬意！

　　1986年，我考入南开大学历史系世界史专业。当时的系主任是刘泽华先生，副系主任是王敦书和王连升两位先生，党总支书记是陈志远先生，他们的言传身教让我们常沐"惟真惟新，学以致用"史学传统春风。于可、陈志强、樊文治和张象四位先生教授的"世界通史"，孙立群、常建华、侯杰和张洪祥四位先生讲授的"中国通史"，为我们打下坚实的史学基础；黎国彬、王敦书和陆镜生三位先生的"专业英语"，洪国起先生的"马列经典著作选读"，季绍德先生的"古代汉语"，张国刚先生的"史学概论"，至今令我记忆犹新，仿佛仍置身主楼宽敞明亮的教室。1992年，我再次考入南开大学历史系地区国别史专业，师从洪国起先生攻读拉丁美洲史，毕业后留校任教，有幸成为南开史学的一员。在南开大学历史系创建百年之际，我想藉此向授业恩师们表达诚挚的谢意！

　　在中国的学术话语中，亚非拉不是一个纯粹意义上的地理概念，它特指那些地处亚洲、非洲和拉丁美洲的发展中国家，这些国家在历史上多为殖民地、半殖民地或西方国家的附属国，其中拉丁美洲的主要国家在19世纪初就已获得独立，而大多数亚非国家则是二战后非殖民化运动的产物。

从20世纪60年代起，南开大学历史系开始重视对亚非拉国家历史的教学和研究，在拉丁美洲史、非洲史、中东国家历史、朝鲜（韩国）史等领域形成了自己的特色，涌现出一批国内知名的学者，包括拉丁美洲史领域的梁卓生、洪国起、王晓德、韩琦，非洲史领域的张象和黄若迟，中东国家历史领域的哈全安、李凡，以及朝鲜（韩国）史领域的曹中屏。其中，洪国起、王晓德和韩琦曾先后担任中国拉丁美洲史研究会理事长，张象曾任中国非洲史研究会副理事长，哈全安是国务院学位委员会第八届世界史学科评议组成员，曹中屏现任中国朝鲜史研究会顾问。除此之外，黎国彬则是享誉国内学术界的翻译家和历史学家，他对东南亚国家历史的研究同样有一定的学术影响力；张伟伟是中国探索全球史研究的先驱之一；王萍、董国辉、李巨轸和潘芳均是中国拉丁美洲史研究的骨干。《南开史学百年文存·亚非拉卷》即由上述前辈和同人的学术论文编辑而成，大体反映了南开史学在亚非拉国家历史研究方面的基本面貌。在书稿即将付梓之际，我要向已故的黎国彬和梁卓生先生致以崇高敬意，对向本书稿贡献论文的各位前辈和同仁表示衷心的感谢！

当然，我要感谢我的博士生薛桐、王露、闫广臣、孙雪利和硕士生刘紫奕、李雨露，他们承担了大量的文字处理工作，同样对本书的出版做出了贡献。我还要感谢天津人民出版社编辑们的支持，他们杰出的工作是本书得以出版的有力保障。

最后，在《南开史学百年文存·亚非拉卷》即将出版之际，谨以本书向百年南开史学致敬！期待南开史学再创辉煌！

董国辉

2023年8月29日